Junges Nachhaltigkeitsrecht

München 2022

Daria Bayer | Felix Butz | Franca Langlet | Anna-Lena Poppe
Lucia M. Sommerer | Nicolai von Maltitz | Maren Wöbbeking [Hrsg.]

Nachhaltigkeitsrecht: Selbstverständnis, Status Quo und Perspektiven

Nomos

Die Deutsche Nationalbibliothek verzeichnet diese Publikation in der Deutschen Nationalbibliografie; detaillierte bibliografische Daten sind im Internet über http://dnb.d-nb.de abrufbar.

1. Auflage 2023

Publiziert von
Nomos Verlagsgesellschaft mbH & Co. KG
Waldseestraße 3–5 | 76530 Baden-Baden
www.nomos.de

Gesamtherstellung:
Nomos Verlagsgesellschaft mbH & Co. KG
Waldseestraße 3–5 | 76530 Baden-Baden

ISBN (Print): 978-3-7560-0291-7
ISBN (ePDF): 978-3-7489-3681-7

DOI: https://doi.org/10.5771/9783748936817

Onlineversion
Nomos eLibrary

Vorwort

Umweltkatastrophen, Weltwirtschaftskrisen und globales Infektionsgeschehen stellen nicht nur die Politik, sondern auch das Recht vor enorme ungekannte Herausforderungen. Natürliche Ressourcen stoßen an ihre Grenzen, die Artenvielfalt schwindet, der Klimawandel bedroht die Lebensgrundlagen der belebten Natur. Angesichts dieser vielfältigen Problemlagen macht die Gegenwartsbeschreibung der „Polykrise“ von sich reden. Das Bewusstsein für globale Wechselwirkungen in komplexen Systemen wächst und überformt damit gesellschaftliche Handlungsfelder mit neuen Maßstäben für zweckmäßig-rationales sowie ethisch richtiges Handeln. Allmählich erfahren und erkennen wir, wie sowohl (transnationales) unternehmerisches Handeln, (nationalstaatliche) Wirtschaftspolitik als auch privates Konsum- und Alltagsverhalten die Lebens- und Entfaltungsgrundlagen dieser wie zukünftiger Generationen in ihren ökonomischen, ökologischen und sozialen Dimensionen – teils irreversibel – beeinflussen. Die gegenwärtigen „Krisen“ zeigen in ihren Auswirkungen auf globaler, regionaler und lokaler Ebene plastisch, dass ein lediglich am kurzfristigen Effekt ausgerichtetes Handeln häufig krisenhafte Zustände noch verstärkt. Vor diesem Hintergrund ist die Frage der Harmonisierung von Ökonomie, Ökologie und Sozialsystemen Gegenstand eines der drängendsten (global)gesellschaftlichen Aushandlungsprozesse. Auch für das Recht hält die Nachhaltigkeitsidee Chancen wie Risiken bereit, die es wissenschaftlich mit neuen und alten Ansätzen zu erforschen und zu bewältigen gilt.

Ende 2021 wurde vor diesem Hintergrund das Junge Nachhaltigkeitsrecht (JNR), ein im Werden begriffenes, offenes Forschungsnetzwerk der künftigen Wissenschaftsgeneration, gegründet. Sein Ziel ist es, Begegnungsräume für einen dynamischen und kollaborativen Austausch zwischen den rechtlichen Teildisziplinen und darüber hinaus zu schaffen, denn nur eine durch Pluralität und Aufgeschlossenheit geprägte Wissenschaftskommunikation wird den mannigfaltigen ökologischen, ökonomischen und sozialen Verflechtungen gerecht und trägt so zur Erforschung und Gestaltung der immer komplexeren Gegenwartsgesellschaft bei. Im Rahmen eines Call for Papers im Frühjahr 2022 wurden für die Auftaktkonferenz des JNR acht herausragende Beiträge von jungen Nachwuchswissenschaftlerinnen und Nachwuchswissenschaftlern aller Rechtsgebiete ausgewählt. Diese und drei weitere Beiträge aus der Wissenschaft und Praxis wurden im Rahmen der Auftaktkonferenz am 30. Juli 2022 in München an der Ludwig-Maximilians-Universität München vorgestellt.

In ihrer Zusammenschau liefern sie vielfältige Antwortansätze und Perspektiven auf die Frage nach der Möglichkeit und Konzeptualisierung rechtlicher Rahmenbedingungen einer nachhaltigen Gesellschaft – dem Nachhaltigkeitsrecht.

Mit ihrer großzügig durch den LMU Open Access Fonds geförderten Open Access-Veröffentlichung in diesem Band sollen die nachfolgend zusammengetragenen Beiträge nun auch über die Konferenz hinaus rechtsgebietsübergreifende Diskussionen und eine weitergehende Vernetzung auf dem Gebiet des Nachhaltigkeitsrechts ermöglichen.

Daria Bayer
Felix Butz
Franca Langlet
Anna-Lena Poppe
Lucia Sommerer
Nicolai von Maltitz
Maren Wöbbeking

Inhaltsverzeichnis

A. Transformatives Verfassungsgericht? – Nachhaltigkeit, Transformation und Suffizienz im Klimaschutzbeschluss des Bundesverfassungsgerichts

Ulrike Jürschik[*]

Die Wissenschaft weist auf erhebliche Transformationserfordernisse der Gesellschaft hin, sollen die heutigen Lebens- und Wirtschaftsweisen die Lebensgrundlagen des Planeten für Mensch und Tier nicht weiter zerstören.[1] Der Klimaschutzbeschluss des Bundesverfassungsgerichts vom 24.03.2021[2] hat in der Rechtswissenschaft viel Aufsehen erregt (I.). Er wird als „wegweisende Entscheidung von historischer Bedeutung“ bezeichnet.[3] Inwiefern kann die Klimaschutzentscheidung des Bundesverfassungsgerichts tatsächlich als transformativ in Richtung Nachhaltigkeit angesehen werden?

Hinweise geben Bezüge des Beschlusses zu den Konzepten der Nachhaltigkeit, der Transformation und der Suffizienz. Diese drei Begriffen fungieren methodisch als Schlüsselbegriffe aus der interdisziplinär gespeisten Nachhaltigkeitsforschung und sind durch den politischen Raum mitbeeinflusst. Bei Schlüsselbegriffen handelt es sich nach verwaltungsrechtlichem Verständnis um „prägnante Begriffe“, die Beiträge zur Fortentwicklung des Verwaltungsrechts leisten.[4]

---

* Die Autorin ist wissenschaftliche Mitarbeiterin am Institut für Energie-, Umwelt- und Seerecht an der Universität Greifswald und Doktorandin an der Universität Münster.

1 *Intergovernmental Panel on Climate Change (IPCC)*, Climate Change 2022, Impacts, Adaptation and Vulnerability, WG II Contribution to AR6, 2022, S. 1–64, Kap. 18; *Intergovernmental Science-Policy Platform on Biodiversity and Ecosystem Services (IPBES)*, Global assessment report on biodiversity and ecosystem services, 2019, S. XXI; *Wissenschaftlicher Beirat der Bundesregierung Globale Umweltveränderungen (WBGU)*, Gesellschaftsvertrag für eine Große Transformation, Berlin 2011, S. 1; *Sachverständigenrat für Umweltfragen (SRU)*, Umweltgutachten 2016: Impulse für eine integrative Umweltpolitik, Berlin 2016, Kap. 1.

2 BVerfG, Beschluss vom 24. März 2021 – 1 BvR 2656/18 – (Klimaschutz), BVerfGE 157, 30–177.

3 *M. Seibert*, Klimaschutz und Generationengerechtigkeit – Der Jahrhundert-Beschluss des Bundesverfassungsgerichts, DVBl. 2021, 1141 (1141).

4 *S. Baer*, Typen und Leitbilder als Erkenntnismittel und ihr Verhältnis zur Rechtsdogmatik, in: E. Schmidt-Aßmann/W. Hoffmann-Riem (Hrsg.), Methoden der Verwaltungsrechtswissenschaft, 2004, S. 223 (223).

Aus der Analyse der expliziten Verwendung und impliziter Bezüge zu Nachhaltigkeit (II.), Transformation (III.) und Suffizienz (IV.) durch das Bundesverfassungsgericht im Klimaschutzbeschluss, ergibt sich eine Bewertung darüber, ob das Bundesverfassungsgericht im Sinne der Transformationsforschung als „transformatives Verfassungsgericht" zu beschreiben ist (V.). Es folgt ein kurzes Fazit für das Junge Nachhaltigkeitsrecht (V.).

Zusammenfassend lässt sich feststellen, dass der Nachhaltigkeitsbegriff nur eine geringe Bedeutung im Klimaschutzbeschluss einnimmt. Hingegen kommt dem Begriff der Transformation eine höhere Bedeutung zu, wenngleich er untechnisch verwendet wird. Überraschenderweise betont das Bundesverfassungsgericht implizit auch die Notwendigkeit nach Suffizienz durch „Einschränkungen und Umstellungen"[5] und baut zugleich eine Art Drohkulisse vor starker Reduktion in der Zukunft in den Beschluss ein. Das Bundesverfassungsgericht nimmt mit dem Beschluss eine vermittelnde Rolle im gesellschaftlichen Diskurs um die Bekämpfung des Klimawandels ein. Es erklärt den Klimawandel und die Erforderlichkeit des Klimaschutzes und legt den dafür erforderlichen „Transformationsaufwand"[6] offen. Mit der Klimaschutzentscheidung legt das Gericht *den Finger in die Wunde*, da es auf intertemporale Freiheitskonflikte zwischen „Umstellung und Einschränkung" im heute (Rn. 37) sowie einer „radikalen Enthaltsamkeit" (Rn. 193) und „Vollbremsung" (Rn. 192) in der Zukunft verweist. Es argumentiert jedoch stark mit der Abwägung individueller Abwehrpositionen aus den Grundrechten – anstelle einer Begründung, die auf der Stärkung gemeinschaftlicher Belange beruht, wie sie sich im Staatsziel Klimaschutz des Art. 20a GG oder Gleichheitsrechten ausdrückt. Dies entspricht den Wertungen des geltenden Verfassungsrechts und der geltenden Verfassungsdogmatik, die Grundrechte als Ordnungsmedium individueller Interessensverwirklichung und zur Mäßigung des Staates konzipiert. Es vernachlässigt jedoch, dass die Verfassung auch Ordnungsmedium zur Gestaltung und Erhaltung nachhaltiger Zukünfte für die Gemeinschaft der Rechtssubjekte ist. Jedenfalls zeigt sich im Beschluss, dass die deutsche Gesellschaft sich in einer Phase der Beschleunigung der Transformation befindet. Die Junge Nachhaltigkeitswissenschaft sollte die durch das Bundesverfassungsgericht induzierte Diskursverschiebung vom Begriff der Nachhaltigkeit hin zum Begriff der Transformation aufgreifen, dabei jedoch – anders als das Bundesverfassungsgericht – ein über Klimaneutralität hinaus gehendes Zielsys-

5 BVerfGE 157, 30–177 (Rn. 37).
6 Gliederungsstichwort für Rn. 37 in der Gliederungsübersicht des Beschlusses.

tem zu Grunde legen. Neben der rechtmäßigen Umsetzung vieldimensionierter Nachhaltigkeitsziele in und durch die Rechtsordnung umfasst dies auch eine rechtswissenschaftliche Transformationsforschung, die die Rolle des Rechts im Übergang zu nachhaltigeren gesellschaftlichen Systemen reflektiert, rechtliche Barrieren abbaut, Wandel in Richtung Nachhaltigkeit ermöglicht und unterrepräsentierte Interessen stärkt.

I. Der Klimaschutzbeschluss des Bundesverfassungsgerichts

Das Bundesverfassungsgericht hat am 24.03.2021 über vier Verfassungsbeschwerden entschieden. Diese richteten sich vor allem gegen § 3 Abs. 1, § 4 Abs. 1 in Verbindung mit den Anlagen 1 und 2 und § 4 Abs. 3, 5 und 6, § 8 und § 9 des Bundes-Klimaschutzgesetzes (KSG) vom 12. Dezember 2019[7] und das Unterlassen geeigneter und ausreichender Klimaschutzmaßnahmen durch den Bundesgesetzgeber und die Bundesregierung gemessen an einem angemessenen, verbleibenden Treibhausgasbudgets.[8] Die Verfassungsbeschwerden wurden sowohl durch Privatpersonen aus Deutschland, Nepal und Bangladesch als auch staatlich anerkannte Umweltverbände eingereicht. Das Gericht hat entschieden, dass die Verfassungsbeschwerden in Bezug auf § 3 Abs. 1 Satz 2 und § 4 Abs. 1 Satz 3 KSG in Verbindung mit Anlage 2 teilweise erfolgreich sind. Diese Vorschriften des Klimaschutzgesetzes sind mit den Grundrechten unvereinbar, soweit eine den verfassungsrechtlichen Anforderungen nach Maßgabe der Gründe genügende Regelung über die Fortschreibung der Minderungsziele für Zeiträume ab dem Jahr 2031 fehlt. Die Beschwerden wurden im Übrigen aber verworfen bzw. zurückgewiesen (Tenor).

Der Klimaschutzbeschluss hat bereits eine umfassende rechtswissenschaftliche Befassung und Bewertung nach sich gezogen,[9] der hier we-

---

7 Bundesgesetzblatt I Seite 2513.

8 BVerfGE 157, 30–177.

9 Siehe etwa *G. Britz*, Klimaschutz in der Rechtsprechung des Bundesverfassungsgerichts, NVwZ 2022, 825–834; *C. Calliess*, Das „Klimaurteil" des Bundesverfassungsge-

der eine weitere allgemeine Analyse noch ein systematisches Review[10] des Gesagten an die Seite gestellt werden soll. Schwerpunkte der Besprechungen liegen in der Begründung der Beschwerdebefugnis, in der die Aufwertung des Art. 20a GG und der grundsätzlichen, wenn auch folgenlosen Anerkennung grundrechtlicher Schutzpflichten zum Klimaschutz, den einfachrechtlichen Auswirkungen des Beschlusses[11], der Rolle des klimawissenschaftlichen (Rest-)Budgetansatzes im Beschluss und für das Klimarecht[12]. Reibungspunkte sind insbesondere die Rolle von Gerichten im Klimaschutz[13], die neue internationale Dimension des Art. 20a GG[14], die

---

richts: „Versubjektivierung" des Art. 20 a GG?, ZUR 2021, 355–358; *M. Eifert*, Verfassungsauftrag zum freiheitsschonenden Klimaschutz: Der Klimaschutz-Beschluss des BVerfG, JURA 2021, 1085–1098; *F. Ekardt/F. Heß*, Intertemporaler Freiheitsschutz, Existenzminimum und Gewaltenteilung nach dem BVerfG-Klima-Beschluss – Freiheitsgefährdung durch Klimawandel oder durch Klimapolitik?, ZUR 2021, 579–585; *K. Faßbender*, Der Klima-Beschluss des BVerfG – Inhalte, Folgen und offene Fragen, NJW 2021, 2085–2091; *C. Franzius*, Der Klimabeschluss des BVerfG – Eine verfassungsrechtliche Einordnung, KlimR 2022, 102–107; *W. Frenz*, Klimaschutz nach BVerfG-Beschluss und EU-Klimagesetz, EnWZ 2021, 201–208; *E. Hofmann*, Der Klimaschutzbeschluss des BVerfG, NVwZ 2021, 1587–1590; *M. Kloepfer/J.-L. Wiedmann*, Die Entscheidung des BVerfG zum Bundes-Klimaschutzgesetz, DVBl. 2021, 1333–1340; *C. Möllers/N. Weinberg*, Die Klimaschutzentscheidung des Bundesverfassungsgerichts, JZ 2021, 1069–1078; *S. Schlacke*, Klimaschutzrecht – Ein Grundrecht auf intertemporale Freiheitssicherung, NVwZ 2021, 912–917; *Seibert*, Klimaschutz (Fn. 3), 1141–1146; *R. Sinder*, Anthropozänes Verfassungsrecht als Antwort auf den anthropogenen Klimawandel, JZ 2021, 1078–1087.

10 Wenngleich ein Solches zwar rechtswissenschaftlich unüblich aber dringend wünschenswert wäre!

11 Hierzu dezidiert *M. Uechtritz/M. Ruttloff*, Der Klimaschutz-Beschluss des Bundesverfassungsgerichts, NVwZ 2022, 9–15.

12 Dazu *M. v. Landenberg-Roberg*, Verantwortungszuweisung im Klimaschutzrecht – Zur Funktion von „Emissionsbudgets" bei der Evolution eines klimabezogenen Transformationsrechts, in: O. Ammann/F. Bottega/J. Bukovac/I. Lehner/J. Meier/R. Piskóty/C. Rausch/M. Rehmann/L. Schneider/R. Weder/M. Wilhelm, Verantwortung und Recht, Baden-Baden 2022, S. 337–356; *Schlacke*, Klimaschutzrecht (Fn. 9), 915–916; *C. Franzius*, Prävention durch Verwaltungsrecht, in: VVDStRL 81 (2022), S. 383 (395); *C. Bickenbach*, Staatlicher Klimaschutz unter CO2-Budgetvorbehalt?, DÖV 2022, 561–569.

13 Während viele hier beim Klimaschutzbeschluss keinen Verstoß sehen, sehr kritisch: *G. Wagner*, Klimaschutz durch Gerichte, NJW 2021, 2256–2263; *B. W. Wegener*, Menschenrecht auf Klimaschutz?, NJW 2022, 425–431.

14 BVerfGE 157, 30–177 (Rn. 183 ff., 199–201); dazu vertieft *S. Krohn*, Die internationale Dimension der Staatszielbestimmung des Art. 20 a GG, ZUR 2021, 603–610; *J. Jahn*, Internationaler Klimaschutz mithilfe nationaler Verfassungsgerichte? Erkenntnisse aus dem Klimabeschluss des BVerfG, ZaöRV 2022, 47–71; *T. Markus*, Das Ende der

intertemporale Freiheitssicherung mit eingriffsähnlicher Vorwirkung als neue dogmatische Konstruktion der Entscheidung[15] und die Übertragbarkeit des Beschlusses auf andere Konstellation (etwa Soziales[16] oder andere Herausforderungen des Umweltrechts[17]). Des Weiteren erfolgen rechtswissenschaftliche Analysen, die unter Rezeption des Beschlusses systemische Fragen stellen, etwa zum Zusammenspiel mit dem Europäischen Green Deal und EU-Recht,[18] zum Umgang des Bundesverfassungsrechts mit Komplexität[19], zur Auswirkung auf die Konzeption des Umweltrechts[20], zur Zukunftsoffenheit des Grundgesetzes[21] und zur Verfassungsdogmatik im Anthropozän[22].

Stattdessen wird der Beschluss im Folgenden auf explizite und implizite Bezüge zu den Schlüsselbegriffen der Nachhaltigkeit, Transformation und Suffizienz untersucht.

II. Geringe Bedeutung der Nachhaltigkeit im Klimaschutzbeschluss

Nachhaltigkeit ist als Rechtsbegriff[23] und politisch in der deutschen Nachhaltigkeitsstrategie[24] zwar etabliert. Er hat in Deutschland aber nicht die

Allmende-Tragik: Verfassungsrechtliche Gebote zum extraterritorialen Klima- und Umweltschutz, ZUR 2021, 595–603.

15 Siehe dazu Nachweise in Fn. 9.

16 *C. Janda*, Sozialstaat for Future, ZRP 2021, 149–153; *T. Koop*, Der Klimabeschluss des BVerfG vom 24.3.2021 und seine Bedeutung für die gesetzliche Rentenversicherung, NVwZ 2022, 519–522; *R. Schlegel*, Der Sozialstaat in und nach der Covid-19-Pandemie, NJW 2021, 2782 (2787 f.); *A. v. Oettingen/K. I. Schmidt*, Intertemporale Freiheitssicherung im Sozialstaat – Zur Übertragbarkeit der klimaschutzbezogenen Verfassungsrechtsprechung auf die sozialen Sicherungssysteme, DÖV 2022, 477–486.

17 *J. Kersten/E. Kaupp*, Die Verfassung einer prospektiven Gesellschaft, JuS 2022, 473 (477–478); *J. Stubenrauch*, Übertragbarkeit des BVerfG-Beschlusses zum Klimaschutz auf andere. Umweltbereiche am Beispiel Phosphor, ZUR 2021, 617–624.

18 *M. Burgi*, Klimaverwaltungsrecht angesichts von BVerfG-Klimabeschluss und European Green Deal, NVwZ 2021, 1401–1408; *Frenz*, Klimaschutz (Fn. 9), 201–208.

19 *K.-H. Ladeur*, Bundesverfassungsgericht und Klimaschutz: Kann das Verfassungsrecht Komplexität bewältigen?, RuP 2022, 13–31.

20 *G. Winter*, Von der Bewahrung zur Bewirtschaftung, ZUR 2022, 215–221.

21 *Kersten/Kaupp*, Verfassung (Fn. 17), 473–482.

22 *Sinder*, Anthropozänes Verfassungsrecht (Fn. 9), 1082.

23 Zum Beispiel § 1 Abs. 5 S. 1 BauGB, § 1 Abs. 2 ROG.

24 *Bundesregierung der Bundesrepublik Deutschland*, Deutsche Nachhaltigkeitsstrategie, Weiterentwicklung 2021 (online abrufbar unter https://www.bundesregierung.de/breg-de/aktuelles/nachhaltigkeitsstrategie-2021-1873560, zuletzt am 08.08.2022).

rechtliche und politische Bedeutung erlangt, die er etwa im Rahmen der internationalen Zusammenarbeit mit dem Begriff der nachhaltigen Entwicklungszielen und den nachhaltigen Entwicklungen [25] erreicht.

1. Begriff der Nachhaltigkeit

Nachhaltigkeit wird international definiert als „Entwicklung, die die Bedürfnisse der Gegenwart befriedigt, ohne zu riskieren, dass künftige Generationen ihre eigenen Bedürfnisse nicht befriedigen können".[26] Aus dieser Definition leiten sich zwei Gerechtigkeitsperspektiven ab: es geht erstens um Gesellschaftssysteme, die intragenerationelle Gerechtigkeit ermöglichen, also eine globale Verteilungsgerechtigkeit zwischen den heute lebenden Menschen. Zweitens geht es um intergenerationelle Gerechtigkeit, also Gesellschaftssysteme, die die Interessen zukünftiger Generationen beachten.[27]

Konzeptionell wird die *ökonomische, soziale und ökologische Nachhaltigkeit* unterschieden. In welchem Verhältnis diese drei Zieldimensionen der Nachhaltigkeit zueinander stehen, wird unterschiedlich beurteilt. Darstellungen der Nachhaltigkeitsdimensionen reichen von Drei-Säulen-, über Schnittmengendiagramme oder das sog. Nachhaltigkeitsdreieck.[28] Internationaler Konsens ist wohl, dass Ökonomie, Soziales und Ökologie ausgewogen berücksichtigt werden sollen, also in eine offene Aushandlung miteinander unter Beteiligung aller Anspruchsgruppen treten.[29] Die Gleichgewichtung von ökonomischen gegenüber sozialen und ökologischen Zielen wird jedoch kritisiert.[30]

---

25 Maßgeblich in der Agenda 2030 mit den nachhaltigen Entwicklungszielen der Vereinten Nationen, Generalversammlung der United Nations, Transformation unserer Welt: die Agenda 2030 für nachhaltige Entwicklung. Resolution A/RES/70/1 vom 25. September 2015.

26 Englischsprachiges Original in United Nations (Hrsg.), Report of the World Commission on Environment and Development, A/42/427 vom 4. August 1987, S. 42, Rz. 27; deutsche Übersetzung nach M. von *Hauff*, Nachhaltige Entwicklung, 3. Aufl., München 2021, S. 10.

27 *A. Grunwald/J. Kopfmüller*, Nachhaltigkeit: eine Einführung, 2. Aufl., Frankfurt am Main/New York 2012, S. 24.

28 *Von Hauff*, Nachhaltige Entwicklung (Fn. 26), Kap. 6.2.

29 *Von Hauff*, Nachhaltige Entwicklung (Fn. 26), S. 14–16.

30 *Wuppertal Institut für Klima, Umwelt, Energie u. a.*, Zukunftsfähiges Deutschland in einer globalisierten Welt, Frankfurt am Main 2008, S. 26; *SRU*, Umweltgutachten

Nachhaltigkeit wird heute in der Regel in politischen Strategien konkretisiert. International, national, regional und kommunal werden entsprechende Nachhaltigkeitsstrategien verabschiedet.[31] Es handelt sich hierbei in aller Regel um rechtlich unverbindliche politische Programmsetzungen. Die internationale Einigung auf das Konzept der Nachhaltigkeit auf dem sogenannten Erdgipfel in Rio de Janeiro[32] hat auch zu ihrer Nennung in zahlreichen rechtlich relevanten Dokumenten geführt.[33] Im für diesen Aufsatz relevanten Bundes-Klimaschutzgesetz (KSG) klingt der Nachhaltigkeitsgrundsatz in seinen drei Dimensionen in § 1 S. 2 KSG an. Demnach werden die ökologischen, die sozialen und ökonomischen Folgen beim Klimaschutz berücksichtigt.

2. Implizite Bezüge des Klimaschutzbeschlusses zur Nachhaltigkeit

Das Bundesverfassungsgericht nutzt den Nachhaltigkeitsbegriff nicht explizit für seine Argumentation im Klimaschutzbeschluss.[34] Worauf das Bundesverfassungsgericht ebenfalls nicht eingeht, ist die Unterscheidung der sozialen, ökologischen oder ökonomischen Dimensionen der Nachhaltigkeit - und dass, obwohl es dafür in § 1 S. 2 KSG einen rechtlichen Anknüpfungspunkt gegeben hätte. Es betrachtet den Klimaschutz jedoch als intertemporale und transnationale Herausforderung.[35] Damit befasst es sich implizit mit zwei zentralen Elementen des Nachhaltigkeitskonzepts: der intra- und der intergenerationellen Gerechtigkeit.[36]

2002, BT-Drucksache 14/8792 vom 15.04.2002, S. 67. Siehe zusammenfassend mit weiteren Nachweisen auch *H. Hahn*, Umwelt- und zukunftsverträgliche Entscheidungsfindung des Staates, Tübingen 2017, S. 168–169; *D. Griggs u. a.*, Sustainable development goals for people and planet, Nature 2013, 305 (306).

31 *Bundesregierung der Bundesrepublik Deutschland*, Deutsche Nachhaltigkeitsstrategie (Fn. 24).

32 Für die Ergebnisse (*Rio Declaration on Environment and Development* und die *Agenda 21*) siehe Annex I, II in: United Nations (Hrsg.), Report of the United Nations Conference on Environment and Development 1992, A/CONF.151/26/Rev.1 (Vol. 1).

33 Völkerrechtlich ist nachhaltige Entwicklung z. B. in Art. 2 Nr. 1 Wüstenbildungskonvention, Art. 8 lit. e Biodiversitätskonvention, Art. 3 Nr. 4 Klimarahmenkonvention, Art. 2 Nr. 1, Art. 10 und Art. 12 Nr. 2 Kyoto-Protokoll, Art. 2 Nr. 1, Art. 4 Nr. 1, Art. 6–8 und 10 des Pariser Übereinkommens festgeschrieben. Art. 3 Abs. 3 EUV verpflichtet die Europäische Union zum Hinwirken auf die „nachhaltige Entwicklung Europas".

34 Ebenfalls festgestellt durch *Sinder*, Anthropozänes Verfassungsrecht (Fn. 9), 1083.

35 *Seibert*, Klimaschutz (Fn. 3), 1141–1142.

36 A. A. bei *Sinder*, Anthropozänes Verfassungsrecht (Fn. 9), 1083–1084.

Zunächst geht das Verfassungsgericht auf die *transnationale Verantwortung* Deutschlands für den Klimaschutz ein und zwar in zwei Argumentationssträngen. Erstens gelten die grundgesetzlichen Schutzpflichten des Staates vor dem Klimawandel im Sinne der Mitigation (nicht der Anpassung) auch für Ausländer*innen im Ausland (Rn. 176). Eine Verletzung dieser Schutzpflicht wird hingegen verneint. Zweitens stellt das Bundesverfassungsgericht klar, dass Deutschland eine Pflicht hat, seinen eigenen Beitrag zum weltweiten Klimaschutz auch bei geringem Anteil an den weltweiten Emissionen zu erbringen und dabei durch internationale Einbindung auch zum internationalen Erfolg beizutragen hat (Rn. 199 ff.).

In der *intertemporalen Perspektive* sieht das Bundesverfassungsgericht zwar (noch) keine Schutzpflichten zum Schutz des Lebens und der Gesundheit künftiger Generationen vor den Gefahren des Klimawandels verletzt. Es stellt aber fest, dass eine solche Schutzpflicht grundsätzlich als objektives Recht für künftige Generationen besteht (Rn. 143). In Bezug auf die in Deutschland lebenden Kläger*innen hat das Bundesverfassungsgericht die vielbesprochene intergenerationelle Gerechtigkeitskonstruktion über die neue dogmatische Figur der intertemporalen Freiheitssicherungspflichten mit eingriffsähnlicher Vorwirkung geschaffen (Rn. 182 ff.).

Dass sich diese transnationalen und intertemporalen Perspektiven auf das Klimaschutzrecht aus einer Anwendung des Nachhaltigkeitsprinzips ergeben könnten, berücksichtigt das Bundesverfassungsgericht jedoch nicht. Es verfehlt damit die nicht zuletzt auch durch § 1 S. 2 KSG induzierte Kontextualisierung des Klimaschutzes im Rahmen weiterer gesellschaftlicher Nachhaltigkeitsziele.

III. Hohe Bedeutung der Transformation im Klimaschutzbeschluss

Unter dem Begriff der Transformation wird die Art und Weise, wie gesellschaftlicher Wandel zur Nachhaltigkeit geschieht und befördert werden kann, untersucht.[37] Der Begriff der Transformation bzw. des „transformati-

37 Sog. Transformationsforschung, siehe dazu *WBGU*, Gesellschaftsvertrag (Fn. 1), S. 350; *R. Kollmorgen/W. Merkel/H. Wagener*, Transformation und Transformationsforschung: Zur Einführung, in: R. Kollmorgen/W. Merkel/H. Wagener (Hrsg.), Handbuch Transformationsforschung, Wiesbaden 2015, S. 11 ff.

ven" hat mittlerweile auch Eingang in die politische Strategiebildung für Nachhaltigkeit erhalten.[38]

1. Begriff der Transformation – nachhaltig, Groß, sozial-ökologisch

Transformation bedeutet zunächst Umformung – also einen Wandel von Form, Natur, Gestalt, Charakter, Stil oder Eigenschaften eines Phänomens.[39] Während die Gesellschaft laufendem Wandel unterliegt, kennzeichnen sich gesellschaftliche Transformationen dadurch, dass „Veränderungen in Kultur, Werten, Technologien, Infrastrukturen, Produktion, Konsum und Politik ineinandergreifen und sich wechselseitig verstärken. Diese sich beeinflussenden Prozesse verdichten sich im Lauf der Zeit und führen zu weitreichenden, raschen und schwer umkehrbaren Änderungen."[40] Bei Transformationen handelt es sich also um umfassenden Wandel.[41] Sie werden entsprechend auch als Epochenumbrüche bezeichnet.[42]

Die für Nachhaltigkeit erforderlichen Transformationen werden auch als „Transformation zur Nachhaltigkeit"[43], „Große Transformation"[44] oder „sozial-ökologische Transformation"[45] qualifiziert. Dies deutet darauf hin, dass die Veränderungen große Dimensionen annehmen sowie eine Stärkung von sozialen und ökologischen Belangen gegenüber wirtschaftlichen Belangen erfolgt. Der Begriff der Transformation wird nicht nur im Kontext Nachhaltigkeit, sondern auch im Kontext von Digitalisierung als digitale

38 Überblick bei *K. Jacob/L. Graaf/F. Wolff/A. Heyen*, Transformative Umweltpolitik: Ansätze zur Förderung gesellschaftlichen Wandels, UBA Texte 07/2020, S. 33–35; siehe auch *Bundesregierung der Bundesrepublik Deutschland*, Deutsche Nachhaltigkeitsstrategie (Fn. 24).

39 *Kollmorgen/Merkel/Wagener*, Transformationsforschung (Fn. 37), S. 11 (11).

40 *Jacob u. a.*, Transformative Umweltpolitik (Fn. 38), S. 11.

41 *WBGU*, Gesellschaftsvertrag (Fn. 1), S. 89.

42 *P. Raskin/T. Banuri/G. Gallopin/P. Gutman/A. Hammond/R. Swart*, Great Transition: Umbrüche und Übergänge auf dem Weg zu einer planetarischen Gesellschaft. Ein Bericht der Global Scenario Group, Boston 2002, S. 15.

43 Als *transition to sustainable development* bei *J. Grin/J. Rotman/J. Schot*, Transitions to sustainable development: new directions in the study of long term transformative change, New York 2010, S. 25.

44 *Raskin u. a.*, Great Transition (Fn. 42); in Deutschland prägend *WBGU*, Gesellschaftsvertrag (Fn. 1).

45 *T. Jahn u. a.*, Sozial-ökologische Gestaltung im Anthropozän, GAIA 2020, 93–97.

Transformation verwendet,[46] weshalb eine ausdrückliche Qualifizierung des Begriffs in Bezug auf den Kontext immer erforderlich ist. Dies gilt umso mehr, da eine Zusammenführung der digitalen und der nachhaltigen Transformationen nur in Ansätzen stattfindet.[47]

2. Mehrebenenmodell und Phasen der Transformation aus der Transformationswissenschaft

Transformationsforschung ist ein weitreichender Forschungszweig,[48] der für diesen Beitrag nicht umfassend aufgearbeitet werden kann. Die folgende Untersuchung zieht lediglich zwei Modelle aus der Transformationsforschung heran. Erstens lassen sich Transformationen in einem Mehrebenenmodell beschreiben (Abb. 1). Zweitens können verschiedene Phasen bzw. Dynamiken einer Transformation unterschieden werden (Abb. 2).

46 Siehe etwa https://www.bmas.de/DE/Arbeit/Digitalisierung-der-Arbeitswelt/Transformation-der-Arbeitswelt/transformation-der-arbeitswelt.html (zuletzt abgerufen am 20.07.2022).

47 *WBGU*, Unsere gemeinsame digitale Zukunft, Berlin 2019, S. 8.

48 Zum Überblick Kollmorgen/Merkel/Wagener (Hrsg.), Handbuch (Fn. 37).

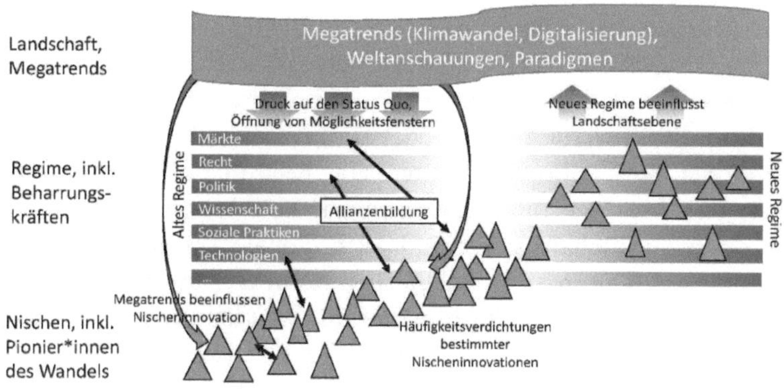

Abb. 1: Mehrebenenmodell für Transformationen, eigene Darstellung in Anlehnung an Grin/Rotman/Schot, 2010; WBGU, 2011; Göpel, 2016.[49]

Im Mehrebenenmodell werden die Ebenen Nische, Regime und Megatrends (oder Landschaft) unterschieden.[50] In der Nische entwickeln sich neue Ideen und Innovationen. Hier entstehen auch radikale Innovationen.[51] Sogenannte Pioniere des Wandels oder *change agents*[52] erarbeiten, entwickeln und erproben nachhaltige Lösungen für die Zukunft, die sich im Lauf der Transformation skalieren oder verbreiten (lassen). Die Ebene Regime bildet das etablierte sozio-technische System ab.[53] Es umfasst verschiedene soziale Gruppen (z. B. Industrie, Politik, Wissenschaft), deren Aktivitäten aneinander angepasst sind und die bestehende Pfade fortschreiben.[54] Die jeweiligen Subsysteme verfolgen jeweils eigene aber auch interdependente Logiken und stabilisieren so den Status Quo. Im Laufe der Transformation

49 *Grin/Rotman/Schot,* Transitions (Fn. 43); *WBGU,* Gesellschaftsvertrag (Fn. 1), S. 100; *M. Göpel,* The Great Mindshift: How a new economic paradigm and sustainability transformations go hand in hand, Cham 2016, S. 47.

50 Zu finden etwa bei *F. W. Geels/J. Schot,* Typology of sociotechnical transition pathways, Research Policy 2007, 399 (401); *Grin/Rotman/Schot,* Transitions (Fn. 43), S. 25; *WBGU,* Gesellschaftsvertrag (Fn. 1), S. 100; *Göpel,* Great Mindshift (Fn. 49), S. 47.

51 *Geels/ Schot,* Typology (Fn. 50), 400.

52 *WBGU,* Zukunft (Fn. 47), S. 256 ff.

53 *WBGU,* Gesellschaftsvertrag (Fn. 1), 2011, S. 100.

54 *Geels/Schot,* Typology (Fn. 50), 400.

destabilisieren sich die einzelnen Teilsysteme auf der Regime-Ebene, sodass hier neue Regime entstehen. Damit sich nachhaltige Nischen skalieren, werden Allianzen zwischen möglichst verschiedenen Akteursgruppen als förderlich angesehen.[55] Die übergeordnete Landschaftsebene beschreibt Megatrends, die nicht unmittelbar durch die Nischen- oder die Regime-Ebene beeinflusst werden kann. Dies umfasst etwa volkswirtschaftliches Denken oder tiefe kulturelle Muster. Die Beeinflussung dieser Prozesse vollzieht sich langsam und unvorhersehbar und braucht tendenziell Dekaden.[56] Auf Landschaftsebene sind auch globale Umweltveränderungen und ökologische Krisen anzusiedeln, etwa Naturkatastrophen, Großunfälle (z. B. Reaktorunfall von Fukushima), Klimawandelfolgen oder Pandemien.[57] Solche Schocks können wiederum ebenso wie die digitale Transformation[58] Bereitschaft zum Wandel auf den anderen Ebenen stärken und somit Möglichkeitsfenster für die Transformation eröffnen.[59] Als zusätzliche Ebene im Mehrebenensystem betrachtet *Göpel* Weltanschauungen, Visionen und Paradigmen, also übergeordnete Leitbilder und Wertesysteme, deren Wandel nicht beeinflussbar ist, aber dennoch auf alle Ebenen zurückwirkt.[60] Nachhaltigkeitstransformationen beinhalten entsprechend auch die Suche nach neuen Wertesystemen.[61]

---

55 *SRU*, Umweltgutachten 2016 (Fn. 1), S. 35; *WBGU*, Zukunft (Fn. 47), S. 120–121.
56 *Geels/Schot*, Typology (Fn. 50), 400.
57 *WBGU*, Gesellschaftsvertrag (Fn. 1), S. 101.
58 *WBGU*, Zukunft (Fn. 47), S. 150.
59 Zur digitalen Transformation als Möglichkeitsfenster siehe *WBGU*, Zukunft (Fn. 47), S. 150.
60 *Göpel*, Great Mindshift (Fn. 49), S. 47.
61 So auch *Grin/Rotman/Schot*, Transitions (Fn. 43), S. 2.

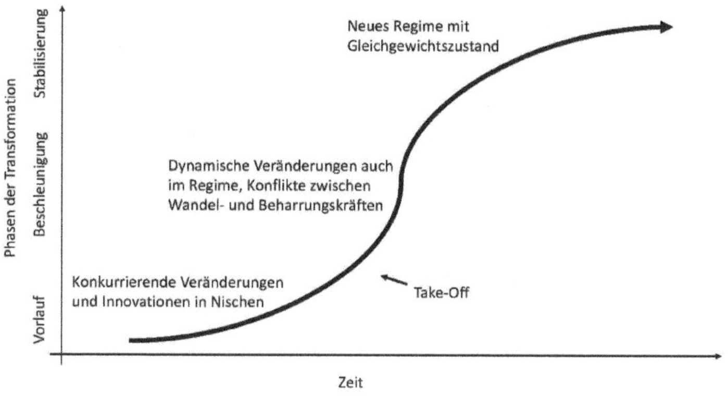

Abb. 2: Phasen der Transformation, eigene abgewandelte Darstellung nach Jacob et al., 2020; Grin/Rotman/Schot, 2010; WBGU, 2011.[62]

Die Dynamiken in Transformationsprozessen kann in drei Phasen unterteilt werden (Abb. 2): (1)Die Vorlaufphase bzw. Vorentwicklung, (2) die Beschleunigung des Wandels in zeitlicher Dimension und in der Breitenwirkung und (3) der Stabilisierung eines neuen Regimes.[63] In der Vorlaufphase finden Experimente und Innovationen in der Nische statt, die auf eine Veränderung des bestehenden Systems hinwirken, während die Regime-Ebene eher auf schrittweise Verbesserung des Bestehenden setzt.[64] In der Beschleunigungsphase entsteht mehr Dynamik. Bestehende Technologien, Institutionen und Praktiken werden durch die Nischen-Innovationen herausgefordert, finden aber auch zunehmend Unterstützung oder erfahren Skalierung. Es entstehen entsprechende Konflikte zwischen Beharrungs- und Innovationskräften sowie zwischen konkurrierenden Visionen um Innovationen.[65] In der Stabilisierungsphase bildet sich ein neues Gleich-

62 Nahe Anlehnung an *Jacob u. a.*, Transformative Umweltpolitik (Fn. 38), S. 13; ähnlich auch bei *Grin/Rotman/Schot,* Transitions (Fn. 43), S. 130–131; *WBGU*, Gesellschaftsvertrag (Fn. 1), S. 99.

63 *Grin/Rotman/Schot,* Transitions (Fn. 43), S. 130–131; *WBGU*, Gesellschaftsvertrag (Fn. 1), S. 99; *Jacob u. a.*, Transformative Umweltpolitik (Fn. 38), S. 13; ähnlich *SRU*, Umweltgutachten 2016 (Fn. 1), S. 33.

64 *Jacob u. a.*, Transformative Umweltpolitik (Fn. 38), S. 13.

65 *Ibid.*

gewicht, bestimmte Innovationen setzen sich durch und die Konflikte enden.[66]

Die Transformationsmodelle zeigen, dass es sich bei Transformationen um komplexe gesellschaftliche Prozesse handelt, die nicht einseitig gesteuert oder durch den Staat oktroyiert werden können. Es findet vielmehr ein Zusammenspiel verschiedener Dynamiken statt, die durch den Staat und das Recht lediglich mitbeeinflusst werden.

3. Transformation im Klimaschutzbeschluss

Der Begriff der Transformation wird im Klimaschutzbeschluss in der Gliederungsübersicht und in fünf Randnummern explizit verwendet (37, 121, 122, 187, 194). Im Sachbericht bei der Ermittlung der tatsächlichen Grundlagen des Klimaschutzes, geht das Bundesverfassungsgericht in einer extra Randnummer auf den „Transformationsaufwand"[67] ein. Demnach sind „weitreichende Transformationen nötig", um bis 2050 Treibhausgasneutralität zu erreichen (Rn. 37). Das Verfassungsgericht betrachtet hier zwar nur eine Teiltransformation, nämlich die Transformation zur Klimaneutralität. Bei deren Beschreibung wird allerdings deutlich, wie umfassend die Änderungen sind, die in Wirtschaft und Gesellschaft erforderlich sein werden. So sei bei „heutiger Lebensweise noch nahezu jegliches Verhalten unmittelbar oder mittelbar mit dem Ausstoß von CO_2 verbunden" (Rn. 37). Im zweiten Schritt identifiziert das Bundesverfassungsgericht, dass „in Anbetracht des Ausmaßes der erforderlichen Transformation [...] längere Umbau- und Ausbaupfade für nötig gehalten werden" (Rn. 121). Dabei verkürze „jeder konkrete Verbrauch verbleibender CO_2 -Mengen [...] zugleich die Zeit für die Initiierung und Realisierung soziotechnischer Transformation" (Rn. 122). § 3 Abs. 1 Satz 2 und § 4 Abs. 1 Satz 3 KSG i. V. m. Anlage 2 „entscheiden darüber mit, wieviel Zeit für jene Transformationen bleibt, die zur Sicherung von Freiheit unter gleichzeitiger Wahrung des Klimaschutzgebots erforderlich sind" (Rn. 187). Eine Kernaussage der neuen Rechtsfigur der intertemporalen Freiheitssicherung mit eingriffsähnlicher Vorwirkung ist darüber hinaus, dass die erforderlichen Transformationen rechtzeitig einzuleiten sind (Rn. 194). Die Verfassungswidrigkeit des KSG durch zu unkonkrete Vorgaben für die Zeit nach 2030 begründete das

66 *Ibid.*
67 Vgl. Gliederungsstichwort des Beschlusses für Rn. 37.

Bundesverfassungsgericht also über die Erforderlichkeit von Zeit für die anstehenden Transformationsprozesse. Das Bundesverfassungsgericht geht davon aus, dass für das Erreichen der Klimaziele unter heutigen rechtlichen und tatsächlichen Gegebenheiten erforderlich ist, „rechtzeitig erforderliche Transformationen einzuleiten", was beinhaltet ausreichend Zeit für die Transformationsprozesse vorzusehen (Rn. 121, 122, 194).

Einzige wissenschaftliche Bezugsquelle des Bundesverfassungsgerichts bei der Nennung des Begriffs Transformation ist das Umweltgutachten des Sachverständigenrats für Umweltfragen aus dem Jahr 2020[68] (Rn. 121). Der Verweis bezieht sich hingegen nicht auf ein spezifisches Konzept der Transformation, sondern auf die Aussage, dass eine „frühere Emissionsminderung auch längere Umbau- und Ausstiegspfade bzw. Budgetverläufe in den Sektoren möglich [macht], was in Anbetracht der Größe der erforderlichen sozio-technischen Transformation notwendig erscheint".[69] Das Verfassungsgericht hat sich demnach nicht explizit zur Transformationsforschung positioniert bzw. deren Erkenntnisse rezipiert.

Dennoch äußert sich das Bundesverfassungsgericht im Sinne des Mehrebenenmodells zu seinem Verständnis der Rolle des Staates und gesetzlicher Rahmensetzung in der Transformation implizit. Der Staat sei „weder in der Lage noch ist es allein seine Aufgabe, alle technologischen und sozialen Entwicklungen zur Ersetzung und Vermeidung von treibhausgasintensiven Prozessen und Produkten und den Ausbau hierfür erforderlicher Infrastrukturen selbst zu erbringen. Es könnte auch dem Gesetzgeber kaum gelingen, die erforderlichen Entwicklungen konkret vorzugeben. Verfassungsrechtlich verpflichtet ist er aber, grundlegende Voraussetzungen und Anreize dafür zu schaffen, dass diese Entwicklungen einsetzen" (Rn. 248). Um den „nötigen Entwicklungsdruck" entstehen zu lassen, stünden dem Gesetzgeber Gestaltungsspielräume offen, „um Voraussetzungen und Anreize für die Entwicklung klimaneutraler Alternativen zu schaffen" (Rn. 249). Es müsse absehbar werden, „dass und welche Produkte, Dienstleistungen, Infrastruktur-, Verwaltungs- und Kultureinrichtungen, Konsumgewohnheiten oder sonstigen heute noch CO_2-relevanten Strukturen schon bald er-

68 Der SRU berät die Bundesregierung, insbesondere das Bundesumweltministerium, seit 1972 im Bereich der Umweltpolitik. Das Gremium ist interdisziplinär in wechselnden Konstellationen besetzt, siehe umweltrat.de (zuletzt abgerufen am 22.07.2022).

69 *SRU*, Umweltgutachten 2020: Für eine entschlossene Umweltpolitik in Deutschland und Europa, Berlin 2020, S. 53 (Rz. 33 a. E.).

heblich umzustrukturieren sind" (Rn. 249). Es ist also der „Staat, der einen Ordnungsrahmen schaffen muss, der eine solche gesamtgesellschaftliche Bewältigung der Krise erzwingt oder wenigstens ermöglicht."[70] Dieses Verständnis des Bundesverfassungsgerichts entspricht dem Mehrebenenmodell der Transformationsforschung, wonach die Politik, der Staat und das Recht nur einen Teil des Regimes ausmacht, die für einen umfassenden gesellschaftlichen Wandel erforderlich sind (III.2.). Das Bundesverfassungsgericht weist dem Staat jedoch einen expliziten Gestaltungsauftrag zu.

IV. Ambivalente Bedeutung von Suffizienz im Klimaschutzbeschluss

Weitere Erkenntnisse über das Verständnis von Nachhaltigkeit und Transformation in der Klimaschutzentscheidung ermöglicht das Konzept der Suffizienz.

Suffizienz ist ein Begriff aus der Nachhaltigkeitsdebatte, der dort zwar spätestens seit den 1990ern diskutiert wird,[71] im Recht bisher aber eher am Rande (mit-)betrachtet wurde.[72] Auch ihm wird mittlerweile dezidiert rechtswissenschaftliche Aufmerksamkeit zuteil.[73] Dem Thema kommt innerhalb und außerhalb des Rechts weiterhin lediglich ein „Nischendasein"[74] zu.

---

70 *Kloepfer/Wiedmann*, Bundes-Klimaschutzgesetz (Fn. 9), 1333.

71 *W. Sachs*, Die vier E's: Merkposten für einen maßvollen Wirtschaftsstil, politische ökologie 1993, 69–72; *T. Princen*, The logic of sufficiency, Cambridge 2005; *O. Stengel*, Suffizienz: die Konsumgesellschaft in der politischen Krise, München 2011; *U. Schneidewind/A. Zahrnt*, Damit gutes Leben einfacher wird: Perspektiven einer Suffizienzpolitik, 3. Aufl., München 2017.

72 So etwa bei *J. Sanden/T. Schomerus/F. Schulze*, Entwicklung eines Regelungskonzepts für ein Ressourcenschutzrecht des Bundes, UBA Berichte 1/2012; *H. von Bredow*, Energieeffizienz als Rechts- und Steuerungsproblem, Marburg 2013; *A. Roßnagel/A. Hentschel*, Rechtliche Instrumente des allgemeinen Ressourcenschutzes, UBA Texte 23/2017; Ausnahmen: *G. Winter*, Rechtsprobleme im Anthropozän: Vom Umweltschutz zur Selbstbegrenzung, ZUR 2017, 267–277; *F. Ekardt*, Theorie der Nachhaltigkeit, 2. Aufl., Baden-Baden 2016, § 1 B.III.

73 So bildet Suffizienz etwa einen Schwerpunkt in einem laufenden Forschungsprojekt des Umweltforschungszentrums in Leipzig im Auftrag des Bundesumweltamtes zu Herausforderungen für ein zukunftsfähiges Umweltrecht, https://www.ufz.de/index.php?de=47729 (zuletzt abgerufen am 19.07.2022).

74 In seiner soziologischen Dissertation: *Stengel*, Suffizienz (Fn. 71), S. 181.

1. Suffizienz – ein transformatives Konzept der Nachhaltigkeit

Umschreibungen von Suffizienz sind etwa Mäßigung oder Genügsamkeit. Suffizienz wird im Dreiklang mit Effizienz (Optimierung) und Konsistenz (Regenerativität) als Leitstrategie bzw. konkretisierendes Konzept der Nachhaltigkeit diskutiert.[75] Suffizienz meint die Begrenzung, Reduktion oder qualitative Änderung menschlicher Aktivitäten als Beitrag zur sozial-ökologischen Transformation, auch wenn dadurch Bedürfnisse anders erfüllt werden.[76] Dies impliziert ein weites Suffizienzverständnis. Suffizienz umfasst damit nicht nur die Veränderung von Nachfrageverhalten, Konsummustern, Alltagsroutinen, sondern alle sozialen und kulturellen Praktiken, Wirtschaftsweisen und Infrastrukturentscheidungen.[77] In Abgrenzung zu Effizienz und Konsistenz geht mit Suffizienz auch die Änderung der Art und Weise von Bedürfniserfüllung einher. Das Reiseverhalten, die Ernährung, das Wirtschaften, die Mobilität, die Infrastruktur verändern sich so, dass insgesamt weniger Ressourcen verbraucht werden. Dabei reduziert sich nicht nur der Ressourcenverbrauch bzw. die Emission, sondern es ändert sich auch die Technologie, die Aktivität, das Verhalten selbst.[78] Anstelle einer Fernreise wird eine Nahreise unternommen, tierproduktreiche Ernährung wird zu tierproduktarmer Ernährung, anstelle von schnelllebigen Produkten mit kurzer Lebensdauer, werden langlebige Produkte hergestellt, anstelle von Verkehrsinfrastruktur für motorisierten Individualverkehr entsteht Verkehrsraum, der fahrrad- und fußgängerfreundlich ist sowie eine attraktive Taktung des ÖPNV ermöglicht.

Suffizienz kann als transformatives Konzept der Nachhaltigkeit eingeordnet werden. Mit den Merkmalen Begrenzung und Reduktion stellt es die Steigerungslogiken und Grundmuster der Konsumgesellschaft in Frage und weist damit in eine auf Systemebene veränderte Gesellschaft. Zudem beinhaltet das Konzept den Aufbau von Alternativen, die schädliche Aktivitäten und Verhaltensweisen ersetzen können, die über technische Innova-

75 *Von Hauff*, Nachhaltige Entwicklung (Fn. 26), S. 66 ff.

76 Suffizienzverständnis der noch nicht veröffentlichten Dissertation „Suffizienz und Recht" der Verfasserin.

77 Ähnlich bei *L. Brischke/L. Leuser/M. Duscha/S. Thomas/J. Thema/M. Spitzner*, Energiesuffizienz – Strategien und Instrumente für eine technische, systemische und kulturelle Transformation zur nachhaltigen Begrenzung des Energiebedarfs im Konsumfeld Bauen/Wohnen. Endbericht, Heidelberg 2016, S. 8–9.

78 Bzw. es ändert sich der Nutzen der Aktivität, so *C. Fischer/R. Grießhammer*, Suffizienz: Begriff, Begründung und Potenziale, Öko-Institut Working Paper 2/2013, S. 9–10.

tionen hinausreichen. Suffizienz betont die Bedeutung sozialer Innovationen, die etwa stärker auf gemeinsame, geteilte oder längere Nutzungen von Konsum- und Produktionsgütern abstellen.[79]

2. Implizite Suffizienzbezüge des Klimaschutzbeschlusses

Der Klimaschutzbeschluss erwähnt Suffizienz nicht explizit. Allerdings impliziert die Beschreibung des Transformationsaufwandes durch das Bundesverfassungsgericht überraschenderweise, dass das Gericht wohl davon ausgeht, Suffizienz sei erforderlich für die Transformation zur Klimaneutralität: „Soll die derzeitige Lebensweise einschließlich so verbreiteter oder sogar alltäglicher Verhaltensweisen wie der Errichtung und Nutzung neuer Bauten und dem Tragen von Kleidung klimaneutral sein, sind demnach grundlegende Einschränkungen und Umstellungen von Produktionsprozessen, Nutzungen und alltäglichem Verhalten erforderlich" (Rn. 37 a. E.). „Einschränkungen und Umstellungen" können als Äquivalente zur Begrenzung, Reduktion und Substitution angesehen werden, die Merkmale von Suffizienz sind (IV.1.).

Zudem hat das Bundesverfassungsgericht in die Begründung aufgenommen, dass die Entwicklung von Alternativen, die mit weniger oder ohne CO_2-Emissionen auskommen, erforderlich ist: „Wären CO2-freie und damit klimaneutrale alternative Verhaltensweisen, die den CO2-wirksamen Freiheitsgebrauch wenigstens teilweise ersetzen könnten, verfügbar und in der Gesellschaft hinreichend etabliert, wäre der Ausschluss klimarelevanter Verhaltensweisen mit weniger Freiheitsverlust verbunden als ohne diese Alternativen" (Rn. 120). Das Bundesverfassungsgericht betont dabei hinaus nicht nur die Notwendigkeit technische Entwicklungen zu ermöglichen, sondern auch soziale (Rn. 121), unter die vor allem auch Suffizienzmaßnahmen fallen. Das Bundesverfassungsgericht weist also auf die Notwendigkeit alternativer Lebens- und Wirtschaftsweisen hin.

Zugleich nutzt das Bundesverfassungsgericht ein Motiv der Reduktion als „radikale Enthaltsamkeit" oder „Vollbremsung" als eine Art *Drohkulisse* für die Zukunft, falls heutige Klimaschutzpolitik nicht ausreichend CO_2-Budget für Transformationsprozesse nach 2030 vorsieht. Das Verfassungsrecht selbst gebe der Gesetzgebung auf, dass mit jedem Anteil,

79 Zu sozialen Innovationen im Konsumbereich siehe M. Jaeger-Erben/J. Rückert-John/M. Schäfer (Hrsg.), Soziale Innovationen für nachhaltigen Konsum, Wiesbaden 2017.

der vom endlichen CO_2-Budget verzehrt wird, umso dringender weitere CO_2-relevante Freiheitsausübungen zu unterbinden sind (Rn. 187). In Zukunft könnten entsprechend nach dem Klimaschutzgebot des Art. 20a GG auch Maßnahmen geboten sein, die einer „Vollbremsung" gleichkommen und eine radikale Reduktionslast erfordern (Rn. 192). CO_2-relevanter Freiheitsgebrauch muss irgendwann im Wesentlichen unterbunden werden (Rn. 186). Für zukünftige Generationen könnte ein Verschleppen erfolgreicher Klimapolitik bedeuten, dass sie die natürlichen Lebensgrundlagen nur noch „um den Preis radikaler eigener Enthaltsamkeit weiter bewahren können" (Rn. 193, Ls. 4).

Das Verfassungsgericht sieht das zu lösende Hauptproblem der Transformation damit nicht in den Gesundheits- und Umweltschäden, die durch den Klimawandel in Zukunft verursacht werden, sondern in der Verfügbarkeit von Energie, die zur Freiheitsausübung benötigt wird.[80] Dieser Umschwung von einer schutzrechtlichen Konstruktion auf eine abwehrrechtliche Konstruktion wurde kritisiert, da so die schutzrechtliche Dimension abgewertet worden sei.[81] Mit der Konstruktion der intertemporalen Freiheitssicherung legt das Bundesverfassungsgericht hingegen *den Finger in die Wunde*: Freiheitsausübung im heute geht aus Perspektive des erforderlichen Klimaschutzes zu Lasten der Freiheitsausübung in der Zukunft. Der Gesetzgeber hat entsprechend zu entscheiden, wann die Gesamtheit der Bürger*innen wie suffizient zu leben und zu wirtschaften hat. Das Bundesverfassungsgericht erkennt durch die – bei allen Unsicherheiten – vergleichsweise strikte Anwendung des Budgetansatzes die Begrenzung der natürlichen Lebensgrundlagen (in Form der Senkenfähigkeit der Erdatmosphäre für Treibhausgase) explizit an. Diese Grenzsetzung entspricht einer Begrenzung im Sinne der Suffizienz nach der obengenannten Suffizienzdefinition (IV.1.).

V. Diskussion: Transformatives Verfassungsgericht?

Aus Perspektive des Mehrebenenmodells der Transformationsforschung (III.2.) ist das Bundesverfassungsgericht Akteurin auf Regime-Ebene, da es gesellschaftliche Macht im Status Quo für sich beanspruchen kann. Kann das Bundesverfassungsgericht mit den Aussagen im Klima-

80 *Winter*, Bewahrung (Fn. 20), 216.
81 *Calliess*, Klimaurteil (Fn. 9), 357.

schutzbeschlusses als transformativ, also die Transformation befördernd angesehen werden?

Das Bundesverfassungsgericht erkennt im Klimaschutzbeschluss an, dass das Einhalten des Unter-2°C-Ziels mit einer erheblichen Transformationsaufgabe verbunden ist (Rn. 37). Dabei wird deutlich, dass die tatsächliche Situation von einem Pfad zur Einhaltung des zur Verfügung stehenden CO_2-Restbudgets entfernt ist.[82] Der Klimaschutzbeschluss legt das Verständnis des Bundesverfassungsgerichts von dem für die Klimaneutralität erforderlichen gesellschaftlichen Wandel erstmals offen, bedient sich dafür aber nicht des Nachhaltigkeitsbegriffs. Dass sich Verbindungen zum Konzept der Suffizienz ziehen lassen, ist insoweit überraschend, als dass es sich bisher eher um ein Nischenkonzept handelte.

Das Bundesverfassungsgericht tritt mit dem Klimaschutzbeschluss als Impulsgeber und Katalysator auf, „um notwendige und überfällige Veränderungen mit anzustoßen".[83] Dabei wird mehrfach (Rn. 121, 249, 252) betont, die Notwendigkeit Transformationsprozesse rechtzeitig bzw. frühzeitig zu initiieren. So wird deutlich, dass das Bundesverfassungsgericht davon ausgeht, dass der transformative Wandel noch bevorsteht bzw. initiiert werden muss. Möglicherweise zeigt der Beschluss stattdessen, dass wir uns in Deutschland in der Beschleunigungsphase der Transformation befinden. Regime-Akteure, wie das Bundesverfassungsgericht, greifen das Transformationserfordernis auf und stärken Nischen-innovationen und die Entwicklung von Alternativen (Rn. 194). Das Bundesverfassungsgericht wirkt insoweit als Akteurin aus der Regime-Ebene, die Kräfte des Wandels unterstützt[84].

Gleichzeitig nimmt das Gericht eine im Konflikt zwischen widerstreitenden gesellschaftlichen Gruppen vermittelnde Rolle ein. Den Kläger*innen ist nur begrenzt Recht gegeben worden. Im Beschluss zeigt sich deutlich die Konkurrenz zwischen Beharrungskräften im Status Quo und Kräften des Klimaschutzes. Der Beschluss sucht einen ausgleichenden Weg zwischen den Interessen. Der Entscheidung wird zurecht ein „bemerkenswertes Auseinanderfallen von Begründung und Tenor" bescheinigt.[85] Die Entschei-

---

82 *Britz*, Klimaschutz (Fn. 9), 826.

83 *Seibert*, Klimaschutz (Fn. 3), 1146.

84 Dies wird als Chance für Transformationen angesehen, siehe *Geels/Schot*, Typology (Fn. 50), 400.

85 *Möllers/Weinberg*, Klimaschutzentscheidung (Fn. 9), 1076.

dung sei „gleichermaßen radikal und zurückhaltend weise“.[86] Insofern ist nicht das Ergebnis, sondern die Begründung der Entscheidung „spektakulär“.[87] Das Verfassungsgericht moderiert so zwischen den gesellschaftlichen Kräften, die den Transformationsaufwand zur Abmilderung des Klimawandels erst noch verstehen, anerkennen und umsetzen müssen, und den durch die Kläger*innen repräsentierten Gruppen der Klimaschützer*innen. Ersteren erklärt das Bundesverfassungsgericht ausführlich die Sachlage. Gleichzeitig steht die Entscheidung unter einem starken Eindruck des Zeitdrucks, der mit Blick auf die Transformation zur Klimaneutralität erforderlich ist und greift damit Forderungen der Letzteren auf.[88]

Hervorzuheben ist, dass sich das Bundesverfassungsgericht im Beschluss sowohl vertieft mit dem wissenschaftlichen Sachstand zum Klimawandel befasst und diesen unter Betonung verbleibender Unsicherheiten rezipiert. Noch nie hat sich das Bundesverfassungsgericht derart intensiv auf einen von der Wissenschaft vorgeschlagenen Ansatz gestützt, wie auf den (Rest-)Budgetansatz im Klimabeschluss.[89] Diese strukturelle Kopplung von Klimawissenschaft und Recht[90] weist auf eine wichtige Allianz für den Wandel in Richtung Klimaneutralität hin. Das Regime Recht verhilft den wissenschaftlichen Ergebnissen zur Umsetzung.[91] Zugleich bezieht das Bundesverfassungsgericht das rechtswissenschaftliche Schrifttum zum Klimaschutz bis zu seinen Anfängen mit ein. Das Gericht zeigt damit Dialogbereitschaft zu anderen Akteursgruppen in der Transformation.[92] Dabei erfasst das Bundesverfassungsgericht in Rn. 248, 249 präzise, dass staatliche Rahmensetzung nur ein Faktor im Transformationsprozess ist, und demnach die Verantwortung für das Scheitern eines solchen Prozesses nicht allein beim Staat zu suchen ist. Dabei entlässt es den Staat nicht aus der Verantwortung, sondern weist ihm eine Impulsgebende Rolle zu (III.3.).

---

86 *Seibert*, Klimaschutz (Fn. 3), 1141.

87 Und zwar nicht nur mit dem Blick auf die neuen dogmatischen Konstruktionen der intertemporalen Freiheitssicherungsfunktion der Freiheitsrechte und der ihnen zugeordneten eingriffsähnlichen Vorwirkung, so aber *Franzius*, Klimabeschluss (Fn. 9), 102.

88 *Sinder* beschreibt dies als „alles bestimmenden Faktor“, Anthropozänes Verfassungsrecht (Fn. 9), 1084.

89 *Schlacke*, Klimaschutzrecht (Fn. 9), 915.

90 *Calliess*, Klimaurteil (Fn. 9), 355; *Faßbender*, Klima-Beschluss (Fn. 9), 2086.

91 Siehe zum schwierigen Verhältnis von Empirie, Rechtspolitik und Rechtsprechung: *S. Harbarth*, Empirieprägung von Verfassungsrecht, JZ 2022, 157–208.

92 *Kloepfer/Wiedmann*, Bundes-Klimaschutzgesetz (Fn. 9), 1335.

Der Klimaschutzbeschluss betrachtet jedoch isoliert die Transformation zur Klimaneutralität, also nicht breite Nachhaltigkeitstransformationen, die auch andere soziale und ökologische Herausforderungen adressieren. Dabei hätte das Klimaschutzgesetz durchaus Bezüge zu den drei Nachhaltigkeitsdimensionen (ökologisch, sozial und ökonomisch) zugelassen (§ 1 S. 2 KSG). Es bleibt zu beobachten, ob Klimaneutralität als gesellschaftliche Zielbestimmung an die Stelle von Nachhaltigkeit tritt oder stattdessen Nachhaltigkeit als Begleitnutzen mitbefördert und Klimaschutz eingebettet in umfassender angelegten sozial-ökologischen Transformationen verwirklicht.

Das Verfassungsgericht nimmt mit der Entscheidung zudem eine Subjektivierung des Klimaschutzregimes vor,[93] die ambivalent zu bewerten ist. Die Abwehrpositionen zukünftiger Freiheitseinschränkungen in eingriffsähnlicher Vorwirkung intertemporaler Freiheitssicherung wird Grundlage zum Verfassungsverstoß der Bundesregierung. Diese abwehrrechtliche Konstruktion vernachlässigt die staatliche Aufgabe nicht nur Freiheit *von* staatlichen Eingriffen für die Zukunft zu erhalten, sondern auch die Freiheit *zur* Grundrechtsausübung langfristig zu schützen. Zwar adressiert das Bundesverfassungsgericht mit der abwehrrechtlichen Konstruktion einen springenden Punkt, um den in der Transformation gerungen wird. Es benennt eine zentrale Blockade für die Transformation: die fehlende Langfristorientierung und (individualisierte) Verlustaversionen in der Gesellschaft[94], die fehlende Suffizienz. Es vernachlässigt jedoch, dass die Verfassung auch Ordnungsmedium zur Gestaltung und Erhaltung nachhaltiger Zukünfte für die Gemeinschaft der Rechtssubjekte, nicht nur für individuelle Freiheitsausübung ist.

Mit der Figur der intertemporalen Freiheitssicherung hat das Bundesverfassungsgericht jedenfalls ein rechtliches Konstrukt geschaffen, das von der Gesetzgebung eine Langfristperspektive fordert.[95] Dadurch wird einer Transformationsblockade, dem Kurzfristdenken vieler gesellschaftlicher Akteur*innen, eine rechtliche Pflicht gegenübergestellt, Langfristinteressen bereits heute einzubeziehen.[96] Ob diese Langfristperspektive nicht nur im Rahmen der gesetzlichen Zielsetzungen zur Klimaneutralität, sondern auch

---

93 *Möllers/Weinberg*, Klimaschutzentscheidung (Fn. 9), 1076; *Calliess*, Klimaurteil (Fn. 9), 356–357.

94 *WBGU*, Gesellschaftsvertrag (Fn. 1), S. 83.

95 *Faßbender*, Klima-Beschluss (Fn. 9), 2091.

96 Ähnlich *Kersten/Kaupp*, Verfassung (Fn. 17), 481.

in transformativen Umsetzungsmaßnahmen durch die Klimapolitik zum Tragen kommt, bleibt abzuwarten. Dem „Jahrhundert-Beschluss“ folgt eine „Jahrhundert-Aufgabe“.[97] Die Gesetzgebung dürfte hier „besonders gefordert sein, denn die Transformation zur Klimaneutralität wird kaum von allein vonstattengehen, sondern ist eine große Gestaltungsaufgabe.“[98]

VI. Fazit für die Nachhaltigkeitsrechtswissenschaft

Hat der Begriff der Nachhaltigkeit im Recht bereits ausgedient? Der Klimaschutzbeschluss deutet auf eine Diskursverschiebung hin. Er wendet sich stattdessen den Begriffen der Klimaneutralität und der Transformation zu. Letzteren verwendet das Bundesverfassungsgericht jedoch nicht in einem in der Wissenschaft fundierten Sinne (III.3.).

Die Nachhaltigkeitsrechtsforschung kann hieraus verschiedene Folgerungen ziehen: Einerseits kann sie es sich zum Auftrag machen den Nachhaltigkeitsbegriff so zu entwickeln, dass er im Recht konkreter zum Tragen kommt. Hier könnte insbesondere auf die integrative Funktion in Bezug auf verschiedene gesellschaftliche Ziele abgestellt werden. Andererseits könnte sie sich stattdessen Alternativbegriffen zu zuwenden. In Frage kommt der Begriff der Transformation, der Begriff der Suffizienz, oder auch gesetzlich bereits verankerten Zielvorgaben wie das Pariser Klimaziel oder die Klimaneutralität.[99] Vor einer Verengung auf die Klimakrise ist jedoch zu warnen. Die Reduktion von CO_2-Emissionen bildet nur ein, wenn auch vergleichsweise konkretes und entscheidendes, Transformationserfordernis. Der Stopp des Verlusts der Biologischen Vielfalt, der Erhalt der Funktionsfähigkeit der verschiedenen Umweltmedien Wasser, Boden, Luft und die Kreislaufführung sämtlicher menschlicher Ressourcennutzungen in ökologischen und künstlichen Kreisläufen erscheinen dagegen gleichwohl komplexer. Die Komplexität von ökologischen Nachhaltigkeitstransformationen steigert sich weiter, indem sie mit sozialen Fragen in sozial-ökologischen Transformationen zu verbinden sind und zugleich die Krisenfestigkeit heu-

---

97 *Seibert*, Klimaschutz (Fn. 3), 1146.

98 *Britz*, Klimaschutz (Fn. 9), 834.

99 Darüber hinaus kommen dafür auch weitere alternative Schlüsselbegriffe aus der Nachhaltigkeitsforschung in Betracht, wie der gesundheitswissenschaftlich geprägte Begriff der Planetary Health, wachstumskritische Konzepte, wie Postwachstum und Degrowth, oder schlicht *Gutes Leben*, das als *Sumak Kawsay* oder *buen vivir* in Ecuador als alternatives Leitbild zu nachhaltiger Entwicklung angesehen wird.

tiger Wirtschaftssysteme auf die Probe stellen. Dieser komplexen Sachlage gerecht zu werden, ist auch die Aufgabe der Nachhaltigkeitsrechtswissenschaft. Neben der Integrierung entsprechend vieldimensionierter Nachhaltigkeitsaufgaben in die Rechtsordnung umfasst dies auch eine rechtswissenschaftliche Transformationsforschung, die die Rolle des Rechts im Übergang zu nachhaltigeren Systemen reflektiert, rechtliche Barrieren abbaut, Wandel ermöglicht und unterrepräsentierte Interessen stärkt.

B. Nachhaltigkeit als Grundpflicht – Zur ökologisch-sozialen Verantwortung der Einzelnen

Isa Bilgen[*]

I. Die Menschheitskrise

Die Umweltkrise ist auch ein Kampf um Freiheit und unseren Begriff davon. Sie ist ein Kampf um Rechte und Pflichten. Mit dem Klimawandel nehmen nicht nur Extremwetterereignisse, Dürren und Hunger zu, sondern auch Gefahren für die Demokratie und den sozialen Frieden durch Bürgerkriege.[1] Diese „Menschheitskrise" wirft damit Fragen nach einer gerechten und nachhaltigen Lebensweise auf. Dass sie menschgemacht ist, heißt im Grunde, dass Menschen ihre Freiheit bisher bewusst oder unbewusst zu willkürlich, exzessiv und rücksichtslos gebraucht haben. Und dennoch wird an einem Freiheitsdogma festgehalten, nach dem jeder tun und lassen darf, was er will. Der Beitrag schlägt vor diesem Hintergrund eine alternative Interpretation des allgemeinen Freiheitsrechts aus Art. 2 Abs. 1 GG vor. Erst wenn eine *Grundpflicht für einen nachhaltigen Freiheitsgebrauch aus Art. 20a GG i.V.m. Art. 2 Abs. 1 GG* an die Seite des staatlichen Schutzauftrages gestellt wird, kann das Verfassungsrecht dem Ernst der Krise gerecht werden. Denn wenn eine Verfassung die elementaren Aspekte des Zusammenlebens regeln soll, muss sie auch die grundlegenden Fragen zur Bewältigung dieser Krise als eine Menschheitsaufgabe angemessen reflektieren.[2]

---

* Der Verfasser ist Doktorand bei Prof. Dr. Hans Michael Heinig an der Universität Göttingen und wissenschaftlicher Mitarbeiter bei Prof. Dr. Thorsten Ingo Schmidt an der Universität Potsdam. Er dankt Prof. Dr. Heinig für wichtige Hinweise.

1 Vgl. *IPCC*, Climate Change 2022: Impacts, Adaptation and Vulnerability, WG II Contribution to AR6, 2022.

2 Vgl. *R. Klinger*, Ein Grundrecht auf Umweltschutz. Jetzt, ZUR 2021, 257 (257).

II. Elfes und die Freiheit

Nach Art. 2 Abs. 1 GG hat jeder „das Recht auf die freie Entfaltung seiner Persönlichkeit". Geprägt wurde das herrschende Verständnis dieses Grundrechts durch das Elfes-Urteil. Das Grundgesetz könne demnach „nicht nur die Entfaltung innerhalb jenes Kernbereichs der Persönlichkeit gemeint haben, der das Wesen des Menschen als geistig-sittliche Person" ausmache.[3] Art. 2 Abs. 1 GG schützt seither „die allgemeine Handlungsfreiheit im umfassenden Sinne" und damit „jede Form menschlichen Handelns ohne Rücksicht" auf ihr Gewicht für die Persönlichkeitsentfaltung.[4] In sprachlicher Anknüpfung an den ursprünglichen Entwurf wurde daraus das Recht, zu tun und zu lassen, was man will.[5]

Angesichts der Gefahren der letztlich durch menschlichen Freiheitsgebrauch verursachten Umweltkrise sowie der Begrenztheit von Lebens- und Freiheitsressourcen fragt sich, ob diese Lesart noch zeitgemäß ist. Es bedurfte jedenfalls zur Distanzierung von der extrem engen „Persönlichkeitskerntheorie"[6] nicht des großen Sprungs zum Dogma „tun und lassen, was man will".[7] Aus der geltenden Fassung ergibt sich schon, dass nicht nur „eine oktroyierte, religiös, weltanschaulich oder sonst vorfabrizierte" Persönlichkeit geschützt ist und sie „nach eigenem Entwurf und Bilde" entfaltet werden darf.[8] Art. 2 Abs. 1 GG schützt aber nicht die Willkürfreiheit, sondern die freie Persönlichkeitsentfaltung, womit „dieses Grundrecht zwar einen weiten, aber keinen grenzenlosen Schutzbereich" hat.[9] Es ist „weder historisch noch funktional der Sinn der Grundrechte, jedes erdenkliche menschliche Verhalten unter ihren besonderen Schutz zu stellen".[10] Als Auffanggrundrecht soll Art. 2 Abs. 1 GG für mit dem gesellschaftlichen Wandel neu entstehende Verhaltensweisen in verschiedenen Lebensbereichen ein *allgemeines Freiheitsrecht* darstellen und damit Grundrechtslücken

3 BVerfGE 6, 32 (36).
4 BVerfGE 6, 32 (36); 54, 143 (144, 146); 80, 137 (152 f. m.w.N.); 90, 145 (171).
5 BVerfGE 6, 32 (36 f.).
6 Grundlegend *H. Peters*, Die freie Entfaltung der Persönlichkeit als Verfassungsziel, in: D. S. Constantopoulos/H. Wehberg (Hrsg.), Festschrift für R. Laun, Hamburg 1953, S. 669 ff.; dazu *R. Scholz*, Das Grundrecht der freien Entfaltung der Persönlichkeit in der Rechtsprechung des Bundesverfassungsgerichts, AöR 1975, 80 (89 ff.).
7 *D. Suhr*, Entfaltung der Menschen durch die Menschen, Berlin 1976, S. 57; vgl. abw. Meinung D. Grimm zu BVerfGE 80, 137 (165 f.).
8 *Suhr*, Entfaltung (Fn. 7), S. 57.
9 Abw. Meinung zu BVerfGE 80, 137 (165).
10 Abw. Meinung zu BVerfGE 80, 137 (164).

schließen.[11] Dabei können Auffassungen darüber, welche Betätigungsformen schützenswert sind, „nach den historischen Umständen wechseln".[12]

Das Willkürfreiheitsdogma jedenfalls geht von utopischen Idealen aus und ist blind für die Ausmaße der Umweltkrise. Die Überwindung einer *Menschheits*krise erfordert nicht nur sprachlich, sondern auch tatsächlich die Mitwirkung aller Menschen.[13] Diese notwendige Mitwirkung hat Martin Führ bereits als „Grundpflicht zum Umweltschutz" untersucht, wobei er sie kategorial nah an Verfassungserwartungen verortet.[14] Von der herrschenden Auslegung des Grundgesetzes werden aber falsche Signale gesetzt, wenn in Art. 20a GG die Verantwortung für künftige Generationen nur dem Staat zugeschrieben wird und Einzelne – frei von jeder Verantwortung – tun und lassen können, was sie wollen. Dabei kann das Grundgesetz vom Staat nicht verlangen, seiner Verantwortung gerecht zu werden, und ihm gleichzeitig verbieten, von Einzelnen nachhaltiges Handeln zu fordern. „So widersprüchlich darf eine Verfassung nicht sein."[15] Schließlich zielen staatliche Umweltschutzmaßnahmen auf deren Verhaltensänderung ab. Und *ein Staat, der aufhört, menschliches Verhalten zu beeinflussen, ist kein Staat mehr; Recht, das den Anspruch auf Verhaltenssteuerung aufgibt, ist nudum ius.*

III. Klimaschutz und die Pflicht

Das Bundesverfassungsgericht hat im Klimaschutz-Beschluss zwar in ähnlicher Weise die gesamte Generation in der Verantwortung gesehen, auf Klimaneutralität hinzuwirken. Es betonte aber nur die Pflicht des Staates, mit Ressourcen so sparsam und sorgsam umzugehen, dass künftige Generationen die Lebensgrundlagen „nicht nur um den Preis radikaler eigener Enthaltsamkeit bewahren könnten".[16] Eine Lösung des globalen

---

11 Abw. Meinung zu BVerfGE 80, 137 (164, 167); 54, 148 (153); vgl. auch *G. Dürig*, Der Grundrechtssatz von der Menschenwürde, AöR 81 (1956), 117 (121 f.); *W. Schmidt*, Die Freiheit vor dem Gesetz, AöR 91 (1966), 42 (44 f. m.w.N.).

12 Abw. Meinung zu BVerfGE 80, 137 (164).

13 Vgl. auch BVerfGE 157, 30 (64 f.); *W. Hoffmann-Riem*, Vom Staatsziel Umweltschutz zum Gesellschaftsziel Umweltschutz, DV 1995, 425 (430 ff.).

14 *M. Führ*, Ökologische Grundpflichten als verfassungsrechtliche Dimension, NuR 1998, 6 (7, 10).

15 *D. Murswiek*, Grundrechtsdogmatik am Wendepunkt?, Der Staat 45 (2006), 473 (495).

16 BVerfGE 157, 30 (135 f. m.w.N.).

Problems sei dabei „maßgeblich auf das wechselseitige Vertrauen in den Realisierungswillen der anderen angewiesen".[17] Dies gilt über das zwischenstaatliche auch für das Verhältnis der Einzelnen untereinander. Die Pflicht zur Ressourcenschonung muss daher auch für sie gelten. Sie muss sich vor allem im grundgesetzlichen Freiheitsverständnis widerspiegeln. Insbesondere hat Art. 20a GG nicht nur eine internationale und Freiheit eine intertemporale,[18] sondern sie haben in Verbindung miteinander auch eine *intersubjektive Dimension.* Dass Art. 20a GG nur den Staat adressiert, heißt nicht, dass er allein für Umweltschutz verantwortlich und zuständig wäre.[19] So wie der nationalen Pflicht nicht „der globale Charakter von Klima" und die Unmöglichkeit ihrer Lösung durch einen Staat allein entgegensteht,[20] steht der kollektive Charakter der Krise nicht der Pflicht der Einzelnen entgegen.[21] Diese können sich ebenso wenig wie der Staat[22] ihrer Verantwortung durch den Fingerzeig auf die Umweltfolgen des Verhaltens anderer entziehen. Der einzelne Schadensbeitrag mag insignifikant sein, aber er wirkt sich auf die Krise aus[23] und bleibt mit Verantwortung verbunden.

Dass die Verantwortung für Umweltbelange hauptsächlich beim Staat gesehen wird, liegt am Missverständnis, dass es sich bei der Umweltkrise um eine rein kollektive Krise handelt.[24] Das Argument, dass sie nicht auf dem Rücken der Bürger gelöst werden dürfe, ist darum ein irreführendes populistisches. Auf wessen Rücken sonst sollte eine anthropogene Krise gelöst werden? Andere Tiere können das von Menschen angerichtete Unheil wohl kaum wieder richten. Und der Staat ist keine mystische Figur, kein Leviathan, der Ressourcen verschlingt oder sie aus einer magischen

17 BVerfGE 157, 30 (142).

18 BVerfGE 157, 30 (131, 139 f.); zur Vorwirkung der Grundrechte für die künftigen Generationen, die durch eine vertragstheoretisch konstruierte Grundpflicht „zum Respekt vor Leben und Gesundheit des Mitbürgers von morgen" aus Art. 1 Abs. 2 S. 1 GG verstärkt werde, bereits *P. Häberle*, Zeit und Verfassungskultur, in: A. Peisl/ A. Mohler (Hrsg.), Die Zeit, München Wien 1983, S. 289 (318 ff.).

19 Vgl. BVerfGE 157, 30 (166 f.); *C. Calliess*, Rechtsstaat und Umweltstaat, Tübingen 2001, S. 118 f., 558.

20 BVerfGE 157, 30 (111 ff., 139 f.); BVerfG NVwZ 2022, 861 (873); dazu *G. Britz*, Klimaschutz in der Rechtsprechung des Bundesverfassungsgerichts, NVwZ 2022, 825 (826, 830).

21 Der Fokus hier auf die *individuelle* Grundpflicht soll nicht die gewichtigere Pflicht von Unternehmen oder des Staates relativieren. Sie gilt ohnehin auch für die hinter ihnen stehenden Menschen.

22 Vgl. BVerfGE 157, 30 (141 und passim).

23 Vgl. auch BVerfG NVwZ 2022, 861 (873).

24 Vgl. *B. W. Wegener*, Menschenrecht auf Klimaschutz?, NJW 2022, 425.

Quelle beliebig vermehren könnte. Das genannte Argument verschleiert die Tatsache, dass es auch auf die kritische Reflexion von umweltschädlichen Gewohnheiten und damit auf die Änderung des individuellen Freiheitsgebrauchs ankommt.[25]

IV. Grundrechtstheoretische Annäherung

1. Verantwortungsdimension von Freiheit

Ob das hinter dem grundgesetzlichen Umweltschutzgedanken stehende Motiv ein anthropozentrisches[26] oder ein ökozentrisches[27] ist, ist umstritten. Sicher ist, dass die *conditio humana* die menschliche Mitwelt *und* die natürliche Umwelt umfasst.[28] Im Zweifel genießen aber unter einer speziesistisch interpretierten Verfassung die Interessen des Menschen Vorrang.[29] Denn nur seine Würde ist unantastbar. *Der Mensch ist das Maß aller Dinge, der seienden, dass sie sind, der nicht-seienden, dass sie nicht sind.*[30]

Doch ist es auch diese Würde, die ihm Rechtssubjektfähigkeit verleiht. Rechtssubjekt zu sein heißt, Träger von Rechten *und Pflichten* zu sein.[31] Dementsprechend schützt das Grundgesetz die Freiheit nicht als die eines isolierten, sondern eines gemeinschaftsgebundenen sozialen Subjekts[32] und

---

25 Vgl. auch *J. Kersten*, Die Notwendigkeit der Zuspitzung, Berlin 2020, S. 64 f.; BVerfGE 157, 30 (64 f., 131 f.).

26 Insofern *R. Scholz* in: G. Dürig/R. Herzog/ders. (Hrsg.), Grundgesetz-Kommentar, 96. EL, München 2022, Art. 20a Rn. 39 f.

27 Vgl. *D. Ehlers*, Verantwortung im öffentlichen Recht, DV 2013, 467 (472); *D. Murswiek*, Staatsziel Umweltschutz (Art. 20a GG) – Bedeutung für Rechtsetzung und Rechtsanwendung, NVwZ 1996, 222 (224); zu Eigenrechten der Natur *K. Bosselmann*, Eigene Rechte für die Natur?, KJ 1986, 1 (8 ff.); *Kersten*, Zuspitzung (Fn. 25), S. 64 ff., 73 ff.; kritisch *Calliess*, Umweltstaat (Fn. 19), S. 112, 534 ff. Das BNatSchG schützt die Natur zumindest auch „auf Grund ihres eigenen Wertes“ (§ 1 Abs. 1).

28 Vgl. *K. Bosselmann*, Ökologische Grundrechte, Baden-Baden 1998, S. 47 ff.; zur dialektischen Mensch-Natur-Beziehung *ders.*, Natur (Fn. 27), 6.

29 Vgl. *Calliess*, Klimapolitik und Grundrechtsschutz, ZUR 2021, 323 (325).

30 Der Homo-Mensura-Satz geht auf Protagoras zurück.

31 Vgl. zur Pflichtenseite der Menschenwürde *M. Spieker*, Menschenwürde und künstliche Befruchtung, in: J. Hattler/J. C. Koecke (Hrsg.), Biopolitische Neubestimmung des Menschen, Wiesbaden 2020, S. 65 (77). Rechte und Pflichten werden hier nicht als eine Einheit verstanden (dazu *H. Hofmann*, Grundpflichten als verfassungsrechtliche Dimension, VVDStRL 41 (1983), 42 (69)).

32 Vgl. BVerfGE 4, 7 (13, 15 f.); 33, 303 (334); 45, 187 (227 f.).

darum auch „nicht mit dem Ziel, bindungslose Selbstherrlichkeit und rücksichtslose Interessendurchsetzung zu fördern".[33] Freiheit ist also verantwortungs- und pflichtgebunden; sie ist dabei eine ökologisch-soziale Freiheit, da ihre ökologische und soziale Orientierung so zusammenhängen, wie die ökologische Rücksichtslosigkeit Ausdruck einer sozialen Rücksichtslosigkeit ist.[34] Dieter Suhr hat dieses Freiheitsverständnis so umschrieben: „Denke ich die Verantwortung weg, bleibt von meiner Freiheit nur konsistenzlose Zufälligkeit und Rücksichtslosigkeit übrig. [...] Die ‚Willkür' unterscheidet sich von der Freiheit wie der Despotismus vom Parlamentarismus."[35] Es ist demnach nicht widerspruchsfrei denkbar, wie jeder die gleiche despotische Freiheit besitzen darf. Die ungebundene Freiheit der einen würde die der anderen verdrängen und zur „Ungleichheit zwischen Freien und Unfreien" führen.[36] Es kann in einer freiheitlichen Demokratie also nicht jeder ein Freiheitsdespot sein. Der grundgesetzlich gewährleisteten Freiheit selbst ist daher bereits der Bezug zu anderen und damit eine Grenze immanent.[37] Wenn „jeder" das Recht haben soll, müssen es alle gleichermaßen haben.[38] Gleichheit ist somit nicht Beschränkung und Hindernis für Freiheit, sondern ihr „Prinzip und Wesen".[39] Rechtstechnisch kann durch den „Konnex von Freiheit und Verantwortung" Zügellosigkeit vermieden werden.[40] Das Grundgesetz gewährleistet in diesem Sinne *kein Recht auf verantwortungslose Freiheit*.[41]

Freiheit muss hierbei die Zukunftsdimension von Verantwortung einschließen, die in Art. 20a GG explizit nur dem Staat zugeschrieben ist.

33 BVerfGE 123, 267 (345).

34 Vgl. *D. Suhr*, Antworten der Universität auf die ökologische Herausforderung am Beispiel der Wirtschaftswissenschaften, Fragen der Freiheit 241 (1996), 11.

35 *Suhr*, Entfaltung (Fn. 7), S. 160 Fn. 69.

36 *M. Kloepfer*, Gleichheit als Verfassungsfrage, Berlin 1980, S. 46; bezugnehmend *D. Suhr*, Gleiche Freiheit, Augsburg 1988, S. 8.

37 Vgl. *Suhr*, Entfaltung (Fn. 7), S. 69; auch *ders.*, Die Freiheit vom staatlichen Eingriff als Freiheit zum privaten Eingriff?, JZ 1980, 166 (170 ff.); *Kloepfer*, Gleichheit (Fn. 36), S. 48; *C. Starck*, Die Grundrechte des Grundgesetzes, JuS 1981, 237 (245 f.); in diese Richtung *D. Murswiek*, Privater Nutzen und Gemeinwohl im Umweltrecht, DVBl. 1994, 77 (80).

38 Vgl. *Suhr*, Entfaltung (Fn. 7), S. 106, 112.

39 *Suhr*, Entfaltung (Fn. 7), S. 112.

40 *Suhr*, Entfaltung (Fn. 7), S. 160.

41 Vgl. zum Gedanken auch *P. Saladin*, Grundrechte im Wandel, Bern 1982, XVII; zur Verantwortung für den Freiheitsgebrauch *H. Klement*, Rechtliche Verantwortung, in: L. Heidbrink/C. Langbehn/J. Loh (Hrsg.), Handbuch Verantwortung, Wiesbaden 2017, S. 559 (565 f.).

Das Recht auf die Gestaltung des eigenen Lebens erlaubt nicht die unbeschränkte Entfaltung auf Kosten nachfolgender Generationen.[42] Das menschliche Wissen mag zu begrenzt gewesen sein, „um die entferntere Zukunft in die Voraussicht und gar den Erdkreis in das Bewußtsein der eigenen Kausalität einzubeziehen".[43] Darum „konzentrierte sich die Ethik auf die sittliche Qualität des augenblicklichen Aktes selber, in dem das Recht des mitlebenden Nächsten zu achten ist".[44] Die Zukunft der Folgen menschlichen Handelns wurden „dem Zufall, dem Schicksal oder der Vorsehung anheimgestellt".[45] Diese Folgen sind heute durchaus bekannt. Darum darf auch Recht die Freiheit künftiger Generationen nicht der individuellen Verantwortung entziehen und dem Zufall überlassen.

Der Freiheitsbegriff des Art. 2 Abs. 1 GG wird dagegen oft synonym gebraucht für Autonomie und Selbstverantwortung. Autonomie meint dann in Wirklichkeit nur Willkür,[46] Selbstverantwortung Selbstherrlichkeit, Entfaltung „nichts als *Belieben*" und Freiheit um der Würde des Menschen willen insgeheim nur „tun und lassen, was er will".[47] Autonomie im kantischen Sinne heißt aber Handeln nach selbstgesetzten Gesetzen. Sie darf innerhalb dieser Gesetze keine beliebige sein.[48] Daher sind *alle* zu nachhaltigem Freiheitsgebrauch, d.h. zur Schadensbegrenzung in Verantwortung gegenüber hier und jetzt wie anderswo und künftig Lebenden verpflichtet.[49] Maßgeblich dabei ist Macht.[50] Denn Bedingung von Freiheit und Verantwortung ist „kausale Macht"[51]. Und „Verantwortung wächst mit der Macht".[52] Alle Machtausübung „ist notgedrungen Macht der früheren Generationen über die späteren".[53] Kontrolle und Macht *über* andere schließt

---

42 Vgl. *Calliess*, Umweltstaat (Fn. 19), S. 121.

43 *H. Jonas*, Das Prinzip Verantwortung, Frankfurt a.M. 1979, S. 8.

44 *Jonas*, Verantwortung (Fn. 43), S. 8.

45 *Jonas*, Verantwortung (Fn. 43), S. 23.

46 Vgl. kritisch *Suhr*, Entfaltung (Fn. 7), S. 158 f.

47 *Suhr*, Eingriff (Fn. 37), 170.

48 Vgl. auch *Hofmann*, Grundpflichten (Fn. 31), 54.

49 Vgl. *T. Isaac*, Kollektive Verantwortung, in: L. Heidbrink/C. Langbehn/J. Loh (Hrsg.), Handbuch Verantwortung, Wiesbaden 2017, S. 453 (473); *Führ*, Grundpflichten (Fn. 14), 7; zum Verursacherprinzip *Murswiek*, Staatsziel (Fn. 27), 225 f.

50 Vgl. Art. 35 Abs. 2 S-AVerf, wonach jeder zum Ressourcenschutz „nach seinen Kräften" verpflichtet ist.

51 *Jonas*, Verantwortung (Fn. 43), S. 172.

52 *R. Spaemann*, Wer hat wofür Verantwortung?, Herder-Korrespondenz 36 (1982), 403 (406).

53 *C. S. Lewis*, Die Abschaffung des Menschen, 8. Aufl., Einsiedeln 2015, S. 59.

zugleich die Verpflichtung *für* sie ein.[54] Hans Jonas nennt dies die „Pflicht der Macht".[55] Verantwortung bildet daran angelehnt die Kehrseite bzw. die *Pflicht der Freiheit*.[56] Nachhaltigkeit heißt, dass Macht und Freiheit derart zu gebrauchen sind, dass gegenwärtige Bedürfnisse erfüllt und zugleich die Freiheitsbedingungen anderer möglichst gewahrt werden; die Erfüllung von Verantwortung muss die Möglichkeit künftiger Verantwortung zum Ergebnis haben.[57]

2. Despotische versus soziale Freiheit

Der Mensch existiert und entfaltet sich – auch in seiner Individualität – in seiner sozialen Mit-[58] und natürlichen Umwelt.[59] Das Zusammenspiel „zwischen Person und intersubjektiver Umgebung" stellt denn auch „das Muster aller individuellen Freiheit dar".[60] Da das Grundgesetz keine wertfreie Ordnung ist, kann auch die gewährleistete Freiheit keine willkürliche, sondern nur eine soziale und gebundene sein.[61] Sie hängt von politischen, wirtschaftlichen und ökologischen Gegebenheiten dieser Welt ab. Wenn nicht das Recht diese Bedingungen der Freiheit zu seiner Sache macht, werden sie zur Sache der Macht.[62] Sie wäre dann eine *despotische Freiheit der Stärkeren*. So wird deshalb manchmal unter dem Heiligenschein der Freiheit nicht etwa eine „ursprüngliche Freiheit", sondern der status quo verteidigt; es werden bequem eingerichtete Gewohnheiten, Vorrechte und

54 Vgl. *Jonas*, Verantwortung (Fn. 43), S. 176 (Hervorh. i. O.).
55 *Jonas*, Verantwortung (Fn. 43), S. 174 f.
56 Vgl. auch *K. Hailbronner*, VVDStRL 41 (1983), 108 (110): Grundpflichten als „Annex zur Freiheit".
57 Vgl. *Jonas*, Verantwortung (Fn. 43), S. 215.
58 Vgl. BVerfGE 6, 389 (433); 35, 202 (220); 80, 367 (374); 109, 279 (319); 125, 175 (222 f.); 141, 186 (202).
59 Vgl. *E. W. Böckenförde*, Recht, Staat, Freiheit, 5. Aufl., Frankfurt a.M. 2013, S. 42.
60 *A. Honneth*, Das Recht der Freiheit, 3. Aufl., Frankfurt a.M. 2017, S. 113.
61 Vgl. auch *Murswiek*, Gemeinwohl (Fn. 37), 80; zum sozialen Freiheitsverständnis bereits *I. Bilgen*, Verantwortungsvoller Parentalismus. Der Staat im Dienst der Selbstbestimmung, in: Odile Ammann u. a. (Hrsg.), Verantwortung und Recht, Baden-Baden 2022, S. 357 (360 ff.) (vgl. auch geringfügig ergänzte Version in DÖV 2022, 842 f.); *ders.*, Securitas libertatis – Dialektik von Freiheit und Sicherheit im Zeichen der Pandemie, RphZ 2021, 371 (378 ff.).
62 Vgl. *Suhr*, Entfaltung (Fn. 7), S. 123.

verfestigte Herrschaftspositionen für unangreifbar erklärt, „deren Inhaber in Wahrheit nur Bestandserhaltung für ihre Privilegien verlangen“.[63]

Die Grundpflicht zum nachhaltigen Freiheitsgebrauch beruht letztlich auf dem Gegenseitigkeitsprinzip und der Freiheit aller.[64] Insofern ist sie keine explizite Bestimmung, aber eine Wertentscheidung der Verfassung.[65] Denn zur sozialen und interaktiven Freiheit gehören „als Korrelat entsprechende Pflichten und Verantwortlichkeiten“.[66] Bei dieser Gemeinschaftsbezogenheit des Menschen geht es aber nicht nur „um Schranken, Bindungen, Pflichtigkeiten, also um Freiheits*verkürzungen*“.[67] Mit dem Begriff der sozialen Freiheit ist auch eine „inhaltlich offene und dynamisch-operative Freiheit selbständiger Menschen“ gemeint, die sich mit- und durch-einander entfalten.[68] Entfaltung findet also nicht „punkthaft-individualistisch“, sondern im Sozialen statt, wofür Suhr den Begriff des „*Status interactivus socialis*“ gebraucht.[69] Art. 2 Abs. 1 GG betrifft anders als Art. 14 GG vor allem das Verhältnis der Menschen zu sich selbst *und* zu anderen.[70] Die Spezialrechte ergänzen diese Entfaltung in einzelnen Lebensbereichen.[71] Es ist aber mit der Menschenwürde nicht vereinbar, auch nur *in principio* von einem Recht auszugehen, nach dem jeder tun und lassen kann, was er will. Denn das würde bedeuten, mit anderen Menschen nach Belieben verfahren zu dürfen.[72] Das darf der Mensch – in Ansehung der Menschenwürde –

63 Vgl. *Suhr*, Freiheit (Fn. 36), S. 8.

64 Vgl. allgemein auch *Hofmann*, Grundpflichten (Fn. 31), 74 f., 79.

65 *R. Stober*, Grundpflichten als verfassungsrechtliche Dimension, NVwZ 1982, 473 hält die Herleitung von Grundpflichten aus Wertentscheidungen des GG für möglich; *K. Stern*, Das Staatsrecht der BRD, Bd. III/2, München 1994, S. 1019 rekurriert auf den „Gesamtsinn der Verfassung“ und wie hier auch auf immanente Grundrechtsschranken.

66 *Suhr*, Entfaltung (Fn. 7), S. 80–105, 146; zum kommunikativen Freiheitsverständnis vgl. bereits *R. Scholz*, Die Koalitionsfreiheit als Verfassungsproblem, München 1971, S. 291 ff.; auch *Hofmann*, Grundpflichten (Fn. 31), 74.

67 *Suhr*, Freiheit (Fn. 36), S. 20.

68 *Suhr*, Freiheit (Fn. 36), S. 20; *ders.*, Entfaltung (Fn. 7), S. 18; vgl. auch *Hofmann*, Grundpflichten (Fn. 31), 74; der Gedanke findet sich bereits bei *K. Löwith*, Das Individuum in der Rolle des Mitmenschen, 2. Aufl., Baden-Baden 2016 (Erstveröffentlichung 1928).

69 *Suhr*, Entfaltung (Fn. 7), S. 106.

70 Vgl. auch *Suhr*, Entfaltung (Fn. 7), S. 101 f.

71 Vgl. *Suhr*, Entfaltung (Fn. 7), S. 104.

72 Vgl. kritisch *Suhr*, Entfaltung (Fn. 7), S. 70.

nicht einmal mit sich selbst.[73] Freiheit ist insofern an ökologisch-soziale Rücksichtnahme gekoppelt.[74]

3. Falsche Moralisierung des Rechts

Nachhaltigkeit und Umweltschutz bezwecken den Schutz von Freiheitsbedingungen für alle Generationen.[75] Der Gesetzgeber ist aufgrund der Grundrechte zum Interessenausgleich „in demokratischer Verantwortung", zur Freiheitssicherung „über die Zeit" und „zur verhältnismäßigen Verteilung von Freiheitschancen über die Generationen" verpflichtet.[76] Er muss die nach Art. 20a GG erforderlichen Umweltschutzlasten zwischen ihnen gerecht verteilen.[77] In der Umweltkrise stehen sich daher nicht Staats- und Individualinteressen, sondern Freiheitsinteressen der Einzelnen einander gegenüber.[78] Der Staat hat keinen Selbstzweck. Er steht im Dienst der Freiheit und ist um des Menschen willen da. Wenn er in die Freiheit der einen eingreift, dann vor allem zum Schutz der Freiheit anderer. Auch wenn mangels genauer Quantifizierbarkeit von Freiheit ihre – idealiter gerechte – intertemporale Verteilung kaum möglich erscheint,[79] kann die Zielrichtung doch zumindest die Vermeidung offensichtlicher Ungerechtigkeit sein.

Das Grundgesetz verpflichtet schließlich zur praktischen Konkordanz der Freiheit der einen mit der Freiheit der anderen,[80] was im kantischen Sinne die zentrale Aufgabe von Recht ist. Der Interessenausgleich durch den Gesetzgeber ist darum keine rein politische, sondern eine rechtli-

---

73 Klassisch BVerwGE 64, 274 (279 f.); AG Neustadt NVwZ 1993, 98 (99); zustimmend *H. Dreier* in: ders. (Hrsg.), Grundgesetz-Kommentar, Bd. I, 3. Aufl., Tübingen 2013, Art. 1 I Rn. 149 ff. m.w.N.; kritisch *C. Gusy*, Sittenwidrigkeit im Gewerberecht, DVBl. 1982, 984 ff.; *W. Höfling*, Menschenwürde und gute Sitten, NJW 1983, 1582 (1583 ff.).

74 In Bezug auf das Ökologische *Führ*, Grundpflichten (Fn. 14), 8.

75 Vgl. *Calliess*, Umweltstaat (Fn. 19), S. 31; ausführlich *F. Ekardt*, Theorie der Nachhaltigkeit, 3. Aufl., Baden-Baden 2021, S. 238 ff.; auch *ders./F. Heß*, Intertemporaler Freiheitsschutz, Existenzminimum und Gewaltenteilung nach dem BVerfG-Klima-Beschluss, ZUR 2021, 579; *Murswiek*, Gemeinwohl (Fn. 37), 88.

76 BVerfGE 157, 30 (131, 149).

77 BVerfGE 157, 30 (135).

78 Vgl. auch *F. Ekardt*, Umweltverfassung und „Schutzpflichten", NVwZ 2013, 1105 (1109 f.); *G. Winter*, Von der Bewahrung zur Bewirtschaftung, ZUR 2022, 215 (216).

79 Zur Komplexität von Freiheitsverteilung und kritisch zum abstrakten Freiheitsbegriff im Klimaschutz-Beschluss vgl. *U. Volkmann*, Im Dienst der guten Sache, Merkur 875 (2022), 5 (11 ff.).

80 Vgl. *Murswiek*, Grundrechtsdogmatik (Fn. 15), 476 f.

che Frage. Sie unterliegt der Rechtskontrolle durch die Judikative. Auch das herkömmliche Freiheitsverständnis verkennt nicht die Notwendigkeit von Grundrechtseinschränkungen im Interesse aller. So wurden mit dem Schutzbereich der Freiheitsrechte zugleich die Rechtfertigungsmöglichkeiten für Eingriffe ausgeweitet; sinnbildlich dafür steht die dogmatische Konstruktion verfassungsimmanenter Schranken.[81] Es kann in faktischer Hinsicht und darf in normativer Hinsicht also ohnehin nicht jeder tun und lassen, was er will. Das vertrüge sich mit der sozialen Freiheit nicht. Warum lesen wir aber genau das in Art. 2 Abs. 1 GG hinein? Warum soll das Grundgesetz etwas versprechen, das es nicht halten kann, will und soll?[82] *Was ist eine starke, aber unehrliche Verfassung wert?*

Im Klimaschutz-Beschluss ging es entgegen mancher Kritik nicht um die Pflege moralischer Ideale,[83] sondern um die rechtliche Kontrolle eines dem Grundgesetz nicht entsprechenden legislativen Interessenausgleichs. Hinter der reinen Moralisierung des Nachhaltigkeitsdiskurses verbirgt sich wohl das Unbehagen vor notwendigen Gewohnheitsänderungen. Mit der damit zusammenhängenden Kollektivierung von Menschheitskrisen geht die Gefahr einher, „dass sich die Verantwortung in höheren Sphären verflüchtigt"[84] und sich niemand für Krisen verantwortlich fühlt. Menschen brauchen aber Verantwortungsgefühl für eigenes Handeln, um schädliche Konsequenzen evaluieren und gewohntes Verhalten ändern zu können. Wenn sie für die Folgen ihres Handelns nicht persönlich „zur Rechenschaft gezogen" werden, verhalten sie sich „rücksichtslos und unmoralisch".[85] Darum müssen Krisen im individuellen Ursachenkreis betrachtet werden.

De lege lata wird mit der Zulässigkeit von verschwenderischem Ressourcenverbrauch eher ein unkritisches Bewusstsein von Nachhaltigkeit stabilisiert. Da Gerechtigkeit seit jeher als richtungsweisendes Prinzip zur rechtlichen Gesellschaftsordnung betrachtet wird, messen Menschen ihren Gerechtigkeitssinn oft am positiven Recht. Recht *normt* gewissermaßen verantwortungsloses Verhalten, macht es zur Normalität, wenn es dieses

---

81 Vgl. *Murswiek*, Grundrechtsdogmatik (Fn. 15), 476 m.w.N.

82 Vgl. auch *J. Isensee*, Das Grundrecht als Abwehrrecht und als staatliche Schutzpflicht, in: ders./P. Kirchhof (Hrsg.), HStR Bd. V, Heidelberg 1992, § 111 Rn. 174: Ein weiter Schutzbereich sei darum „unredlich" und „inkonsequent".

83 Vgl. *Volkmann*, Dienst (Fn. 79), 17.

84 *Ehlers*, Verantwortung (Fn. 27), 476.

85 *C. Symmank/S. Hoffmann*, Leugnung und Ablehnung von Verantwortung, in: L. Heidbrink/C. Langbehn/J. Loh (Hrsg.), Handbuch Verantwortung, Wiesbaden 2017, S. 949 (957).

erlaubt. Verstärkt wird das dadurch, dass das Recht vorstaatliche Gewohnheiten übernommen hat. So wurde „die bloß gesellschaftlich-faktische Gewohnheit ins Grundrechtlich-Normative transformiert".[86] Menschen müssen sich nicht daran stören, dass ihre Produktions- und Lebensweise ungerecht sein kann, da sie legal ist. Dadurch handeln sie zunehmend eher rechtsaffirmatorisch als aufgrund einer eigenen bewussten moralischen Orientierung. Sie lösen auch z.B. kognitive Dissonanzen nicht dadurch auf, dass sie ihr Verhalten ihrem Bewusstsein anpassen, sondern umgekehrt, indem sie ihre Überzeugung ihrem Verhalten anpassen.[87] So werden Gewohnheiten gerechtfertigt und ihre negativen Folgen verdrängt. Aus diesen Gründen muss Nachhaltigkeit, die bisher für Einzelne moralische Erwartung ist, als Grundpflicht mehr die Form des Rechts annehmen. Suhr spricht in Anlehnung an Jellinek statt von der „normativen Kraft des Faktischen" von der „faktischen Kraft des Normativen".[88] Wo es Einzelnen an Imaginationskraft für die Folgen ihres alltäglichen Verhaltens[89] fehlt und die intrinsische Motivation für erforderliche Umstellungen nicht genügt, muss das Recht aktiviert werden. Ein Grundrecht auf ein von den Folgen des eigenen Handelns unbeschwertes Gemüt gibt es nicht.

V. Grundrechtsdogmatische Anknüpfung

1. Das Ungleichgewicht zwischen Achtungs- und Schutzpflichten

Der Staat hat nicht nur die Pflicht zur Achtung der Freiheit der einen (Abwehrfunktion). Er muss sich auch schützend vor die Freiheitsinteressen der anderen stellen (Schutzfunktion).[90] Die herkömmliche Dogmatik funktioniert aber so, dass Abwehrrechte regelmäßig Vorrang vor Schutzrechten haben.[91] Bei Eingriffen in Abwehrrechte unterliegt der Staat einer strengen

86 *Suhr*, Eingriff (Fn. 37), 172.

87 Vgl. *W. Stroebe*, Strategien zur Einstellungs- und Verhaltensänderung, in: K. Jonas/ders./M. Hewstone (Hrsg.), Sozialpsychologie, 6. Aufl., Wiesbaden 2014, S. 231 (259 ff.); *G. Felser*, Werbe- und Konsumentenpsychologie, 4. Aufl., Wiesbaden 2015, S. 225 f.

88 *Suhr*, Entfaltung (Fn. 7), S. 109 f. (Fn. 6).

89 Vgl. *F. Ekardt*, Nudging und Umweltrecht, RphZ 2021, 282 (285).

90 Vgl. auch *Ekardt*, Umweltverfassung (Fn. 78), 1107 ff.

91 Vgl. etwa *J. v. Bernstorff*, Pflichtenkollision und Menschenwürdegarantie, Der Staat 47 (2008), 21 (28 ff.); a.A. *W. Brugger*, Vom unbedingten Verbot der Folter zum bedingten Recht auf Folter?, JZ 2000, 165 (169); für eine „verfassungsinterpretative" Gleich-

Verhältnismäßigkeitskontrolle. Bei der Erfüllung seiner Schutzpflicht muss er dagegen nach einer Evidenzkontrolle lediglich das Untermaßgebot beachten.[92] Er muss also nur ein Minimum an Schutz gewährleisten, wobei ihm große Spielräume eingeräumt werden.[93] Grundrechtsschutzsuchende bleiben auf diesen Minimalschutz und „punktuell wirkende relative Schutznormen verwiesen", deren Fehlen zum Fehlen von Schutz führt.[94] Aktiv Handelnde sind dadurch „‚absolut' in jeder Richtung zur freien Entfaltung befugt, [...] auch wenn dabei Rechts- und Freiheitssphären anderer gestört, gefährdet oder geschädigt werden", während passiv Duldende sich mangels Drittwirkung ihrer Freiheit nicht dagegen wehren können.[95] Erstere, die freiheitsbelastende Umweltsünden begehen, können sich auf das starke Abwehrrecht berufen und stehen stärker da als Letztere, die staatlichen Schutz genau davor suchen.[96] Dieses Ungleichgewicht bezeichnet Suhr als „eine gleichheits- und freiheitswidrige Freiheits- und Gleichheitsdogmatik".[97] Mit dem unbeschränkten Schutzbereich des Art. 2 Abs. 1 GG werde vorstaatlich-faktische Macht Privater über Private „staatsideologisch" zur Freiheit verklärt:[98] Die einen dürfen ihre Freiheit „zu Lasten anderer so lange *optimieren*", bis sie an deren Freiheitsminimum stoßen. Die unmittelbare Drittwirkung werde dadurch für die Stärkeren im „status negativus" vorausgesetzt.[99] Mit diesem „status-Trick" werde „die abstrakte *negative* Freiheit" des einen *„vom staatlichen* Eingriff kunstgerecht in seine konkrete *positive* Freiheit *zum privaten Eingriff*" bei anderen transformiert.[100] Das führt zu einem „Grundrecht des Stärkeren und Skrupelloseren"[101] und damit zu

---

rangigkeit vgl. *Ekardt/Heß*, Freiheitsschutz (Fn. 75), 581; *ders.*, Umweltverfassung (Fn. 78), 1107 ff.

92 Vgl. nur *Isensee*, Grundrecht (Fn. 82), § 111 Rn. 181; *Winter*, Bewahrung (Fn. 78), 216; st. Rspr.: BVerfGE 157, 30 (114 m.w.N.).

93 Vgl. nur BVerfGE 157, 30 (114); BVerfGE 77, 170 (214 f.).

94 *Suhr*, Freiheit (Fn. 36), S. 56 f.; vgl. *ders.*, Strukturen verantworteter Freiheit, Fragen der Freiheit 241 (1996), 3 (9 f.); zum Verwaltungsprozess *C. Bickenbach*, Subjektiv-öffentliches Recht auf Klimaschutz?, JZ 2020, 168 (173).

95 *Suhr*, Freiheit (Fn. 36), S. 57; vgl. auch *ders.*, Strukturen (Fn. 94), S. 9 f.

96 *Suhr*, Freiheit (Fn. 36), S. 56 f.; vgl. auch *ders.*, Strukturen (Fn. 94), S. 9 f.; dieses Ergebnis hinnehmend *Isensee*, Grundrecht (Fn. 82), § 111 Rn. 180 f.

97 *Suhr*, Freiheit (Fn. 36), S. 59.

98 Kritisch dagegen *G. Lübbe-Wolff*, Grundrechte als Eingriffsabwehrrechte, Baden-Baden 1988, S. 99 f.

99 *Suhr*, Eingriff (Fn. 37), 168 (Hervorh. i. O.).

100 *Suhr*, Eingriff (Fn. 37), 168 (Hervorh. i. O.).

101 *Suhr*, Eingriff (Fn. 37), 168; *ders.*, Freiheit (Fn. 36), S. 58.

genau dem Zustand, den das Recht vermeiden sollte. Dem kann durch grundrechtsdogmatische Neuorientierung entgegnet werden.

Auch das Bundesverfassungsgericht sieht diesen Zustand nicht als hinnehmbar und fordert deshalb die Betrachtung von kollidierenden Grundrechtspositionen in ihrer Wechselwirkung und ihre Begrenzung derart, dass sie für alle „möglichst weitgehend wirksam werden".[102] Der Klimaschutz-Beschluss war denn auch ein Versuch, dieses Ungleichgewicht durch neue dogmatische Konstruktionen zu umgehen. Das Gericht hat für die „intertemporale Freiheitssicherung" anstatt auf die Schutzpflichten für die Beschwerdeführenden überwiegend auf deren Abwehrrechte gegen staatliches Unterlassen mit „eingriffsähnlicher Vorwirkung" abgestellt.[103] Es hat damit eine gewisse Umdeutung von Schutzpflichten in Abwehrrechte vorgenommen.[104] Auf diese Weise konnte das Gericht die kollidierenden Freiheitsinteressen über eine restriktive Evidenzkontrolle hinaus der strengeren Verhältnismäßigkeitsprüfung unterziehen und damit einen „gerechteren" Ausgleich finden.[105] Derartige Neukonstruktionen wären unnötig, wenn dem Freiheits*schutz* eine größere Bedeutung eingeräumt würde als bisher.[106] Dafür müsste der Schutzbereich des Art. 2 Abs. 1 GG – bedingt durch die skizzierte Verantwortungsdimension – um eine Grundpflicht begrenzt werden.[107]

---

102 Im Kontext der Privatautonomie BVerfGE 89, 214 (232).

103 BVerfGE 157, 30 (130, 133 f.).

104 Vgl. *C. Calliess*, Das „Klimaurteil" des BVerfG: „Versubjektivierung" des Art. 20a GG?, ZUR 2021, 355 (356 f.); a.A. *Britz*, Klimaschutz (Fn. 20), 833.

105 Vgl. BVerfGE 157, 30 (135 ff.); dazu *Britz*, Klimaschutz (Fn. 20), 832 f.

106 Vgl. in diese Richtung auch *K. Faßbender*, Der Klima-Beschluss des BVerfG – Inhalte, Folgen und offene Fragen, NJW 2021, 2085 (2088); diese Konstruktionen würdigend *S. Schlacke*, Klimaschutzrecht – Ein Grundrecht auf intertemporale Freiheitssicherung, NVwZ 2021, 912 (914); *Calliess*, Umweltstaat (Fn. 19), S. 445 f., 588 f. löst das Problem durch das „dogmatische Gebot der Gleichberechtigung von Abwehrrecht und Schutzpflicht".

107 Vgl. zur Nivellierung von Schutz- und Abwehrrechten durch Schutzbereichsbegrenzungen bereits *D. Murswiek*, Die staatliche Verantwortung für die Risiken der Technik, 1985, S. 101 ff.; die Geeignetheit einer Grundpflicht zur Lösung von Grundrechtskollisionen ablehnend *V. Götz*, Grundpflichten als verfassungsrechtliche Dimension, VVDStRL 41 (1983), 7 (13 ff.); geschichtlich zur Begrenzung von Freiheit durch Pflichten *Hofmann*, Grundpflichten (Fn. 31), 59 ff.

2. Wirkungen der Grundpflicht

Trotz dieser Verantwortungsgebundenheit besteht das Recht, sich egoistisch, eigennützig und umweltbelastend zu verhalten.[108] Es gibt schon lange Ansätze, grundrechtliche Freiheit tatbestandlich zu begrenzen, indem sie etwa unter Verträglichkeitsvorbehalt im Hinblick auf Grundrechte anderer gestellt wird.[109] Um eine „Sozialpflichtigkeit"[110] der Grundrechte soll es hier aber nicht gehen. Vielmehr wird eine allgemeine Handlungsfreiheit im Sinne einer *umfassenden Umweltbelastungsfreiheit* abgelehnt.[111] Grundpflicht meint hierbei „die aus dem Prinzip gegenseitiger Verträglichkeit sich ergebenden immanenten Restriktionen der Freiheitsrechte".[112] Sie hat eine Doppelfunktion.

a) Schutzbereichsbegrenzung

Auf Schutzbereichsebene können offensichtlich gravierende und umweltschädliche Verhaltensweisen ausgeklammert werden,[113] sofern es nachhaltigere, aber äquivalente und zumutbare Möglichkeiten des gewünschten Freiheitsgebrauchs gibt.[114] Das heißt: Wenn ich nach den Gegebenheiten meiner Welt die Möglichkeit habe, zwischen zwei Verhaltensweisen zu entscheiden, die mein Freiheitsbedürfnis gleichermaßen befriedigen, dann habe ich kein Recht auf die umweltschädlichere Option. Das gilt für sämtli-

---

108 Vgl. *H. Dreier*, Verantwortung im demokratischen Verfassungsstaat, in: U. Neumann/L. Schulz (Hrsg.), Verantwortung in Recht und Moral, Stuttgart 2000, S. 9 (30).

109 Grundlegend etwa *Murswiek*, Gemeinwohl (Fn. 37), 79 ff.; vgl. auch *ders.*, Grundrechtsdogmatik (Fn. 15), 484 ff., 496), der aber eine Begrenzung des Art. 2 Abs. 1 GG explizit nicht fordert; *M. Kloepfer*, Zum Grundrecht auf Umweltschutz, Berlin 1978, S. 20 f.; *Suhr*, Eingriff (Fn. 37), (170 ff.); *Starck*, Grundrechte (Fn. 37), 245 f.; *Isensee*, Grundrecht (Fn. 82), § 111 Rn. 176, der Freiheit als „von vornherein unter dem Vorbehalt der Friedlichkeit" geschützt sieht; kritisch dazu *M. Kloepfer*, Umweltrecht, 4. Aufl., München 2016, S. 139 f.; *Calliess*, Umweltstaat (Fn. 19), S. 543 ff.

110 Vgl. *Hofmann*, Grundpflichten (Fn. 31), 81 f.

111 Vgl. *Murswiek*, Gemeinwohl (Fn. 37), 79. Eben wegen dieser Offenheit liegt hier der Fokus auf Art. 2 Abs. 1 GG. Die Prinzipien lassen sich aber ebenso auf die speziellen Grundrechte anwenden (vgl. dazu *G. Winter*, Alternativen in der administrativen Entscheidungsbildung, Düsseldorf 1997, S. 76 ff.).

112 *Hofmann*, Grundrechte (Fn. 149), § 114 Rn. 47.

113 Vgl. insofern bereits *Murswiek*, Verantwortung (Fn. 107), S. 101 ff.; *Kloepfer*, Umweltrecht (Fn. 109), S. 134 f.

114 Vgl. etwas widersprüchlich *Winter*, Alternativen (Fn. 111), S. 80 f.; für eine Alternativenprüfung beim Handeln des Staates auch *Murswiek*, Staatsziel (Fn. 27), 226 f.

che alltäglichen Verhaltensweisen wie den Energieverbrauch zum Arbeiten, Heizen, Kochen oder Vergnügen. „Nach mir die Sintflut" ist demnach keine grundrechtlich geschützte Freiheitsposition.

Es lässt sich gegen eine Schutzbereichseinengung einwenden, dass mit einem umfassenden Schutz auf Tatbestandsseite die Darlegungs- und Beweislast für Freiheitsverkürzungen dem Staat zufällt.[115] Nicht Einzelne sollen erklären müssen, dass ihr Verhalten schützenswert ist, sondern der Staat soll sich für jede Einschränkung rechtfertigen.[116] Eine Neubestimmung des Schutzbereichs führt jedoch mitnichten zum totalen Zugriff des Staates auf Einzelne. Diese werden nicht in ihrem Freiheitsraum in dem Sinne beschnitten, dass sie rechtsschutzlos gestellt wären.[117] Eine Verfassungsbeschwerde verlangt nur die substantiierte Behauptung der Möglichkeit einer Grundrechtsverletzung. Einzelne können also nach wie vor geltend machen, in ihrer Freiheit z.B. auf unbegrenzt schnelles Autofahren verletzt zu sein. Gerichtlich kann geprüft werden, ob das entsprechende Verhalten in den Schutzbereich fällt oder nicht. Es können objektive Kriterien gefunden werden, anhand derer eine (relative) Abgrenzung zwischen „nachhaltig" und „weniger nachhaltig" stattfinden kann. Gerd Winter hat in diesem Sinne überzeugend eine „ökologische Alternativenprüfung" als Grundpflicht vorgeschlagen, die sich am Verhältnismäßigkeitsprinzip orientiert: So wie der Staat nicht willkürlich, sondern stets verhältnismäßig handeln muss, dürfen Einzelne – in einem weiteren Sinne – nicht willkürlich handeln, sondern ihr konkreter Freiheitsgebrauch mit dem legitimen Ziel einer Bedürfnisbefriedigung muss auf geeignete, erforderliche und angemessene Alternativen hin geprüft werden und sich als „ökologisch verhältnismäßig" erweisen.[118] Innerhalb dieses Rahmens verbleibt immer noch Autonomie und ein großer Entfaltungsspielraum der Einzelnen,[119] der nicht auf den Persönlichkeitskern beschränkt ist.

---

115 Vgl. *Calliess*, Umweltstaat (Fn. 19), S. 542, 545 f.; *Murswiek*, Gemeinwohl (Fn. 37), 84; auch *Lübbe-Wolff*, Eingriffsabwehrrechte (Fn. 98), S. 97–100; *R. Steinberg*, Der ökologische Verfassungsstaat, Frankfurt a.M. 1998, S. 121 ff.

116 Vgl. *Murswiek*, Gemeinwohl (Fn. 37), 80.

117 So aber die Kritik bei *W. Kahl*, Vom weiten Schutzbereich zum engen Gewährleistungsgehalt, Der Staat 43 (2004), 167 (185 ff.).

118 Vgl. *Winter*, Alternativen (Fn. 111), S. 43 f., 66 ff. Dogmatisch wird bei ihm die Grundpflicht wie hier durch Art. 20a GG vermittelt (S. 76 f.).

119 *Winter*, Alternativen (Fn. 111), S. 67, 80.

Dass es zu Abgrenzungsschwierigkeiten[120] kommen kann, hat das Recht bisher nicht davon abgehalten, mit unbestimmten Begriffen wie „erheblich", „offensichtlich", „zumutbar", „angemessen", „vermeidbar" etc. zu operieren. Zudem sind Schutzbereichsbegrenzungen auch sonst kein unbekanntes Phänomen.[121] Bei den Kommunikationsgrundrechten etwa werden Formalbeleidigungen tatbestandlich und Schmähkritik zumindest aus der Abwägung ausgeschlossen.[122] Bei der Versammlungsfreiheit fallen „bewaffnete" und „unfriedliche" Versammlungen aus dem Schutzbereich heraus.[123] Ob aber Schmähkritik bzw. „Unfriedlichkeit" vorliegt, wird restriktiv im Lichte der besonderen Bedeutung dieser Grundrechte für die Demokratie beurteilt. Jedes menschliche Verhalten wird mit Blick auf gegenüberstehende Gemeinwohl- oder Drittinteressen bewertet. In diesem Zuge werden bereits konfligierende Freiheitsinteressen still „abgewogen".[124] Der Verhältnismäßigkeitsgedanke kommt in dieser Vorstufe noch zur Geltung.[125]

Demokratisch-rechtsstaatliche Zügel der Freiheitsverkürzung werden also längst nicht aus der Hand gegeben,[126] zumal die dogmatisch herkömmliche Ausweitung des Schutzbereichs und die Verlagerung der Prüfung auf die Rechtfertigungsebene nicht automatisch eine Freiheitsmaximierung bedeutet, wenn die Freiheit aller hinreichend berücksichtigt werden soll.[127] Insbesondere muss bei der Rechtskontrolle stets die Frage beantwortet werden, warum ein Verhalten als „besonders umweltschädlich" gegenüber

---

120 Vgl. BVerfGE 80, 137 (154).

121 Für die Religionsfreiheit hat das BVerfG in BVerfGE 105, 279 (295) behördliche Bezeichnungen einer Religion als „Psychosekte" als nicht schutzbereichsrelevant angesehen; *Murswiek* (Gemeinwohl (Fn. 37), 80; *ders.*, Grundrechtsdogmatik (Fn. 15), 477 f., 497 f.) schließt die Nutzung fremden Eigentums bereits tatbestandlich aus den Spezialgrundrechten aus (für Art. 2 Abs. 1 GG eröffnet er zwar den Schutzbereich, lehnt aber eine Abwägung ab); vgl. auch *Isensee*, Grundrecht (Fn. 82), § 111 Rn. 175 ff., der insofern auch Art. 2 Abs. 1 GG eng interpretiert.

122 Vgl. BVerfG NJW 1990, 1980 (1981).

123 Zur Schutzbereichseinengung durch Anforderungen an den Versammlungsbegriff (öffentliche Meinungsbildung) BVerfG NJW 2001, 2459 (2460); BVerfGE 104, 92 (104 f.); dazu *Murswiek*, Grundrechtsdogmatik (Fn. 15), 480 f.

124 Explizit dagegen *Murswiek*, Grundrechtsdogmatik (Fn. 15), 496, der von der „Abgrenzung kollidierender Interessen auf abstrakter Ebene ohne die Notwendigkeit zusätzlicher Abwägung" spricht.

125 Kritisch mit dem Vorwurf des damit einhergehenden Transparenz- und Rationalitätsverlustes *Kahl*, Gewährleistungsgehalt (Fn. 117), 192; dagegen *Murswiek*, Grundrechtsdogmatik (Fn. 15), 488 f.

126 Vgl. *Isensee*, Grundrecht (Fn. 82), § 111 Rn. 179.

127 Vgl. *Murswiek*, Grundrechtsdogmatik (Fn. 15), 476 f.

einer „nachhaltigeren" Verhaltensweise nicht schützenswert ist. Die Darlegungs- und Beweislast bleibt so gesehen noch beim Staat.[128] Die genannten bestehenden Schutzbereichsbegrenzungen haben überdies auch nicht zum befürchteten Dammbruch geführt. Wir befinden uns nicht in einer Meinungsdiktatur, nur weil wir Schmähkritik als nicht schützenswert anerkennen. Die Staatsgewalten sind schließlich an Verfassung und Gesetze, „nicht aber an Verfassungstheorien und Verfassungsdogmatiken gebunden".[129]

b) Grundrechtsschranke

Die zweite Funktion der Grundpflicht liegt in der Stärkung des Art. 20a GG als Grundrechtsschranke[130]. Aber durch die Einbeziehung des Nachhaltigkeitsprinzips in den privaten Verantwortungsbereich wird Umweltschutz als Gemeinwohl- *und* Individualbelang angemessener in der Verhältnismäßigkeitsprüfung berücksichtigt. Freiheit wird über Art. 20a GG auf ihre ökologisch-soziale Verantwortbarkeit im Hinblick auf Freiheitsinteressen der anderen begrenzt. Die Grundpflicht kann auf diese Weise einzelfallgerecht sowohl den Schutzbereich begrenzen als auch alternativ die Rechtfertigung von Einschränkungen erleichtern.[131] Dabei gilt: Je mehr ein Verhalten einen ökologisch-sozialen Bezug aufweist, d.h. je stärker es in die Sphäre anderer greift, umso eher unterliegt es Grenzen.[132] Handlungen mit „vielfältigen sozialen Aus- und Wechselwirkungen" können darum nicht absolut geschützt sein, wie das Bundesverfassungsgericht in seiner Cannabis-Entscheidung betonte.[133] „Im Übrigen" sei „die allgemeine Handlungsfreiheit nur in den Schranken des 2. Halbsatzes des Art. 2 Abs. 1 GG gewährleistet [...]. Ein ‚Recht auf Rausch', das diesen Beschränkungen entzogen wäre, gibt

---

128 A.A. *Murswiek*, Gemeinwohl (Fn. 37), 84, der gerade im Wegfall jeglicher Rechtfertigungslast des Staates eine Stärkung des Umweltschutzes sieht.

129 *Kersten*, Zuspitzung (Fn. 25), S. 29.

130 Vgl. BVerfGE 157, 30 (133 f.); zur rechtsstrukturellen Parallele zwischen Grundpflichten und Grundrechtsschranken *Hofmann*, Grundpflichten (Fn. 31), 76 ff.; *ders.*, Grundpflichten und Grundrechte, in: J. Isensee/P. Kirchhof (Hrsg.), HStR Bd. V, Heidelberg 1992, § 114 Rn. 46.

131 Vgl. explizit gegen ein Verständnis von Grundpflichten als Grundrechtsbegrenzungen *Götz*, Grundpflichten (Fn. 107), 13; *Kloepfer*, Umweltrecht (Fn. 109), S. 140, erwägt für eine „vom Grundgesetz selbst vorgegebene a limine-Begrenzung des grundrechtlichen Schutzbereiches" einen Rückgriff auf Art. 20a GG.

132 Vgl. auch *Hofmann*, Grundpflichten (Fn. 31), 82; BVerfGE 6, 389 (433); 7, 198 (220); 33, 367 (376 f.); 35, 220; zum Sozialbezug von Eigentum BVerfGE 70, 191 (201).

133 BVerfGE 90, 145 (171 f.).

es mithin nicht".[134] Das „im Übrigen" zeigt, dass bereits der Schutzbereich insofern begrenzt verstanden werden muss, als von einem bestimmten Verhalten zu starke soziale „Aus- und Wechselwirkungen" ausgehen. Und nur sofern ein Verhalten in den Schutzbereich fällt, unterliegt es zusätzlich der Schrankentrias. Dies lässt sich auch entstehungsgeschichtlich mit Blick auf die ursprünglichen Fassungen des Art. 2 GG begründen,[135] in denen es hieß: „Jedermann hat die Freiheit, innerhalb der Schranken der Rechtsordnung und der guten Sitten alles zu tun, was anderen nicht schadet" bzw. „zu tun und zu lassen, was die Rechte anderer nicht verletzt".[136] Daraus folgt, dass Freiheit von vornherein nur insofern gewährleistet wird, dass jeder nur tun und lassen darf, was andere nicht schadet.[137] Ansonsten wären Formulierungen wie „innerhalb der Schranken" *und* „was anderen nicht schadet" bloße Tautologie.

c) Rechtspraktische Folgen

In ihrer freiheitsverkürzenden Wirkung wird die Grundpflicht dadurch entschärft, dass sie nicht auf aktive Handlungspflichten der Einzelnen abzielt,[138] sondern in erster Linie *passive Duldungs- und Unterlassungspflichten* meint.[139] Insofern bedeuten diese Grundpflichten nach dem allgemeinen Verständnis „verfassungsrechtlich geforderte Pflichtbeiträge zum Gemeinwohl".[140] Sie sollen aber nicht der Sicherung der Existenzbedingungen[141] des Staates als Selbstzweck, sondern der Sicherung der ökologisch-sozialen Existenzbedingungen von Freiheit dienen.[142] Als solche sind die Grundpflichten „notwendige Konsequenz der Aufgabe, die gleichen Frei-

134 BVerfGE 90, 145 (171 f.).
135 Vgl. auch abw. Meinung zu BVerfGE 80, 137 (164 f.); dagegen BVerfGE 6, 32 (39 f.); 80, 137 (154); kritisch zur entstehungsgeschichtlichen Argumentation im Elfes-Urteil *Scholz*, Persönlichkeit (Fn. 6), 87 f.
136 JöR n.F. 1 (1951), S. 54 ff.; bezugnehmend BVerfGE 6, 32 (38 f.).
137 So auch noch BVerfGE 4, 7 (15 f.).
138 So aber bei *Führ*, Grundpflichten (Fn. 14), 9.
139 Vgl. *Hofmann*, Grundpflichten (Fn. 31), 56; *ders.*, Grundrechte (Fn. 149), § 114 Rn. 41.
140 *Götz*, Grundpflichten (Fn. 107), 12.
141 Vgl. *Hofmann*, Grundpflichten (Fn. 31), 47.
142 Vgl. *Murswiek*, Gemeinwohl (Fn. 37), 88, der von „überindividuellen Voraussetzungen" der Freiheit spricht.

heitsansprüche aller miteinander verträglich zu machen und gegeneinander zu sichern".[143]

Mit der Grundpflicht korrespondieren auch nicht etwa subjektive Rechte Privater. Das würde das Privatrechtsverhältnis überstrapazieren. Auch soll kein Leistungsanspruch der Einzelnen gegen den Staat begründet werden. Denn ein solcher erfordert die Verfügbarkeit von Umweltgütern sowie die Vollzieh- und Umsetzbarkeit durch den Staat.[144] Vielmehr geht es um eine besondere Form der in der Menschenwürde wurzelnden wechselseitigen Achtungs- und Anerkennungspflicht. Menschenwürde ist denn auch die „Quelle aller Grundpflichten".[145] Aus der Gleichheit der unantastbaren Würde folgt die prinzipielle Gleichachtung der Einzelnen untereinander.[146] Eine solche Grundpflicht ist weder der allgemeinen Rechtsordnung[147] noch dem Grundgesetz selbst fremd.[148]

Zudem ist die Grundpflicht objektivrechtlicher Natur – aber mit Ausstrahlungswirkung auf die gesamte Rechtsordnung. Aus ihr folgt daher keine unmittelbare und konkrete Pflicht. Sie ist vielmehr auf die Konkretisierung durch den Gesetzgeber angewiesen.[149] Nach § 5 BImSchG etwa werden Anlagenbetreiber zur Vermeidung von schädlichen Umweltwirkungen und zu sparsamer Energieverwendung verpflichtet.[150] Nach § 7 KrWG werden Erzeuger oder Besitzer von Abfällen zu deren Verwertung verpflichtet (Abs. 2), sofern dies möglich und „zumutbar" ist (Abs. 4). Ähnlich

143 *Hofmann*, Grundpflichten (Fn. 31), 74.

144 Vgl. *Calliess*, Klimapolitik (Fn. 29), 326 mit weiteren kritischen Argumenten gegen einen Leistungsanspruch auf Umweltgüter; zum Problem auch *Winter*, Bewahrung (Fn. 94), 216.

145 *O. Luchterhandt*, Grundpflichten als Verfassungsproblem in Deutschland, Berlin 1988, S. 444 ff.; vgl. auch *K. Stern*, Idee und Herkunft des Grundpflichtendenkens, in: K. Hailbronner/G. Ress/T. Stein (Hrsg.), Festschrift für K. Doehring, Berlin 1989, S. 969 (983).

146 Vgl. auch umfassend zu Grundpflichten *T. I. Schmidt*, Grundpflichten, Baden-Baden 1999, S. 278.

147 Vgl. Art. 7 Abs. 2 BbgVerf; Art. 39 Abs. 1 BbgVerf, wonach alle Menschen in die Pflicht zum Umweltschutz auch im Interesse der künftigen Generationen (Art. 40 Abs. 1) einbezogen werden; ähnlich Art. 141 Abs. 1 BayVerf; Art. 12 M-VVerf; Art. 59a Abs. 1 SaarlVerf; Art. 35 Abs. 2 S-AVerf; Art. 10 Abs. 1 S. 1 SächsVerf.; Art. Abs. 1, 3 ThVerf; europa- und völkerrechtlich: Präambel der EU-GRC, Art. 10 Abs. 2 EMRK, Art. 29 AEMR.

148 Vgl. *Götz*, Grundpflichten (Fn. 107), 12; *H. Bethge*, Grundpflichten als verfassungsrechtliche Dimension, NJW 1982, 2145 (2150).

149 Vgl. auch *Hofmann*, Grundpflichten (Fn. 31), 77 f.

150 Dazu *Murswiek*, Verantwortung (Fn. 107), S. 291 ff.

begrenzte und einfachrechtlich zu konkretisierende Pflichten müssen für alle gelten. Da grundrechtlich gewährleistete Freiheit verantwortungsvoll-soziale Freiheit ist, zu der eben auch nachhaltiger Freiheitsgebrauch gehört, muss der Staat die Mindestbedingungen schaffen, unter denen solche Freiheitsverwirklichung möglich ist. Nachhaltigkeit muss für alle tatsächlich möglich, intellektuell versteh- und wirtschaftlich zumutbar werden. Die Verantwortung des Staates schließt den Ausgleich von mit den Pflichten einhergehenden sozialen Nachteilen ein. Er muss bessere Anreize und eine nachhaltige Infrastruktur schaffen, seinem Erziehungsauftrag hinreichend nachkommen und Aufklärung betreiben.[151] Neben umfassender Information und Nudging[152] ist zu denken an effektivere Förderung innovativer Technologie, klimaneutraler Mobilität und erneuerbarer Energien, kostenlosen ÖPNV, günstigeren Fernverkehr, Steuersenkung für nachhaltige Produkte, -erhöhung für nicht nachhaltige Produkte etc. Bisweilen handelt der Staat aber entgegen seiner Verantwortung, wenn er umweltschädliche Mobilität durch sogenannte Tankrabatte subventioniert und Vergünstigungen im ÖPNV nicht aufrechterhält.[153]

Indes zeigt die Empirie, dass solche Mittel nur begrenzt wirken. Es nützt nichts, wenn der Staat an die Moral verweist, Menschen aber nicht im gebotenen Maße sich moralisch verhalten. Das Recht darf nicht wider alle Erkenntnisse auf die Freiwilligkeit der Einzelnen setzen. Das Grundgesetz verlangt vom Staat insofern mehr als nur Moralappelle an die Eigenverantwortung.[154] Es bedarf vielmehr rechtsverbindlicher Pflichten – quasi als erzwungene Freiheitsverzichte – für alle.[155] Beispiele sind das generelle Tempolimit, Kurzstreckenflugverbot, Mehrwegpflichten, Obergrenzen beim Energieverbrauch oder gar Rationierungen von Gas, Wasser und Strom,[156] wobei stets das Verhältnismäßigkeitsprinzip zu wahren und Ausnahmeregelungen vorgesehen werden müssten. Das gilt nicht trotz, sondern gerade wegen heterogener moralischer Ordnungsvorstellungen. Der Staat kann im Wege des Rechts seine Ordnungsvorstellung „als zumutbare

---

151 Vgl. auch BVerfGE 157, 30 (166 f.).

152 Vgl. dazu nur *Ekardt*, Nudging (Fn. 89), 282 ff.

153 Vgl. kritisch zur Subventionierung umweltschädlichen Handelns bereits *Murswiek*, Staatsziel (Fn. 27), 225 f.

154 Vgl. gegen das bloße Setzen auf Moral bzw. für den Ausbau rechtlicher Instrumente insbesondere im Umweltschutz auch *G. Lübbe-Wolff*, Recht und Moral im Umweltschutz, Baden-Baden 1999, S. 46 f.

155 Vgl. auch *Hofmann*, Grundpflichten (Fn. 31), 68.

156 Vgl. auch *Ekardt*, Umweltverfassung (Fn. 78), 1110.

Nichtanerkennung abweichender Wirklichkeitskonstruktionen, die andere gefährden", den Einzelnen aufzwingen.[157]

VI. Fazit

In der Grundpflicht kommen das umweltrechtliche Kooperations-, Verursacher- und Vorsorgeprinzip zugleich zum Ausdruck. Doch was ist ihr rechtlicher Mehrwert? So wurde von Christian Calliess eingewendet, dogmatisch reiche „die Wirkung der Grundpflichten nicht über diejenige der Grundrechtsschranken hinaus".[158] Art. 20a GG entfalte bereits „hinreichende Wirkkraft gegenüber kollidierenden Grundrechten", sodass „ökologische Begrenzungen" mehr deklaratorischen als praktischen Wert haben.[159] Dem lässt sich jedoch mit dem gezeigten Ungleichgewicht zwischen der Abwehr- und Schutzdimension der herkömmlichen Grundrechtsdogmatik entgegnen. Auch belegt die überschaubare Kasuistik um Art. 20a GG trotz der schon lange realen Umweltkrise ihre Defizite. Zudem ist die von der Grundpflicht ausgehende Symbolik mit Blick auf die oben skizzierte Orientierungs- und Steuerungsfunktion des Rechts nicht ganz unbedeutend.[160] Sie flankiert den staatlichen Umweltschutzauftrag aus Art. 20a GG, wird unmittelbar aus dem Grundgesetz ohne textliche Änderungszwänge abgeleitet und dadurch mit einer größeren normativen Autorität versehen. Damit wird dem Ausmaß der Gefahren der Umweltkrise angemessen Rechnung getragen. Für ihre Überwindung als einer „Menschheitsaufgabe" müssen alle Menschen sich von ihr angesprochen fühlen.[161] Das Grundgesetz bewirkt genau das Gegenteil, solange wir ihm einen Freiheitsbegriff einlegen, nach dem jeder verantwortungslos tun und lassen kann, was er will. „Wir können und müssen das Grundgesetz neu und anders lesen", um wirksam auf solche „Krisen der Demokratie und der Ökologie" zu reagieren.[162]

---

157 Im Kontext einer Maskenpflicht *S. Rixen*, Einschränkungen von Grundrechten im Namen von Public Health, in: A. Reis/M. Schmidhuber/A. Frewer (Hrsg.), Pandemien und Ethik, Berlin 2021, S. 79 (89).

158 *Calliess*, Umweltstaat (Fn. 19), S. 538 f., 556.

159 *Calliess*, Umweltstaat (Fn. 19), S. 538 f.

160 Vgl. zur ähnlich edukatorischen Funktion des Art. 20a GG für den Staat und die Allgemeinheit auch *Murswiek*, Staatsziel (Fn. 27), 224, 230.

161 Zur Einbeziehung der Bürger in die Zukunftsverantwortung aus Art. 20a GG aus eben diesen Gründen vgl. *Hoffmann-Riem*, Gesellschaftsziel (Fn. 13), 430 ff.; *Führ*, Grundpflichten (Fn. 14), 6 f.

162 *Kersten*, Zuspitzung (Fn. 25), S. 59.

Nur so kann die ökologisch-soziale Transformation des Rechts und durch Recht gelingen. Dazu brauchen wir keine wie auch immer „beseelte Tyrannis“[163], keinen „Umweltstaat“[164] und schon gar keine „Ökodiktatur“[165]. Dem freiheitlich-demokratischen Rechtsstaat darf und muss mehr zugetraut werden.

163 *Jonas*, Verantwortung (Fn. 43), S. 254.

164 *M. Kloepfer*, Auf dem Weg zum Umweltstaat?, in: ders. (Hrsg.), Umweltstaat, Berlin Heidelberg 1989, S. 39 (43 f.) führt den Begriff als „neutral“ ein.

165 *M. Kloepfer*, Auf dem Weg zur Ökodiktatur?, in: G. Altner (Hrsg.), Jahrbuch Ökologie 1993, München 1992, S. 200 ff.

C. Nachhaltige Unternehmen durch Recht. Herausforderungen der Nachhaltigkeitstransformation für die Rechtswissenschaft aus Sicht des Wirtschaftsrechts

Anne-Christin Mittwoch[*]

I. Deutsches Lieferkettengesetz und Europäische Corporate Sustainability Due Diligence Richtlinie – Nachhaltigkeit und die Gunst der Stunde

Die Thematik eines nachhaltigen Unternehmertums könnte aktueller kaum sein: Mit dem EU-Richtlinienvorschlag zur Einführung einer Corporate Sustainability Due Diligence vom 23.2.2022[1] und dem deutschen Lieferkettensorgfaltspflichtengesetz vom 16.07.2021[2] liegen zwei große Rechtsakte zum Thema vor. Diese bergen das Potenzial, geradezu tektonische Veränderungen für das deutsche Unternehmensrecht einzuläuten und zu Meilensteinen der Transformation zu einer nachhaltigen Wirtschaft zu werden. Die ihnen zugrunde liegenden rechtlichen Fragestellungen sind weitrei-

---

* Die Autorin ist Inhaberin des Lehrstuhls für Bürgerliches Recht, Europäisches und Internationales Wirtschaftsrecht sowie geschäftsführende Direktorin des Instituts für Wirtschaftsrecht an der Martin-Luther-Universität Halle-Wittenberg.

1 Vorschlag für eine Richtlinie des europäischen Parlamentes und des Rates über die Sorgfaltspflichten von Unternehmen im Hinblick auf die Nachhaltigkeit und zur Änderung der Richtlinie (EU) 2019/1937; dazu *A.-C. Mittwoch*, Der aktuelle Richtlinienvorschlag für eine Europäische Corporate Sustainability Due Diligence, NR 2022, 149; *L. Hübner/V. Habrich/M.-P. Weller*, Corporate Sustainability Due Diligence, NZG 2022, 644.

2 Gesetz über die unternehmerischen Sorgfaltspflichten in Lieferketten (Lieferkettensorgfaltspflichtengesetz, kurz LkSG) vom 16. Juli 2021, BGBl. I 2021, 2959; dazu etwa *L. Strohn*, Schutz der Menschenrechte durch das Sorgfaltspflichtengesetz, ZHR 185 (2021), 629; *M. Charnitzky/J. Weigel*, Die Krux mit der Sorgfalt, RIW 2022, 12 und 413; zur vorgelagerten Diskussion in der Rechtswissenschaft vgl. *A.-C. Mittwoch*, Die Notwendigkeit eines Lieferkettengesetzes aus der Sicht des Internationalen Privatrechts, RIW 2020, 397; *M.-P. Weller/L. Kaller/A. Schulz*, Haftung deutscher Unternehmen für Menschenrechtsverletzungen im Ausland, AcP 2016, 387; *G. Rühl*, Unternehmensverantwortung und (Internationales) Privatrecht, in: A. Reinisch/E.-M. Kieninger/A. Peters (Hrsg.), Unternehmensverantwortung und Internationales Recht, Heidelberg 2020, S. 89 (110 et passim); monographisch zur Thematik der transnationalen Lieferketten mit Blick auf Nachhaltigkeitsaspekte jüngst *L. Hübner*, Unternehmenshaftung für Menschenrechtsverletzungen, Tübingen 2022.

chend und komplex. Das Lieferkettengesetz berührt die Frage der Verantwortung von Unternehmen, die in einem Geflecht aus Konzernmitgliedern und Zulieferern agieren und stellt hier neue Pflichten für Geschäftsleiter auf, die nun Risiken für Menschenrechte und Umweltaspekte in ihren Lieferketten aufzuspüren und zu beseitigen haben. Der jüngere Richtlinienvorschlag der EU-Kommission geht in weiten Teilen über die deutschen Anforderungen hinaus und statuiert zudem im Erstentwurf eine allgemeine Pflicht für Unternehmen und ihre Geschäftsleiter zur Berücksichtigung von Nachhaltigkeitsbelangen bei jedweder unternehmerischen Tätigkeit.[3] Ohnehin besteht heute kein Zweifel mehr, dass sich – so heißt es – die Großwetterlage im Wirtschaftsrecht geändert hat.[4] Das Nachhaltigkeitsthema ist hier also in vielerlei Hinsicht topaktuell, es bestehen zahlreiche Betätigungsfelder für engagierte Wissenschaftler*innen.

Endlich! Möchte man ausrufen. Heute ist es möglich, diese drängende Problematik unserer Zeit nun auch in eher konservativen Bereichen der Rechtswissenschaft ernsthaft diskutieren zu können. Denn wer sich dem Thema der Nachhaltigkeit widmet, weiß, dass es außer Frage steht, dass unsere soziale Markwirtschaft zu einer nachhaltigen Marktwirtschaft fortzuentwickeln ist. Zu groß sind die ökologischen, sozialen und ökonomischen Folgen, die unnachhaltiges unternehmerisches Verhalten weltweit verursacht. Business as usual ist heute keine ernsthafte Option mehr, sondern führt auf den sicheren Weg in eine sehr unsichere Zukunft.[5] Es besteht Handlungsbedarf auch seitens der Rechtswissenschaft und hier insbesondere des Wirtschaftsrechts. Denn das Recht liefert die Infrastruktur für Märkte im engeren und gesellschaftlichen Zusammenhalt und Wandel im weiteren Sinn. Diese Infrastruktur können Jurist*innen indes nicht allein modellieren. Vielmehr ist die interdisziplinäre Arbeit von ganz entscheidender Bedeutung für jede Art von Nachhaltigkeitsforschung. Die Aufgabe der Nachhaltigkeitstransformation wirkt zudem säulenübergreifend und lässt sich nicht allein mit den Mitteln des Zivilrechts bewerkstelligen; die intradisziplinäre Perspektive tritt somit neben die interdisziplinäre. Die Probleme, die das Recht zu lösen hat, sind hier oft ganz ähnlicher Natur. Sie

---

3 Art. 25 des Richtlinienvorschlags (vgl. Fn. 1) hat indes keinen Eingang in den Vorschlag des Rates gefunden, vgl. 2022/0051(COD) vom 30. November 2022.

4 *M. Habersack*, Gemeinwohlbindung und Unternehmensrecht, AcP 220 (2020), 594 (632); dies aufgreifend *J. Croon-Gestefeld*, Verantwortungseigentum als Instrument gegen soziale Ungleichheit?, KritV 2020, 351 (355).

5 *B. Sjåfjell*, Redefining the Corporation for a Sustainable New Economy, Journal of Law and Society 2018, 29.

beginnen bei der Frage nach dem Nachhaltigkeitsbegriff (B.) und reichen von der Problematik eines in den verschiedenen (Teil)Disziplinen verhafteten Silodenkens (C.) über die richtige Verortung der Einzelfragen (D.) bis hin zur Herausforderung des hohen Praxisbezugs und dem potenziellen Vorwurf einer Politisierung der Wissenschaft (E.).

II. Nachhaltigkeit im Recht – Definition durch Interdisziplinarität

Aus juristischer Sicht ist es entscheidend, das Konzept der Nachhaltigkeit inhaltlich zu präzisieren, um es in Rechtsnormen gießen zu können. Umso mehr überrascht es, dass rechtswissenschaftliche Beiträge zum Thema der Nachhaltigkeit eine Definition derselben meist schuldig bleiben. Stattdessen wird vielerorts beklagt, das Konzept sei zu vage, zu unscharf und schlicht nicht operabel genug, um im Recht Wirkung zu entfalten oder die Frage der Definition wird schlicht ausgespart.[6]

Doch ist Nachhaltigkeit tatsächlich das als unscharf wahrgenommene Prinzip, das sich nicht dergestalt operationalisieren lässt, dass sich rechtsverbindliche Vorgaben für Marktakteure ableiten lassen? Blickt die Rechtswissenschaft nicht über den eigenen sprichwörtlichen Tellerrand hinaus, so mag dieser Eindruck entstehen. Es ist jedoch offensichtlich, dass der Gesetzgeber bei der Konzeptualisierung der Nachhaltigkeit nicht im Vakuum agieren kann, um den Begriff mit Inhalt zu füllen. Stattdessen muss er sich an den einschlägigen internationalen und europäischen Vorgaben orientieren, zu deren Umsetzung sich Deutschland ohnehin verpflichtet hat.[7] Nachhaltigkeit ist danach mehr als die bloße Berücksichtigung von Umwelt- oder Menschenrechtsaspekten bei unternehmerischem – oder schlicht menschlichem – Wirken. Ihre moderne Definition baut bekanntlich auf der Brundtland-Definition der UN auf und stellt die Zukunftsbezo-

6 *E. M. Frenzel,* Nachhaltigkeit als Prinzip der Rechtsentwicklung?, Baden-Baden 2005, S. 44 (79 ff.); *G. Beaucamp*, Das Konzept der zukunftsfähigen Entwicklung im Recht, Tübingen 2002, S. 84 ff.; *K. Gehne*, Nachhaltige Entwicklung als Rechtsprinzip, Tübingen 2011, S. 3; hierzu weitergehend: *A.-C. Mittwoch*, Nachhaltigkeit und Unternehmensrecht, Tübingen 2022, S. 32 ff.

7 Mit Blick auf das Unionsrecht ist dies offenkundig, s. hierzu Art. 288 Abs. 3 AEUV; Art. 4 Abs. 3 EUV sowie grundlegend EuGH Rs. C-6/64 Costa/ENEL [1964], Slg. 1964, 1259; Mit Blick auf internationale Vorgaben vgl. etwa die deutsche Nachhaltigkeitsstrategie, S. 14 (SDG), 51 (UNGP), 226, 227 (UN Global Compact), 244, 353 (OECD); auch kommt es zu einer mittelbaren Umsetzung einiger ILO-Konventionen insbesondere durch das LkSG, vgl. § 2 Abs. 1 LkSG i.V.m. Anlage.

genheit iSe generationenübergreifenden Gerechtigkeit in den Mittelpunkt.[8] Die Entwicklung auf UN-Ebene buchstabiert die Nachhaltigkeit in den Folgejahren als Trias ökonomischer, ökologischer und sozialer Belange aus,[9] heute ausdifferenziert in Form der 17 Sustainable Development Goals aus dem Jahr 2015.[10] Die seitens der UN besonders betonte Gleichwertigkeit der drei Dimensionen Ökonomie, Ökologie und Soziales stellt gleichzeitig das zentrale Anwendungsdilemma der Nachhaltigkeit dar: Denn die verschiedenen SDGs bergen inhärente Widersprüche. Beispielsweise konfligieren Ziel Nr. 13 (Bekämpfung des Klimawandels) und Ziel Nr. 8 (Wirtschaftswachstum). Die Rechtswissenschaft allein kann dieses Dilemma nicht auflösen. Sie kann inhaltliche Vorgaben des Prinzips Nachhaltigkeit nicht letztverbindlich setzen.

Daher ist zur Operationalisierung der Nachhaltigkeit ein interdisziplinärer Ansatz erforderlich: Meiner Arbeit lege ich dafür das Konzept einer starken Nachhaltigkeit unter Anerkennung der Grenzen natürlicher Tragfähigkeit zugrunde.[11] Dabei handelt es sich um ein naturwissenschaftliches Konzept verschiedener ökologischer Subsysteme, deren quantifizierbare Grenzen nicht überschritten werden sollten, will man den gegenwärtigen Stauts quo des Holozäns erhalten.[12] Die Grenzen ökologischer Tragfähigkeit, auch planetare Grenzen genannt, werden in diesem Modell kombi-

8 UN-General Assembly, Report of the World Commission on Environment and Development, 11. Dezember 1987, UN-Doc. A/RES/42/187 bzw. WCED, our Common future, S. 43, Begründungserwägung 2; dazu V. Hauff (Hrsg.), Unsere gemeinsame Zukunft. Der Brundtland-Bericht der Weltkommission für Umwelt und Entwicklung, deutsche Fassung, Greven 1987, S. 46; A. Hardtke/M. Prehn (Hrsg.), Perspektiven der Nachhaltigkeit: Vom Leitbild zur Erfolgsstrategie, Wiesbaden 2001, S. 58; *A. Epiney/M. Scheyli*, Strukturprinzipien des Umweltvölkerrechts, Baden-Baden 1998, S. 24 ff.

9 Näher zur Entwicklung *Mittwoch*, Unternehmensrecht (Fn. 6), S. 16 ff.; ausführlich *Gehne*, Entwicklung (Fn. 6), S. 11 ff.

10 United Nations, transforming our world: the 2030 Agenda for Sustainable Development vom 25. Dezember 2015, UN-Doc. A/RES/70/1/L.1, abrufbar unter https://sustainabledevelopment.un.org/post2015/transformingourworld; dazu *K. Fischer*, Corporate Sustainability Governance, Heidelberg 2017, S. 36 ff.

11 *Mittwoch*, Unternehmensrecht (Fn. 6), S. 38 f.; aus internationaler Perspektive; *B. Sjåfjell/C. M. Bruner*, Corporations and Sustainability, in: B. Sjåfjell/C. M. Bruner (Hrsg.), The Cambridge Handbook of Corporate Law, Corporate Governance and Sustainability, Cambridge 2019, S. 3 (7 ff.).

12 *J. Rockström/W. Steffen* et al., Planetary Boundaries: Exploring the Safe Operating Space for Humanity, Ecology and Society 14 (2009), 32; *J. Rockström/ W. Steffen* et al., A safe operating space for humanity, Nature 461 (2009), 472; *W. Steffen/J. Rockström* et al., Planetary boundaries: Guiding human development on a changing planet, Science 347 (6223), 2015, 1259855.

niert mit einem sozialen Fundament, das in den Sozialwissenschaften näher entwickelt wurde und insbesondere zentrale Grund- und Menschenrechte einschließt.[13] Dadurch entsteht ein Korridor, der einen Rahmen für nachhaltiges unternehmerisches Wirken setzt. Inhärente Konflikte zwischen den Nachhaltigkeitsdimensionen Ökonomie, Ökologie und Soziales lassen sich dadurch weitgehend auflösen. Dies zeigt, dass das Nachhaltigkeitsprinzip durchaus operabel ist und sich daraus konkret-individuelle Anforderungen an Normadressaten ableiten lassen. Gesetzgeber müssen die entsprechenden Erkenntnisse der Naturwissenschaften und der Soziologie sowie der Ökonomie berücksichtigen, wenn sie die rechtliche Infrastruktur von Unternehmerischem Wirken zugunsten einer Nachhaltigkeitsförderung umgestalten. Tatsächlich setzt sich das Konzept planetarer Grenzen heute mehr und mehr durch: seit 2021 liegt es sowohl der deutschen Nachhaltigkeitsstrategie als auch dem Abschlussbericht des Sustainable Finance Beirats der Bundesregierung zugrunde.[14] Diese Absichtserklärungen werden in den kommenden Jahren gesetzgeberisch umzusetzen sein. Dies wird zentral das Unternehmensrecht betreffen.

III. Nachhaltigkeit im Unternehmensrecht – Silodenken aufgrund von Komplexität

Der aktuelle Ansatz, das Unternehmensrecht zum Protagonisten nachhaltigkeitsfördernder Regelsetzung zu erheben, ist aus verschiedenen Gründen zu begrüßen. Zum einen richtet sich dieses direkt an Unternehmen als Hauptakteure auf den Märkten und modelliert deren interne Governance, Struktur und Selbstverständnis. Bereits 1999 stellte der damalige UN-Gene-

13 *M. Leach/K. Raworth/J. Rockström*, Between social and planetary boundaries: navigating pathways in the safe and just space for humanity, in: UNESCO ISSC, World Social Science Report. Changing Global Environments, Paris 2013, S. 84; *K. Raworth*, A Safe and Just Space for Humanity: Can We Live within the Doughnut?, Oxfam Discussion Papers, Oxford 2012, S. 9; *K. Raworth*, Doughnut Economics: Seven Ways to Think Like a 21st-Century Economist, New York City 2017, Kapitel 1 et passim; vgl. auch *D. Griggs* et al., Sustainable development goals for people and planet, Nature 2013, 305 (306).

14 Vgl. Deutsche Nachhaltigkeitsstrategie, Weiterentwicklung 2021, S. 14, unter Bezugnahme auf die planetaren Grenzen sowie Sustainable-Finance-Beirat der Bundesregierung, Shifting the Trillions. Ein nachhaltiges Finanzsystem für die große Transformation, 2021, S. 10, abrufbar unter https://sustainable-finance-beirat.de/publikationen/.

ralsekretär *Kofi Annan* fest, dass die Transformation hin zu einer gerechteren Wirtschaft nicht allein mit den Staaten zu schaffen sei, die Unternehmen spielten hier eine Schlüsselrolle.[15] Eine externe Einwirkung auf unternehmerisches Verhalten durch öffentlich-rechtliche Vorgaben – etwa des Umweltrechts – hat bislang auch nicht die nötigen Transformationseffekte bewirkt.[16] Stattdessen werden hier zunehmend auch zivilrechtliche Instrumente bemüht. Dies verdeutlicht neben aktuellen gesetzgeberischen Vorstößen etwa die Entwicklung der sog. Climate Change Litigation, die auch Unternehmen in die Verantwortung für die Folgen des Klimawandels nimmt;[17] daneben die rasante Entwicklung sog. Sozialunternehmen, die zwar mit Gewinnerzielungsabsicht handeln, aber gleichzeitig versuchen, dem Markt ihre Selbstverpflichtung auf Nachhaltigkeitsbelange zu signali-

15 Vgl. *K. Annan*, Speech to World Economic Forum in Davos, 1.2.1999; abrufbar unter https://www.un.org/sg/en/content/sg/speeches/1999-02-01/kofi-annans-address-world-economic-forum-davos.

16 Dies belegen zuletzt etwa die Ergebnisse der Unternehmensbefragungen, die auf der Grundlage des Nationalen Aktionsplans für Wirtschaft und Menschenrechte (NAP) im Vorfeld der Ausarbeitung des Lieferkettensorgfaltspflichtengesetzes durchgeführt wurden, vgl. näher Bundesregierung, Abschlussbericht des NAP Monitorings, 8.10.2020; abrufbar unter https://www.auswaertiges-amt.de/blob/2405080/23e76da338f1a1c06b1306c8f5f74615/201013-nap-monitoring-abschlussbericht-data.pdf.

17 Vgl. stellvertretend die Beiträge bei W. Kahl/M.-P Weller (Hrsg.), Climate Change Litigation, München 2021; paradigmatisch hierfür etwa die (zunächst abgewiesene) Klage eines peruanischen Grundeigentümers gegen das Energieunternehmen RWE wegen Abschmelzen der Andengletscher vor dem Landgericht Essen, vgl. zum Stand des noch andauernden Verfahrens vor dem OLG Hamm https://germanwatch.org/de/der-fall-huaraz; dazu sowie allgemein zu Klimaklagen und Internationalem Privatrecht *M. Lehmann/ F. Eichel*, Globaler Klimawandel und Internationales Privatrecht, RabelsZ 83 (2019), 77 sowie *C. Wendelstein*, »Menschenrechtliche« Verhaltenspflichten im System des Internationalen Privatrechts, RabelsZ 83 (2019), 111 (118 et passim); die Gesamtheit der aktuell geführten Verfahren können hier eingesehen werden; http://climatecasechart.com/non-us-climate-change-litigation/.

sieren, sei es durch eigene Rechtsformen[18] oder Zertifizierungsregimes.[19] Die Bundesregierung greift letztgenannte Entwicklung im aktuellen Koalitionsvertrag auf und plant die Einführung einer eigenen Rechtsform mit gebundenem Vermögen als gesellschaftsrechtliches Vehikel der Nachhaltigkeitsförderung.[20]

Vor allem auf Unionsebene ist die Entwicklung eines nachhaltigen Unternehmensrechts in vollem Gange. Hier liegen mittlerweile zahlreiche einschlägige Rechtsakte vor, weitere befinden sich im Entwurfsstadium. Betrachtet man die verschiedenen Ansätze näher, so fällt eine weitere zen-

---

18 Als Vorreiter gilt hier die US-amerikanische Benefit Corporation, dazu näher *F. Möslein/A.-C. Mittwoch*, Soziales Unternehmertum im US-amerikanischen Gesellschaftsrecht – Benefit Corporations und Certified B Corporations, RabelsZ 80 (2016), 399; sowie *Mittwoch*, Unternehmensrecht (Fn. 6), S. 249 ff.; aus US-amerikanischer Perspektive etwa *D. Brakman Reiser*, Benefit Corporations – A Sustainable Form of Organization?, Wake Forest L. Rev. 46 (2011), 591 (595 f.); *K. Westaway/D. Sampselle*, The Benefit Corporation: An Economic Analysis with Recommendations to Courts, Boards, and Legislatures, Emory Law Journal 62 (2013), 999 (1033 f.); vgl. auch die Übersicht über die geltenden Regelwerke bei *C. Geczy/ J. S. Jeffers/D. K. Musto/A. M. Tucker*, Institutional investing when shareholders are not supreme, Harv. Bus. L. Rev. 5 (2015), 73, (138 f. Appendix D).

19 Vgl. hierzu die Beiträge in M. Burgi/F. Möslein (Hrsg.), Zertifizierung nachhaltiger Kapitalgesellschaften, Tübingen 2021; *F. Möslein*, Certifying "good" Companies, in: B. Sjåfjell/ C. M. Bruner (Hrsg.), The Cambridge Handbook of Corporate Law, Corporate Governance and Sustainability, Cambridge 2019, S. 669, 671.

20 Bundesregierung, Koalitionsvertrag 2021, S. 30; abrufbar unter https://www.bundesregierung.de/breg-de/service/gesetzesvorhaben/koalitionsvertrag-2021-1990800; ein akademischer Vorschlag für eine GmbH mit gebundenem Vermögen existiert bereits: *A. Sanders/B. Dauner-Lieb/S. Kempny/F. Möslein/R. Veil*, Entwurf eines Gesetzes für die Gesellschaft mit beschränkter Haftung in Verantwortungseigentum, vom 12.6.2020 (Version 1) sowie vom Februar 2021 (Version 2), beide abrufbar unter https://www.gesellschaft-in-verantwortungseigentum.de/der-gesetzesentwurf/; indes ist dieser auf breite Kritik gestoßen, vgl. etwa *A. Arnold/U. Burgard/G. Roth/ B. Weitemeyer*, Stellungnahme zum Vorschlag einer GmbH „in Verantwortungseigentum", ZStV 2020, 201; *dies.*, Die GmbH im Verantwortungseigentum – eine Kritik, NZG 2020, 1321; *Croon-Gestefeld*, Verantwortungseigentum (Fn. 4), 351; *B. Grunewald/J. Heinrichs*, Die GmbH in Verantwortungseigentum, wäre das ein Fortschritt?; NZG 2020, 1201; *M. Habersack*, "Gesellschaft mit beschränkter Haftung in Verantwortungseigentum" – ein Fremdkörper im Recht der Körperschaften, GmbHR 2020, 992; *R. Hüttemann/P. Rawert/B. Weitemeyer*, Zauberwort „Verantwortungseigentum", npoR 2020, 296; *I. Plöger/B. Weitemeyer*, Eine neue GmbH mit gebundenem Vermögen – keine sinnvolle Rechtsform für die deutsche Wirtschaft!, BB 2021, I; *H. Fischer*, Die GmbH mit gebundenem Vermögen als eine mögliche neue Rechtsform für den Mittelstand, BB 2021, 2114; *B. Weitemeyer/B. E. Weitenberger/G. T. Wiese*, Eine GmbH mit ewigem Gewinnausschüttungsverbot, GmbHR 2021, 1069.

trale Problematik ins Auge, mit der Regelgeber bei der Nachhaltigkeitsförderung durch Recht konfrontiert sind: Nachhaltigkeit wird bislang kaum als umfassendes Prinzip im Sinne der hier herausgearbeiteten Definition in Rechtsregeln implementiert. Stattdessen greifen verschiedene Rechtsakte verschiedene Teilaspekte der Nachhaltigkeit heraus und versuchen diese durch Rechtsregeln abzusichern bzw. zu fördern. Dies liegt zum einen daran, dass die jeweils betroffenen Teildisziplinen einem Silodenken unterliegen; gleichzeitig ist dieses Vorgehen der Komplexität des Nachhaltigkeitskonzepts geschuldet. Folgendes Beispiel illustriert das Phänomen: Die Richtlinie für nichtfinanzielle Berichterstattung verpflichtet bestimmte große Unternehmen dazu, im Rahmen ihrer Rechnungslegung auch auf soziale und ökologische Belange einzugehen.[21] Die (zur Umsetzung der Richtlinie in § 289c HGB) genannten nichtfinanziellen Aspekte betreffen aber nur zu einem kleinen Teil Umweltbelange; stattdessen überwiegt die soziale Komponente mit der Berücksichtigung von Arbeitnehmerbelangen, Sozialbelangen, Achtung der Menschenrechte und Bekämpfung von Korruption und Bestechung deutlich. Ein weiteres Beispiel, indes für den umgekehrten Fall, liefert der EU-Aktionsplan zur Finanzierung nachhaltigen Wachstums.[22] Dieser und die aus ihm hervorgegangenen Verordnungen fokussieren ganz überwiegend die ökologische Dimension der Nachhaltigkeit und hier – noch enger – den Klimawandel.[23] Besonders deutlich zeigt sich dies in der

---

21 Richtlinie 2014/95/EU des Europäischen Parlaments und des Rates vom 22. Oktober 2014 zur Änderung der Richtlinie 2013/34/EU im Hinblick auf die Angabe nichtfinanzieller und die Diversität betreffender Informationen durch bestimmte große Unternehmen und Gruppen, ABl.L 330/1 vom 15.11.2014; dazu etwa *A. Eufinger*, Die neue CSR-Richtlinie – Erhöhung der Unternehmenstransparenz in Sozial- und Umweltbelangen, EuZW 2015, 424; *P. Hommelhoff*, Nichtfinanzielle Unternehmensziele im Unionsrecht, in: B. Boemke/M. Lembke/R. Linck (Hrsg.), Festschrift für Hoyningen-Huene zum 70. Geburtstag, München 2014, S. 137; *B. Spießhofer*, Die neue europäische Richtlinie über die Offenlegung nichtfinanzieller Informationen – Paradigmenwechsel oder Papiertiger?, NZG 2014, 1281; *S. Mock*, Die Leitlinien der Europäischen Kommission zur CSR-Berichterstattung, DB 2017, 2144; mit Blick auf ihre Umsetzung in Deutschland etwa *P. Kajüter*, Nichtfinanzielle Berichtserstattung nach dem CSR-Richtlinie-Umsetzungsgesetz, DB 2017, 617; *N. Kumm/R. M. Woodtli*, Nachhaltigkeitsberichterstattung: Die Umsetzung der Ergänzungen der Bilanzrichtlinie um die Pflicht zu nichtfinanziellen Angaben im RefE eines CSR-Richtlinie-Umsetzungsgesetzes, Der Konzern 14 (2016), 218.

22 Aktionsplan: Finanzierung nachhaltigen Wachstums, COM(2018) 97 final v. 8.3.2018.

23 *Mittwoch*, Unternehmensrecht (Fn. 6), S. 235 ff.; *F. Möslein/A.-C. Mittwoch*, Der Europäische Aktionsplan zur Finanzierung nachhaltigen Wachstums, WM 2019, 481 mwN.

Taxonomieverordnung:[24] ihr liegt ausdrücklich nur die ökologische Nachhaltigkeit zugrunde. Die soziale Dimension der Nachhaltigkeit lässt das Regelwerk aus Komplexitätsgründen unberührt.[25] Auch das deutsche Lieferkettensorgfaltspflichtengesetz implementiert kein umfassendes Konzept der Nachhaltigkeit. Stattdessen verweist es für seine Pflichtenbindung auf vierzehn internationale Abkommen; davon betreffen nur drei die ökologische Komponente der Nachhaltigkeit, während die übrigen elf dem Schutz der Menschenrechte dienen. Das Gesetz erfasst damit zwar punktuell einige Nachhaltigkeitsbelange, es verpflichtet Unternehmen aber nicht zur nachhaltigen Wertschöpfung innerhalb der Grenzen natürlicher Tragfähigkeit im Allgemeinen.[26] Will man eine wirksame Nachhaltigkeitstransformation der Wirtschaft erreichen, so ist es erforderlich, alle Nachhaltigkeitsdimensionen im Rahmen der internationalen und intergenerativen Verklammerung zu erfassen. So wichtig der Kampf gegen den Klimawandel ist, die soziale Komponente der Nachhaltigkeit darf ebenfalls nicht aus den Augen gelassen werden und umgekehrt. Dies vor allem deswegen, weil zwischen den verschiedenen Dimensionen erhebliche Wechselwirkungen bestehen.[27]

---

24 Verordnung (EU) 2020/852 des Europäischen Parlaments und des Rates vom 18. Juni 2020 über die Einrichtung eines Rahmens zur Erleichterung nachhaltiger Investitionen und zur Änderung der Verordnung (EU) 2019/2088, ABl.L 198/13 vom 22.6.2020; hierzu *Mittwoch*, Unternehmensrecht (Fn. 6), S. 213f.; allgemein *E. Bueren*, Die EU-Taxonomie nachhaltiger Anlagen – Teil I, WM 2020, 1611 und 1659; *N. Ipsen/L. Röh*, Mysterium Taxonomie, ZIP 2020, 2001; *G. Lanfermann*, Auswirkungen der EU-Taxonomie-Verordnung auf die Unternehmensberichterstattung, BB 2020, 1643; *G. Lanfermann/O. Scheid*, Vorschlag der EU-Kommission zur Corporate Sustainability Reporting Directive (CSRD), DB 2021, 741; *K. Luttermann*, Grüner Paradigmenwechsel für Unternehmensfinanzierung, Vermögensanlage und Bewertungsrecht, RIW 2021, 191 (193 ff.); *R. Derksen*, Steuerung ökologisch nachhaltiger Investitionen durch Taxonomie, JZ 2022, 695.

25 Vgl. Aktionsplan: Finanzierung nachhaltigen Wachstums, COM(2018) 97 final v. 8.3.2018, S. 5 (Ziff. 2.1); weitergehend *M. Stumpp*, Die EU-Taxonomie für nachhaltige Finanzprodukte – Eine belastbare Grundlage für Sustainable Finance in Europa?, ZBB 2019, 71; *R. Veil*, Europa auf dem Weg zu einem Green Bond Standard, WM 2020, 1093 f.

26 Ein solcher Ansatz wäre aus der Perspektive der starken Nachhaltigkeit vorzugswürdig, näher *Mittwoch*, Unternehmensrecht (Fn. 6), S. 33 ff.; *dies.*, NR 2022, 149 (151); *B. Sjåfjell/C. M. Bruner*, Corporations and Sustainability, in: dies. (Hrsg.), The Cambridge Handbook of Corporate Law, Corporate Governance and Sustainability, Cambridge 2020, S. 3 (7 ff.).

27 Bereits *A. v. Humboldt*, Amerikanische Reisetagebücher, Bd. IX, 1803–1804, S. 27r 2–27v (1.-5. August, Tal von Mexiko).

Erfreulicherweise deuten sich mit Blick auf die Aktivitäten des Unionsgesetzgebers bereits Konsolidierungsbestrebungen zugunsten eines umfassenden Nachhaltigkeitsprinzips an: Die unlängst verabschiedete Aktualisierung der Richtlinie über nichtfinanzielle Berichterstattung erweitert diese zur „Nachhaltigkeitsberichterstattung" und verbindet die Begriffsexpansion mit einer Erweiterung des Pflichtenprogramms.[28] Auch der aktuelle Richtlinienentwurf aus 2022 möchte eine Corporate *Sustainability* Due Diligence für Unternehmen einführen. Die Sustainable Finance Initiative hat inzwischen einen Entwurf einer „Sozialen Taxonomie" erarbeitet, der neben die ökologisch orientierte Taxonomieverordnung treten soll.[29] Ein solches Vorgehen ist sinnvoll: Denn will man das Unternehmensrecht wirksam als Vehikel für die Transformation zu einer nachhaltigen Marktwirtschaft nutzen, so erfordert dies mehr als eine bloße Berücksichtigung von ökologischen und sozialen Belangen in verschiedenen Einzelnormen. Es bedarf stattdessen eines kohärenten, rechtsgebietsübergreifenden Ansatzes. Die Frage nach dessen konkreter inhaltlicher Ausgestaltung betrifft dann schwerpunktmäßig Fachdiskurse in den jeweiligen (Teil)Disziplinen.

28 Richtlinie (EU) 2022/2464 des Europäischen Parlaments und des Rates vom 14. Dezember 2022 zur Änderung der Verordnung (EU) Nr. 537/2014 und der Richtlinien 2004/109/EG, 2006/43/EG und 2013/34/EU hinsichtlich der Nachhaltigkeitsberichterstattung von Unternehmen, ABl. EU L 322/15 vom 16.12.2022; dazu *Lanfermann/ Scheid*, CSRD (Fn. 24), 1213; *J. Schmidt*, Corporate Sustainability Reporting: RL-Vorschlag, NZG 2021, 611; *M. Nietsch*, Von der nichtfinanziellen Berichterstattung zur Nachhaltigkeitsberichterstattung – Eine Momentaufnahme zum Vorschlag der Corporate Sustainability Reporting Directive, ZIP 2022, 449; *S. Müller/O. Scheid/J. Baumüller*, Kommissionsvorschlag zur Corporate Sustainability Reporting Directive: von der nichtfinanziellen Berichterstattung zur Nachhaltigkeitsberichterstattung, BB 2021, 1323.

29 Platform on Sustainable Finance, Final Report on Social Taxonomy, Februar 2022, abrufbar unter: https://ec.europa.eu/info/sites/default/files/business_economy_euro/banking_and_finance/documents/280222-sustainable-finance-platform-finance-report-social-taxonomy.pdf.

IV. Ausgestaltung eines nachhaltigkeitsfördernden Unternehmensrechts – Verortung der Nachhaltigkeit in bestehenden Diskursen

1. Shareholder Value vs Stakeholder Value

Hierzu ist zunächst das aktuelle Narrativ der unternehmensrechtlichen Nachhaltigkeitsdiskussion zu skizzieren: Als wesentliches Hindernis unternehmerischer Nachhaltigkeit wird nahezu übereinstimmend der Grundsatz der Shareholder Primacy identifiziert.[30] Diese formuliert die Gewinnmaximierung zugunsten der Anteilseigner eines Unternehmens als die zentrale unternehmerische Handlungsmaxime: ökologische und soziale Belange müssen bei dieser Zielkonzeption hinter den Interessen der Anteilseigner zurücktreten oder zumindest mit diesen in Einklang gebracht werden.[31] Rechtsvergleichende Untersuchungen zeigen aber, dass das Gesetz eben dies nicht ausdrücklich vorschreibt: Weder im deutschen Recht noch in den Gesellschaftsrechten anderer europäischer Mitgliedstaaten lassen sich gesetzlich vorgeschriebene Verpflichtungen von Geschäftsleitern auf den Grundsatz der Shareholder Primacy auffinden.[32] Dennoch entfaltet dieser faktische Dominanz, die sich auch normativ auswirkt, etwa indem die Shareholder Primacy über unbestimmte Rechtsbegriffe und Generalklauseln Eingang in das Unternehmensrecht findet.[33] Dadurch wird sie zu

30 *B. Sjåfjell* et al., Shareholder primacy: the main barrier to sustainable companies, in: dies./Richardson (Hrsg.), Company Law and Sustainability. Legal Barriers and Opportunities, Cambridge 2015, S. 79; s.a. *J. F. Sneirson*, The History of Shareholder Primacy, from Adam Smith through the Rise of Financialism, in: Sjåfjell/Bruner (Hrsg.), The Cambridge Handbook of Corporate Law, Corporate Governance and Sustainability, Cambridge 2020, S. 73 f.; aus finanzökonomischer Perspektive *D. Schoenmaker/W. Schramade*, Principles of Sustainable Finance, Oxford 2019, S. 74, die sowohl die Dominanz des Shareholder Value Modells als auch die Kurzfristigkeit als zentrale Hindernisse unternehmerischer Nachhaltigkeit identifizieren.

31 *A. Rappaport*, Creating Shareholder Value: The New Standard for Business Performance, New York City 1986; aus deutscher Perspektive etwa *H. Fleischer*, Shareholders vs Stakeholders: Aktien- und übernahmerechtliche Fragestellungen, in: P. Hommelhoff/K. J. Hopt/ A. v. Werder (Hrsg.), Handbuch Corporate Governance, 2. Aufl., Köln 2009, S. 185; *P. O. Mülbert*, Shareholder Value aus rechtlicher Sicht, ZGR 1997, 129 (131 ff.); *ders.*, Marktwertmaximierung als Unternehmensziel der Aktiengesellschaft, in: G. Crezelius/H. Hirte/ K. Vieweg (Hrsg.), Festschrift für Volker Röhricht zum 65. Geburtstag, Köln 2005, S. 421 (424 ff.).

32 *B. Sjåfjell* et al., Shareholder primacy (Fn. 30), S. 79.

33 *Sjåfjell* et al., Shareholder primacy (Fn. 30) S. 121, 123; vgl. auch *S. Deakin*, The Coming Transformation of Shareholder Value, Corporate Governance 13 (2005), 11 (13): „Shareholder primacy originates not in company law, but rather in norms

einem entscheidenden Hindernis für eine nachhaltige Wirtschaft. Doch wie lässt sich dieses beseitigen?

Dazu stellen Wissenschaft und Regelgeber der Shareholder Primacy typischerweise das sog. Stakeholder Modell gegenüber. Dieses beruht auf der Grundannahme, dass ein Unternehmen im Interesse aller beteiligten Stakeholder geführt wird, ohne dass die Gruppe der Anteilseigner oder eine andere Interessengruppe abstrakt zu priorisieren wäre.[34] Das Stakeholder Value Modell bietet mit seinem interessenpluralistischen Ansatz mehr Raum für die unternehmerische Förderung der Nachhaltigkeit, da Geschäftsleiter neben dem Ziel der Gewinnmaximierung auch ökologische oder soziale Aspekte berücksichtigen dürfen und diese auch priorisieren können.[35] Die Debatte eines nachhaltigen Unternehmensrechts oszilliert damit heute zwischen den beiden Ansätzen des Shareholder und des Stakeholder Modells. Dementsprechend verfolgen die bisherigen gesetzgeberischen Initiativen zur Nachhaltigkeitsförderung überwiegend den Ansatz, die Dichotomie zwischen Shareholder- und Stakeholder-Ansatz zugunsten des Letzteren aufzulösen.[36]

Dies ist jedoch nicht zielführend. Tatsächlich ist die Dichotomie zwischen der monistisch verstandenen Shareholder Primacy und dem pluralistischen Stakeholder-Ansatz zu eng, um das Konzept einer wirklich

---

and practices surrounding the rise of the hostile takeover movement in Britain and America in the 1970s and 1980s. It is (...) essentially a cultural rather than a legal point of reference".

34 Grundlegend *R. E. Freeman*, Strategic Management: A Stakeholder Approach, Boston 1984; *R. E. Freeman/D. L. Reed*, Stockholders and Stakeholders: A New Perspective on Corporate Governance, Cal. Mgmt. Rev. 1983, 88; *R. E. Freeman*, The Politics of Stakeholder Theory: Some Future Directions, Bus. Ethics Q. 1994, 409; *M. M. Blair*, Ownership and Control: Rethinking Corporate Governance for the Twenty-First Century, London 1995; *M. M. Blair/L. A. Stout*, A Team Production Theory of Corporate Law, Virginia Law Review 85 (1999), 247.

35 *A. Rühmkorf/J. J. du Plessis*, Das Unternehmensinteresse im deutschen Aktienrecht – eine Chance für die Förderung nachhaltiger Entwicklung?, in: Rühmkorf (Hrsg.), Möglichkeiten und Grenzen der Förderung nachhaltiger Entwicklung im deutschen Recht, Baden-Baden 2018, S. 167 (173).

36 So noch die EU-Kommission im Vorfeld der Veröffentlichung des Vorschlags für eine Corporate Sustainability Due Diligence Richtlinie (Public Consultation), vgl. Folgenabschätzung in der Anfangsphase der Initiative „Nachhaltige Unternehmensführung", S. 3; abrufbar unter: https://ec.europa.eu/info/law/better-regulation/have-your-say/initiatives/12548-Nachhaltige-Unternehmensfuhrung_de; deutlich auch der Deutsche Corporate Governance Kodex (Präambel).

nachhaltigen Wirtschaft vollends zu erfassen und durchzuführen.[37] Denn es ist beschränkt auf eine Innenansicht der Unternehmen. Nachhaltiges Wirtschaften erfordert aber eine Auseinandersetzung mit dem Verhältnis von Unternehmen zur Gesamtgesellschaft, mehr noch, mit dem Verhältnis öffentlicher und privater Interessen in einem Wirtschaftssystem und seiner Rechtsordnung. Entscheidend für die Nachhaltigkeitstransformation ist die Beziehung zwischen Unternehmensrecht und gesamtwirtschaftlichem System. Dies, nicht allein die interne Governance von Unternehmen, muss im Zentrum unserer Überlegungen stehen. Gerade vor diesem Hintergrund wird deutlich, dass die anglo-amerikanisch geprägte Shareholder-Stakeholder Dichotomie im Grunde nicht in das kontinentaleuropäische pluralistische Corporate Governance-System passt.

2. Das Verhältnis von Unternehmen zur Gesamtgesellschaft

Gerade die Frage nach dem Verhältnis von Unternehmen und Gesamtgesellschaft liegt dem deutschen Kapitalgesellschaftsrecht historisch betrachtet zugrunde.[38] Exemplarisch zeigen dies die Figur des Unternehmensinteresses und der aktienrechtliche Gemeinwohldiskurs: Die Frage nach der Gemeinwohlbindung der Aktiengesellschaft begleitet das Unternehmensrecht bereits seit ihrer Entstehung.[39] Die frühe Phase aktienrechtlicher Regulierung im 19. Jahrhundert war durch einen erheblichen Einfluss öffentlicher Interessen geprägt. Man fürchtete aufgrund des Instituts der beschränkten Haftung eine zügellose Verfolgung von Privatinteressen und dadurch drohende Gefahren für das öffentliche Wohl.[40] Daher erfolgte eine normative Anbindung der Aktiengesellschaft an öffentliche Interessen, indem man ihre Gründung unter den Konzessionsvorbehalt stellte.[41]

---

37 Vgl. eingehend *Mittwoch*, Unternehmensrecht (Fn. 6), S. 291 ff.; ebenso *B. Sjåfjell/ J. Mähönen*, Corporate purpose and the misleading shareholder vs. Stakeholder dichotomy, 22.2.2022, University of Oslo Faculty of Law Legal Studies Research Paper Series No. 2022–43; abrufbar unter: https://papers.ssrn.com/sol3/papers.cfm?abstract_id=4039565.

38 Die folgenden Ausführungen basieren auf *Mittwoch*, Unternehmensrecht (Fn. 6), S. 291 ff.

39 *Mittwoch*, Unternehmensrecht (Fn. 6), S. 298 ff. m.w.N.

40 *I. J. Bregulla-Weber*, Die gemeinnützige Aktiengesellschaft, Baden-Baden 2014, S. 28 ff., 52; ebenso *B. Großfeld*, Aktiengesellschaft, Unternehmenskonzentration und Kleinaktionär, Tübingen 1968, S. 117 f.

41 *K. Lehmann*, Recht der Aktiengesellschaften, Bd. 1 (1898), Berlin 2002, S. 287.

Die Abkehr vom Konzessionssystem im Jahr 1870 spiegelte den wirtschaftspolitischen Prozess der Marktliberalisierung wider.[42] Die staatliche Aufsicht entfiel; an ihre Stelle trat der Aufsichtsrat, der nun als drittes Organ der Gesellschaft – als Bindeglied zwischen Hauptversammlung und Vorstand – zwingend eingeführt wurde.[43] Der Staat zog sich also von der Überwachung der Aktiengesellschaften zurück, wurde aber durch einen anderen Kontrollmechanismus ersetzt.

Die Fragen nach dem Verhältnis zwischen Unternehmen und Staat blieb Teil der rechtspolitischen Diskussion. Sie fand in der von *Walther Rathenau* angestoßenen Debatte um die Legitimation der Aktiengesellschaft zu Beginn des 20. Jahrhunderts einen neuen Höhepunkt.[44] Interessant ist in diesem Zusammenhang vor allem die Forderung, die Aktiengesellschaft „zum Wohle der Gemeinschaft" zu erhalten und sie zu diesem Zweck vor der „Zerstückelung durch privatinteressierten Partikularismus zu schützen".[45] Dieser Gedanke einer aus der wirtschaftlichen Bedeutung des Unternehmens fließenden Sozialpflicht schlug sich ausdrücklich im 1937 eingeführten § 70 AktG nieder, konkret in der Verpflichtung des Vorstands, „unter

42 *J. Lieder*, Die 1. Aktienrechtsnovelle vom 11. Juni 1870, in: W. Bayer/M. Habersack (Hrsg.), Aktienrecht im Wandel, Band I: Entwicklung des Aktienrechts, Tübingen 2007, Kapitel 7, Rn. 5–10; *W. Schubert*, Die Abschaffung des Konzessionssystems durch die Aktienrechtsnovelle von 1870, ZGR 1981, 285 ff.; *P. Hommelhoff*, Eigenkontrolle statt Staatskontrolle, in: W. Schubert/P. Hommelhoff (Hrsg.), Hundert Jahre modernes Aktienrecht, Berlin 1985, S. 53 (80); allgemeiner *F. Wieacker*, Privatrechtsgeschichte der Neuzeit, Göttingen 1967, S. 481.

43 Das ADHGB von 1861 hatte seine Einrichtung noch ins Belieben der Gesellschaft und der Aktionäre gestellt, vgl. Art. 225 ADHGB. Dieses zuvor als Verwaltungsrat bezeichnete Organ bestand jedoch zunächst zuvörderst aus Vertretern der Aktionäre und war daher nicht zu einer wirksamen Kontrolle des Vorstandshandelns in der Lage, vgl. näher *J. Lieder*, Der Aufsichtsrat im Wandel der Zeit, Jena 2006, S. 79.

44 Vgl. *W. Rathenau*, Vom Aktienwesen. Eine geschäftliche Betrachtung, Berlin 1917; dazu im historischen Kontext der Gemeinwohlbindung der Aktiengesellschaft unlängst *Habersack*, Gemeinwohlbindung (Fn. 4) 604; zur zeitgenössischen Auffassung eingehend *O. Netter*, Zur aktienrechtlichen Theorie des „Unternehmens an sich", in: DAV (Hrsg.), Festschrift Pinner zum 75. Geburtstag, Berlin/Leipzig 1932, S. 507 (545 ff.); für die Zeit nach dem zweiten Weltkrieg vgl. insbesondere *E. Schulin*, Zu Rathenaus Hauptwerken, in: H. D. Hellige/E. Schulin (Hrsg.), Walther Rathenau-Gesamtausgabe, Bd. II, München 1977, S. 499 (502 ff. m.w.N.); daneben die Literaturübersicht bei *R. Wiethölter*, Interessen und Struktur der Aktiengesellschaft im amerikanischen und deutschen Recht, Karlsruhe 1962, S. 40 Fn. 28; aus späterer Zeit *G. Teubner*, Unternehmensinteresse – das gesellschaftliche Interesse des Unternehmens „an sich"?, ZHR 148 (1984), 470.

45 *Rathenau*, Aktienwesen (Fn. 44), S. 41.

eigener Verantwortung die Gesellschaft so zu leiten, wie das Wohl des Betriebs und seiner Gefolgschaft und der gemeine Nutzen von Volk und Reich es fordern". Die amtliche Begründung der Norm weist ausdrücklich darauf hin, dass diese Leitlinie für das Vorstandshandeln zu den Grundsätzen einer „verantwortungsbewussten Wirtschaftsführung" gehöre.[46] Insbesondere aus offensichtlichen ideologiekritischen Gründen wurde die Vorschrift anlässlich der Aktienrechtsnovelle im Jahr 1965 nach langer Diskussion aus dem Aktiengesetz getilgt. Begründet wurde dies interessanterweise damit, dass die Gemeinwohlorientierung des Vorstandshandelns eine Selbstverständlichkeit sei – ihre ausdrückliche normative Formulierung hielt man daher für verzichtbar.[47] Selbstverständlich sei sie in einem sozialen Rechtsstaat schon aufgrund des Sozialstaatsprinzips gem. Art. 20 Abs. 1 GG sowie aufgrund der Sozialbindung des Eigentums gem. Art. 14 Abs. 2 GG und nicht zuletzt aufgrund der Sozialen Marktwirtschaft als dem geltenden wirtschaftspolitischen System.[48] Dennoch: Heute, nahezu 60 Jahre später, ist die Gemeinwohlorientierung des Vorstandshandelns alles andere als selbstverständlich. Die aktienrechtliche Gemeinwohlbindung ist vielmehr stark verblasst.[49] Ab den 1970er Jahren bildet das Unternehmensinteresse den zentralen Maßstab für das Handeln der Organwalter der Aktiengesellschaft. Dieses knüpft inhaltlich an die Diskussion der Gemeinwohlbindung an, vor allem auch, indem unter seinem Dach die Arbeitnehmermitbestim-

46 Vgl. *Mittwoch*, Unternehmensrecht (Fn. 6), S. 314; zur Entstehungsgeschichte instruktiver Überblick bei *H. Fleischer*, Gesetzliche Unternehmenszielbestimmungen im Aktienrecht, ZGR 2017, 411 (412 f.); *T. Raiser/ R. Veil*, Recht der Kapitalgesellschaften, 6. Aufl., München 2015, S. 5; *A. Riechers*, Das „Unternehmen an sich", Tübingen 1996, S. 154 ff. mit Bezug zur Lehre vom Unternehmen an sich.

47 Begründung des Regierungsentwurfs bei *B. Kropff*, Aktiengesetz: Textausgabe des Aktiengesetzes und des Einführungstextes zum Aktiengesetz, Schöneiche 1965, S. 97.

48 A.a.O., S. 97 f.; so auch *D. Baas*, Leitungsmacht und Gemeinwohlbindung der Aktiengesellschaft, Frankfurt a.M./München 1976, S. 79 ff., 164; *D. Reuter*, Der Einfluss der Mitbestimmung auf das Gesellschafts- und Arbeitsrecht, AcP 179 (1979), 509 (552); MüKoAktG/*Spindler*, 5. Aufl., München 2019, § 76 Rn. 64; *F. Rittner*, Zur Verantwortung der Unternehmensleitung, JZ 1980, 113; *ders.*, Wirtschaftsrecht, Heidelberg 1979, S. 132; kritisch demgegenüber *A. Großmann*, Unternehmensziele im Aktienrecht, Köln 1980, S. 117 ff.; *M. Birke*, Das Formalziel der Aktiengesellschaft, Baden-Baden 2005, S. 172, a.A. vor allem *P. O. Mülbert*, Soziale Verantwortung von Unternehmen im Gesellschaftsrecht, AG 2009, 766 (770).

49 *H. Fleischer*, in: Spindler/Stilz (Hrsg.), Aktiengesetz, 4. Aufl., München 2019, § 76 Rn. 23; ähnlich *C. A. Weber*, Stakeholderinteressen zwischen interner und externer Corporate Governance, in: A.-C. Mittwoch et al. (Hrsg.), Netzwerke im Privatrecht, Jahrbuch Junger Zivilrechtswissenschaftler 2015, Stuttgart 2016, S. 419 (433): „kein eindeutiges Ergebnis" der historischen Auslegung aus heutiger Sicht.

mung institutionalisiert wird. Sein Inhalt wurde jedoch nie ausdrücklich definiert. Stattdessen beeinflusst seit der zweiten Hälfte der 1980er Jahren die stark durch ökonomische Forschungsarbeiten geprägte US-amerikanische Corporate Governance Diskussion zunehmend auch das deutsche Gesellschaftsrecht: Der im anglo-amerikanischen Unternehmensrecht dominante Shareholder Value Gedanke gewinnt über die Rechtsfigur des Unternehmensinteresses mehr und mehr Einfluss auch in der deutschen Corporate Governance Diskussion. Dieser verengt gegenwärtig die unternehmensrechtliche Nachhaltigkeitsdiskussion auf die genannte Dichotomie aus Shareholder- und Stakeholdermodell.[50]

Will der Gesetzgeber diese zugunsten der Stakeholder auflösen, so greift dies zu kurz. Zum einen fokussiert die Dichotomie auf die Innensicht des Unternehmens und basiert auf ökonomischen Modellannahmen, die das Verhältnis von Unternehmen und Gesamtgesellschaft ausblenden. Zum anderen haben die verschiedenen Stakeholdergruppen oft recht disparate Motivlagen – die Priorisierung einzelner Gruppen bringt daher zwangsläufig eine Schlechterstellung anderer mit sich. Stattdessen sind die gesellschaftsrechtlichen Kernkonzepte des Unternehmensinteresses und der historischen aktienrechtlichen Gemeinwohlbindung fortzuentwickeln. Konkret ließe sich eine Verpflichtung der Geschäftsleiter auf eine nachhaltige Wertschöpfung statuieren, in Einklang mit den Grenzen natürlicher Tragfähigkeit und auf der Grundlage eines sozialen Fundaments. Diese Verpflichtung ließe sich als Konkretisierung in §§ 76 und 93 AktG einfügen, aber auch in das GmbHG sowie in die Präambel des DCGK.

V. Ergebnisse und Forderungen – Nachhaltigkeitsrecht zwischen Praxisbezug und Politisierung

Diese Schlussfolgerungen zeigen einen kleinen Ausschnitt der wirtschaftsrechtlichen Forschung zur Nachhaltigkeit. Die Forschungsergebnisse haben – das teilen sie mit denen der übrigen Themenfelder des Nachhaltigkeitsrechts – einen hohen Praxisbezug. Wer zur Nachhaltigkeit forscht, wird dies heute kaum im sprichwörtlichen Elfenbeinturm tun; zu groß ist die Nachfrage seitens der Politik und Rechtspraxis nach Instrumenten und Methoden für die als immer drängender wahrgenommene Nachhaltigkeits-

50 Vgl. nochmals die Nachweise bei Fn. 30–36.

transformation. Diese hohe Praxisrelevanz bringt Verantwortung mit sich und rückt einmal mehr die Anforderungen an Qualität und gute wissenschaftliche Praxis der eigenen Arbeit in den Vordergrund, erfordert aber auch Fähigkeiten in der Wissenschaftskommunikation. Gleichzeitig gilt es, sich nicht durch den Vorwurf entmutigen zu lassen, man rede einer Politisierung des Rechts das Wort. Ohne Zweifel ist Nachhaltigkeit heute ein politisch aufgeladener Begriff. Und ohne Zweifel verlassen wir den klassischen Bereich von Auslegung und Anwendung des bestehenden Rechts, wenn wir die Rolle und Aufgaben der Rechtswissenschaft im Lichte der Nachhaltigkeitstransformation untersuchen. Doch auch das ist – ein wichtiger – Teil der Rechtswissenschaft. Dies betont bereits *Otto von Gierke*, der vor über 130 Jahren darüber nachdachte, wie sozial das Privatrecht sein müsse. Der historische Kontext ist unserer heutigen Zeit nicht unähnlich – die soziale Frage drängte gegen Ende des 19. Jahrhunderts ähnlich wie die nachhaltige Frage heute.[51] Zudem war mit dem BGB eine große nationale Kodifikation auszuarbeiten und der Stellenwert sozialer Belange gegenüber den Gedanken des Liberalismus war höchst umstritten.[52] Hier bezieht Gierke deutlich Position:[53]

> „[Die Rechtswissenschaft] vermag schon in das Wesen und den Entwicklungsgang des Rechtes eine tiefere Einsicht nicht zu gewinnen, ohne dass sie den Zweck erforscht, der als unbewusster oder bewusster Gestaltgeber des Rechts waltet. Wenn sie demgemäß fragt, welche Aufgaben im Leben der menschlichen Gesellschaft die Rechtsordnung in der Vergangenheit erfüllt hat oder in der Gegenwart erfüllt und welche Gedanken über diese Aufgaben auf die Rechtsbildung bestimmend eingewirkt haben oder einwirken, so verbleibt sie noch im Bereiche streng

51 Ebenso *F. J. Brüggemeier*, Eine Kränkung des Rechtsgefühls? Soziale Frage, Umweltprobleme und Verursacherprinzip im 19. Jahrhundert, Geschichte und Gesellschaft, Sonderheft 1994 (Vol. 15), 106; zur sozialen Frage und dessen Bedeutung: *von Scheel*, Vortrag „Die soziale Frage“, 3.12.1872; *H.-P. Benöhr*, Soziale Frage, Sozialversicherung und Sozialdemokratische Reichstagsfraktion (1881–1889), Zeitschrift der Savigny-Stiftung für Rechtsgeschichte, 1981, 95 ff.; *T. Repgen*, Die soziale Aufgabe des Privatrechts, Tübingen 2001, S. 25 ff.; *G. A: Ritter*, Der Sozialstaat, Oldenbourg 2010; *J. W. Althammer/ H. Lampert*, Lehrbuch der Sozialpolitik, 9. Aufl., Berlin 2014, S. 19 ff.; mit jeweils weiteren Nachweisen.

52 *T. Bark*, Die Entstehung des BGB im Spiegel der bürgerlichen Rechtsgeschichte, Kritische Justiz 1973 (Vol. 6), 158 (162); *Brüggemeier*, Kränkung (Fn. 51), 106 ff.; ausführlich *T. Repgen*, Aufgabe (Fn. 51), S. 68 ff., 83 ff.

53 Von *O. Gierke*, Die Soziale Aufgabe des Privatrechts, Berlin/Heidelberg 1889, S. 3 f., der insoweit u.a. das Werk von Jehring aufgreift.

> wissenschaftlicher Untersuchung. Sie kann indes nicht umhin, darüber hinauszuschreiten. Der Strom der Geschichte eilt vorwärts und bringt Wandelungen des Rechts, welche der Zukunft ihre Bahn weisen. Je weiter das Geistesleben vorgeschritten ist, desto entschiedener greift hierbei bewußte That ein. Ihr geht die Überlegung voran, was Recht sein soll. Und an dieser Überlegung muss sich die Rechtswissenschaft beteiligen."

Verfolgen wir also die Untersuchung der Nachhaltigkeit im Recht weiter und werden wir Teil dieser Transformation. Schrecken wir nicht davor zurück, das Konzept einer starken Nachhaltigkeit trotz und gerade wegen seiner Interdisziplinarität in das Recht hineinzutragen, vermeiden wir dabei Silodenken und begrüßen auch intradisziplinäre Ansätze. Wenn wir auf diese Weise den Diskursen unserer Teildisziplinen im Lichte der Nachhaltigkeit auf den Grund gehen, dürfen und müssen wir den Mut haben, Forschungsergebnisse sowie daraus ableitbare Forderungen auch in Richtung von Politik und Praxis zu kommunizieren.

D. Nachhaltigkeit und Völkerstrafrecht

*Aziz Epik und Nella Sayatz**

I. Einleitung

Nachhaltigkeit ist in aller Munde. Verbreitet ist dabei ein dreidimensionales Verständnis des Begriffs, das ökonomische, soziale und ökologische Aspekte einbezieht und versucht, diese in Einklang zu bringen.[1] Ein solches liegt auch diesem Beitrag zugrunde. Wer sich dem Begriff aus einer (völker-)strafrechtlichen Perspektive nähert, steht aber vor der durchaus intrikaten Frage, wie dieses komplexe Konzept mit den Begriffen und Instrumenten des Strafrechts adäquat zu erfassen ist.

Wer den sozialen Aspekt in den Fokus rückt, wird sich aus Sicht des Völkerstrafrechts etwa mit Produktions-, Arbeits- und Lebensbedingungen der Menschen insbesondere im Globalen Süden befassen müssen. Unter dem Gesichtspunkt der Verbrechen gegen die Menschlichkeit (Art. 7 IStGH-Statut) können etwa die Arbeit in den Sweat-Shops Südostasiens und in den Erz- und Diamantenminen Sub-Sahara-Afrikas oder die Vertreibung der Bevölkerung zum Zwecke der Viehzucht und des Ackerbaus in den Blick genommen werden.[2] Aus ökonomischer Perspektive stellt sich die Frage nach dem Umgang mit demokratie- und staatsgefährdender Korruption

---

* Der Verfasser *Epik* ist Juniorprofessor für Strafrecht und Kriminologie an der Universität Hamburg; die Verfasserin *Sayatz* ist wissenschaftliche Mitarbeiterin an der Humboldt-Universität zu Berlin. Alle Links wurden zuletzt am 28. Dezember 2022 abgerufen.

1 In dieser Weise u.a. eingeführt im Abschlussbericht der Enquete-Kommission „Schutz des Menschen und der Umwelt – Ziele und Rahmenbedingungen einer nachhaltig zukunftsverträglichen Entwicklung" des deutschen Bundestages aus dem Jahr 1998, BT-Drs. 13/11200, S. 17 ff. Zum Prinzip der Nachhaltigkeit im internationalen Umweltrecht *A. Proelß*, in: A. Proelß (Hrsg.), Internationales Umweltrecht, 2. Aufl., Berlin/Boston 2022, 3. Abschn. Rn. 58 ff.

2 Zur Verfolgung von Praktiken moderner Sklaverei im Völkerstrafrecht *F. Jeßberger*, Corporate Involvement in Slavery and Criminal Responsibility under International Law, Journal of International Criminal Justice 14, 2016, 327 ff.

oder Geldwäsche im großen Ausmaß; hier gibt es vor allem auf transnationaler Ebene Bemühungen.[3]

Wird der Schwerpunkt dagegen, wie im Folgenden, auf die ökologische Dimension der Nachhaltigkeit gelegt, ergibt sich ein wenig überraschender, aber gleichwohl bemerkenswerter Befund: Obschon seit mehreren Jahrzehnten auf internationaler Ebene über den Schutz der Umwelt[4] im Völkerstrafrecht diskutiert wird und bereits konkrete Vorschläge für entsprechende Tatbestände formuliert wurden,[5] bleibt das Völkerstrafrecht *de lege lata* blass. Dies lässt sich jedoch nicht mit möglichen Legitimationsdefiziten erklären, weshalb das Völkerstrafrecht *de lege ferenda* erhebliches Potenzial zum Schutz der Umwelt aufweist.

II. Legitimationsfragen

Das Völkerstrafrecht dient dem Schutz des Friedens, der Sicherheit und des Wohls der Welt. Diese Trias findet sich auch in der Präambel des Statuts

---

3 Etwa die UN-Konvention gegen Korruption (BGBl. 2014 II, 762) oder das OECD-Übereinkommen über die Bekämpfung der Bestechung (BGBl. 1998 II, 2327); vgl. *T. Junker/R. Müller/J. Schulz*, Prävention und Bewältigung von Korruption im internationalen Konzern. Eine Projektvorstellung, in: M. Kuhli/F. Jeßberger/A. Baur (Hrsg.), Korruption – Demokratie – Strafrecht, Tübingen 2022, S. 107. Das sog. Malabo-Protokoll, das nach hinreichender Ratifikation als Grundlage eines inter-afrikanischen Strafgerichtshofs dienen soll, enthält neben den völkerrechtlichen Kernverbrechen in Art. 28I und 28I *Bis* auch die Verbrechenstatbestände der Korruption und Geldwäsche, vgl. *L. Fernandez*, Corruption (Article 28I) and Money Laundering (Article 28Ibis), in: *G. Werle/M. Vormbaum* (Hrsg.), The African Criminal Court, Den Haag 2017, S. 89 ff. Zur Funktionsweise moderner Kleptokratien vgl. *A. Cooley/J. Heathershaw/J.C. Sharman*, The Rise of Kleptocracy: Laundering Cash, Whitewashing Reputations, Journal of Democracy 29, 2018, 39 ff.

4 Der Begriff Umwelt bezieht sich auf die natürliche Umwelt (Boden, Luft, Atmosphäre, Wasser, Flora und Fauna). Dies entspricht dem gängigen Begriffsverständnis im hiesigen Kontext, vgl. Report of the International Law Commission on the work of its forty-third session, 29 April–19 July 1991, YILC 1991 II, S. 107, unter Verweis auf Art. 2 der ENMOD-Konvention (Convention on the Prohibition of Military or Any Other Hostile Use of Environmental Modification Techniques, BGBl. 1983 II, S. 125).

5 Vgl. Art. 22 Abs. 2 lit. d) und Art. 26 *Draft Code of Crime against the Peace and Security of Mankind* der International Law Commission (ILC) aus dem Jahr 1991, dazu unten III.

des Internationalen Strafgerichtshofs,[6] einem völkerrechtlichen Vertrag, der die gegenwärtig zentrale Rechtsquelle des Völkerstrafrechts darstellt.[7] Die Grundidee des Völkerstrafrechts besteht darin, dass es grundlegende Werte und Interessen der Völkergemeinschaft gibt, die durch Strafnormen abgesichert sind, welche ohne Rücksicht auf die staatliche Rechtsordnung Geltung beanspruchen und gegenüber dem Einzelnen durchgesetzt werden. Hinter den grundlegenden Interessen der internationalen Gemeinschaft müssen staatliche Souveränitätsansprüche zurücktreten.[8] Nach dem Zweiten Weltkrieg standen vor allem der Frieden und die Sicherheit der Welt im Mittelpunkt entsprechender Überlegungen. Auch heute kommt diesen Schutzgütern angesichts der zahlreichen bewaffneten Konflikte weltweit zentrale Bedeutung zu.[9]

Zugleich wird immer deutlicher, dass die omnipräsente Beeinträchtigung der Umwelt[10] die Ökosysteme regional und, insbesondere unter Berücksichtigung von Kumulations- und Wechselwirkungseffekten[11], auch global bis hin zum ökologischen Kollaps ernsthaft bedroht – und damit letztlich die Lebensgrundlagen der Menschen sowie die effektive Wahrnehmung grundlegender Menschenrechte.[12] Großflächige Umweltschädigungen und -zerstörungen rufen nicht nur Armut, Hunger, körperliche und seelische Schäden sowie Leibes- oder Lebensgefahren für die von den Auswirkungen

---

6 Abs. 3 der Präambel des IStGH-Statuts; dazu *O. Triffterer/M. Bergsmo/K. Ambos*, in: K. Ambos (Hrsg), The Rome Statute of the International Criminal Court, 4. Aufl., München 2022, Preamble Rn. 9.

7 Vgl. *G. Werle/F. Jeßberger*, Völkerstrafrecht, 5. Aufl., Tübingen 2020, Rn. 208.

8 Vgl. *Werle/Jeßberger*, Völkerstrafrecht (Fn. 7), Rn. 107.

9 Der Weltfrieden und die internationale Sicherheit werden auch in den Zielbestimmungen der Vereinten Nationen als maßgebliche Interessen der Völkergemeinschaft eingeführt, vgl. Art. 1 Ziff. 1 VN-Charta. Auch der von der Völkerrechtskommission erarbeitete *Draft Code* richtete sich auf die Ahndung von Verbrechen „against the peace and security of mankind"; dazu *Triffterer/Bergsmo/Ambos*, in: Ambos (Hrsg.) Rome Statute (Fn. 6), Preamble Rn. 10; *Werle/Jeßberger*, Völkerstrafrecht (Fn. 7), Rn. 105 f.

10 Zum Begriff der Umweltbeeinträchtigung vgl. *M. Reichart*, Umweltschutz durch völkerrechtliches Strafrecht, Frankfurt am Main 1999, S. 19.

11 Mitunter wird in eben diesen Effekten aber auch ein Einwand gegen eine völkerstrafrechtliche Erfassung von Umweltbeeinträchtigungen gesehen, vgl. etwa *D. Robinson*, Ecocide – Puzzles and Possibilities, Journal of International Criminal Justice 20, 2022, 313 (317).

12 Dazu *F. de Andrade Correa*, UNDP Technical Paper Environmental Justice. Securing our right to a clean, healthy and sustainable environment, 2022, abrufbar unter <https://www.undp.org/sites/g/files/zskgke326/files/2022-06/Environmental-Justice-Technical-Report.pdf>, S. 8.

unmittelbar betroffenen Menschen hervor. In der Folge können transregionale Fluchtbewegungen entstehen, die Staaten oder ganze Weltregionen nachhaltig destabilisieren.[13] Letztlich droht der Menschheit insgesamt ein Verlust an Vielfalt, wenn ganze Staaten in Existenzkrisen geraten oder Volksgruppen und -stämme aus ihren angestammten Siedlungsgebieten fliehen und sich in Diaspora-Communities auf der ganzen Welt verteilen müssen.[14] Beschränkt werden auch die Spielräume künftiger Generationen. Die konkreten Auswirkungen variieren je nach Region; besonders betroffen sind aber die Menschen im Globalen Süden.[15] Die Folgen für Flora und Fauna sind dabei noch nicht einmal angerissen.[16]

Es liegt daher im Interesse der internationalen Gemeinschaft als Ganzes, umweltbeeinträchtigendes Verhalten und die entsprechenden Folgewirkungen einzudämmen.[17] Die beschriebenen Bedrohungen für die Interessen der internationalen Gemeinschaft stehen den von den bislang existierenden Kernverbrechen ausgehenden Schutzgutsbeeinträchtigungen qualitativ insoweit in nichts nach.[18] Umweltbeeinträchtigungen großen Ausmaßes sind vielmehr eine Bedrohung für das Wohl der Welt und damit eines

13 In diesem Sinne auch *de Andrade Correa*, UNDP Technical Paper Environmental Justice (Fn. 12), S. 9, 13; *Robinson*, Ecocide (Fn. 11), 317.

14 Schon dem Völkermordtatbestand liegt der Grundgedanke zugrunde, dass es im Interesse der gesamten Menschheit ist, die „gruppenmäßige Vielfalt" (*H. Vest*, Genozid durch organisatorische Machtapparate, Baden-Baden 2002, S. 99) zu bewahren, vgl. *Werle/Jeßberger*, Völkerstrafrecht (Fn. 7), Rn. 931.

15 *de Andrade Correa*, UNDP Technical Paper Environmental Justice (Fn. 12), S. 13; *Robinson*, Ecocide (Fn. 11), 318.

16 Dieser ökozentrische Aspekt rückt aber zunehmender in den Fokus, vgl. *J. Lawrence/ K. Heller*, The First Ecocentric Environmental War Crime: The Limits of Article 8(2)(b)(iv) of the Rome Statute, Georgetown International Environmental Law Review 20, 2007, 61 (67); *Robinson*, Ecocide (Fn. 11), 317 mit Fn. 16.

17 Die ILC stellte schon 1991 unter Bezugnahme auf ihre eigenen *Draft Articles* zur Verantwortlichkeit von Staaten fest, dass der Schutz und die Erhaltung der menschlichen Umwelt eines der fundamentalsten Interessen der internationalen Gemeinschaft ist und besonders schwerwiegende Angriffe gegen sie als internationale Verbrechen zu kriminalisieren seien, vgl. Report of the International Law Commission on the work of its forty-third session, 29 April–19 July 1991, YILC 1991 II, S. 107.

18 Zur Vergleichbarkeit *K. Cornelius*, Der Umweltschutz im Völkerstrafrecht, AVR 58, 2020, 1 (23); *Robinson*, Ecocide (Fn. 11), 317; *C. Tomuschat*, Schädigung der Umwelt als Verbrechen nach Völkerstrafrecht, in: H.-W. Arndt/F.-L. Knemeyer/D. Kugelmann, Völkerrecht und deutsches Recht, Festschrift für Walter Rudolf zum 70. Geburtstag, München 2001, S. 105 (113 f.). Eine Betroffenheit des Friedens und der Sicherheit sieht *R. Provost*, International Criminal Environmental Law, in: G. Goodwin-Gill/S. Talmon (Hrsg.), The Reality of International Law. Essays in Honour of Ian Brownlie, Oxford 1999, S. 439 (444).

der zentralen Schutzgüter des Völkerstrafrechts, das nicht nur durch eine Abwesenheit bewaffneter Auseinandersetzungen oder schwerwiegender unmittelbarer Menschenrechtsverletzungen zu definieren ist. Insoweit ist das Wohl der Welt als entwicklungsoffenes Konzept zu verstehen, welches das Völkerstrafrecht in moderater Weise für die Herausforderungen der jeweiligen Zeit öffnet.[19]

Diese Überlegungen werden durch zwei klare Entwicklungen im Völkerrecht weiter gestützt:[20] So verdeutlicht die dynamische Entwicklung des Umweltvölkerrechts, dass die internationale Gemeinschaft den Schutz der Umwelt und – auf einer übergeordneten Ebene – des Klimas im Grundsatz als zentrales Ziel definiert und entsprechende diplomatische Bemühungen entfaltet hat.[21] Im internationalen Menschenrechtsschutz kristallisiert sich zudem die Tendenz heraus, ein Recht auf Leben in einer „sauberen, gesunden und nachhaltigen Umwelt" anzuerkennen, das die Vorbedingung für die Wahrnehmung von Menschenrechten überhaupt bilden soll.[22] Damit aber wird die Beeinträchtigung eben dieser Umwelt selbst zu einer Menschenrechtsverletzung, ohne dass es auf ihre Auswirkungen auf individuelle Schutzgüter ankäme. Auch wenn sich die Rechtsentwicklung insoweit noch im Fluss befindet, bislang keine bindende Kodifikation erfolgt ist und ein völkergewohnheitsrechtlicher Charakter dieses Rechts gleichfalls (noch) nicht anzunehmen ist,[23] ist die Tendenz klar vorgezeichnet. Hinzu kommt die (mittelbare) Beeinträchtigung von bereits etablierten Menschenrechten

---

19 Ähnlich *Triffterer/Bergsmo/Ambos*, in: Ambos (Hrsg.) Rome Statute (Fn. 6), Preamble Rn. 11.

20 Zusf. zu den Entwicklungen der jüngeren Zeit *de Andrade Correa*, UNDP Technical Paper Environmental Justice (Fn. 12), S. 10 f.

21 Zu nennen sind aus der jüngeren Zeit u.a. die Abkommen von Paris (2015) und Glasgow (2021). Vgl. auch *Cornelius*, Umweltschutz (Fn. 18), 4 ff.; *H. Satzger/N. von Maltitz*, Das Klimastrafrecht – ein Rechtsbegriff der Zukunft, ZStW 133, 2021, 1 (33).

22 Erst jüngst hat die Generalversammlung der UN eben dieses Recht in einer Resolution (UNGA A/76/L.75) ohne Gegenstimmen anerkannt, vgl. UN News, UN General Assembly declares access to clean and healthy environment a universal human right, 28. Juli 2022, abrufbar unter <https://news.un.org/en/story/2022/07/1123482>; vorausgegangen war eine Resolution des Menschenrechtsrates, vgl. *Human Rights Council*, Resolution 48/13 on the Human Right to a Clean, Healthy and Sustainable Environment v. 18. Oktober 2021, A/HRC/Res/48/13, S. 3; grundlegend Inter-American Court of Human Rights, Advisory Opinion OC-23/17 v. 15. November 2017 (Request of the Republic of Comumbia), para. 59.

23 Vgl. nur *S. Vöneky/F. Beck*, in: Proelß (Hrsg.), Internationales Umweltrecht (Fn. 1), 5. Abschn. Rn. 5 ff., 13.

in Folge von schwerwiegenden Umweltbeeinträchtigungen.[24] Ihre Betroffenheit ist wiederum seit jeher Anknüpfungspunkt völkerstrafrechtlicher Sanktionsnormen.

Der beschriebene Bezug zu den Interessen der internationalen Gemeinschaft legitimiert somit völkerstrafrechtliche Sanktionsnormen zum Schutz der Umwelt dem Grunde nach. Entsprechende Verbrechenstatbestände sind zudem ohne Weiteres mit der Grundidee des Völkerstrafrechts kompatibel: Das Völkerstrafrecht ist im Ausgangspunkt ein Mittel, um die Kriminalität der Mächtigen zu erfassen, die in ihren Heimatstaaten Konsequenzen für ihr verbrecherisches Handeln nicht zu befürchten haben, aber durch den Einsatz staatlicher Machtstrukturen Taten makrokriminellen Ausmaßes begehen können.[25] Ihrer Straflosigkeit in Folge staatlicher Untätigkeit kann seit Nürnberg ihre individuelle strafrechtliche Verantwortlichkeit unmittelbar nach Völkerrecht entgegengehalten werden.[26] Eine strukturell ähnliche Situation zeigt sich mit Blick auf den Schutz der natürlichen Umwelt. Auch hier sind oftmals mächtige – nicht zwingend staatliche – Akteure beteiligt, die für ihr Handeln, das oftmals grenzüberschreitende Auswirkungen hat, kaum oder keine Konsequenzen fürchten müssen.[27] Entweder ist das Verhalten schon nicht strafbar oder wird faktisch nicht verfolgt.[28] Staaten und transnational agierende Unternehmen sowie einzelne – oftmals einflussreiche – Personen im Globalen Norden sind Profiteure dieses Systems. Dementsprechend besteht kaum ein Anreiz, gegen die Verantwortlichen vorzugehen. Hinzu kommt, dass der Schutz der Umwelt mit territorial begrenzten nationalen Rechtsnormen nicht hinreichend gewährleistet werden kann, jedenfalls nicht ohne transnationale Koordination.[29]

---

24 Vgl. *Vöneky/Beck*, in: Proelß (Hrsg.), Internationales Umweltrecht (Fn. 1), 5. Abschn. Rn. 15 ff.

25 Vgl. *O. Lagodny*, Legitimation und Bedeutung des Ständigen Internationalen Strafgerichtshofes, ZStW 113, 2001, 800 (802).

26 Zum „Durchbruch" von Nürnberg vgl. *Werle/Jeßberger*, Völkerstrafrecht (Fn. 7), Rn. 15 ff., zur Strafbefugnis von Drittstaaten siehe dort Rn. 257 ff.

27 Vgl. *E. Fronza*, Towards a New Crime of Ecocide: The Moving Frontiers of International Criminal Law, in: F. Jeßberger/M. Vormbaum/B. Burghardt (Hrsg.), Strafrecht und Systemunrecht, Festschrift für Gerhard Werle zum 70. Geburtstag, Tübingen 2022, S. 93 (101); *Robinson*, Ecocide (Fn. 11), 318.

28 Vgl. *Robinson*, Ecocide (Fn. 11), 317.

29 Ähnlich *Cornelius*, Umweltschutz (Fn. 18), 2; *Robinson*, Ecocide (Fn. 11), 317.

III. Rechtslage de lege lata

Wer sich auf die Suche nach Völkerstraftatbeständen begibt, deren Schutzgut *explizit* die Umwelt als solche ist, trifft auf einen bemerkenswerten Befund. Noch 1991 hatte die ILC in ihrem *Draft Code of Crimes against the Peace and Security of Mankind* gleich zwei Verbrechenstatbestände zum Schutz der Umwelt vorgesehen. So wurde der Einsatz von Methoden und Mitteln der Kriegsführung, die darauf abzielen oder von denen zu erwarten ist, dass sie ausgedehnte, langfristige und schwere Schäden an der natürlichen Umwelt zur Folge haben, als besonders schweres Kriegsverbrechen eingeordnet (Art. 22 Abs. 2 (d) *Draft Code*).[30] Vor dem Hintergrund der späteren Entwicklung besonders hervorzuheben ist Art. 26 des Entwurfs („Absichtliche und schwere Schädigung der Umwelt"), nach dem derjenige, der „absichtlich ausgedehnte, langfristige und schwere Schäden an der natürlichen Umwelt verursacht oder anordnet", zu bestrafen ist.[31] Dieser orientierte sich zwar an Art. 55 Abs. 1 des Zusatzprotokolls I zu den Genfer Konventionen, verlangte aber gerade keinen Zusammenhang zwischen der Umweltschädigung und einem bewaffneten Konflikt.[32] Ungeachtet der hohen Voraussetzungen einer Strafbarkeit – insbesondere mit Blick auf die kumulative Verknüpfung der Anforderungen an die Umweltschädigung und das Absichtserfordernis, das etwa die Inkaufnahme von Umweltschäden in Folge wirtschaftlicher Aktivitäten ausschließt, – erscheint die intendierte Erfassung umweltbeeinträchtigenden Verhaltens in einem eigenständigen Verbrechenstatbestand in der *ex-post*-Perspektive als geradezu zukunftsgewandte Innovation. Realität wurde sie jedoch nie. In das Bild des äußerst zurückhaltenden Agierens der Staatengemeinschaft im Blick auf den konsequenten Schutz der Umwelt fügt sich nämlich ein, dass der Vorschlag keine Mehrheit bei den Staatenvertretern fand; *Draft* Art. 26 wurde in der Folge ersatzlos gestrichen, *Draft* Art. 22 Abs. 2 (d) in

---

30 Report of the International Law Commission on the work of its forty-third session, 29 April–19 July 1991, YILC 1991 II, S. 97.

31 Ebd.

32 Vgl. den Kommentar zu *Draft* Article 26, Report of the International Law Commission on the work of its forty-third session, 29 April–19 July 1991, YILC 1991 II, S. 107. Ein Verstoß gegen Art. 55 Abs. 1 ZP I ist allerdings ebenso wenig wie ein Verstoß gegen den umweltschützenden Art. 35 Abs. 3 ZP I in den Katalog der strafbewehrten schweren Verletzungen des Zusatzprotokolls in Art. 85 Abs. 3 ZP I aufgenommen worden.

einen neuen, allerdings restriktiver gefassten *Draft* Art. 20 (g) überführt.[33] Mit dem Erstarken der Bemühungen zur Schaffung des Internationalen Strafgerichtshofs traten die *Draft Articles* dann gänzlich in den Hintergrund und sind heute von primär historischem Interesse.[34]

In das Statut des Internationalen Strafgerichtshofs ist der direkte Schutz der Umwelt nur in rudimentärer Form aufgenommen worden. So fehlt es insbesondere an einem eigenständigen Umweltverbrechen. Der Schutz der Umwelt in Friedenszeiten ist auch nicht etwa durch die Aufnahme eines Einzelverbrechens in den Tatbestand der Verbrechen gegen die Menschlichkeit sichergestellt worden. Strafbar ist dagegen das vorsätzlich Führen eines Angriffs in der Kenntnis, dass dieser weit reichende, langfristige und schwere Schäden an der natürlichen Umwelt verursachen wird, die eindeutig in keinem Verhältnis zu dem insgesamt erwarteten konkreten und unmittelbaren militärischen Vorteil stehen (Art. 8 Abs. 2 lit. b) iv) IStGH-Statut).[35] Allerdings greift dieser Tatbestand nur in internationalen bewaffneten Konflikten ein – also primär solchen zwischen Staaten[36] –, sodass die weitaus häufigeren nicht-internationalen bewaffneten Konflikte, deren Hintergrund nicht selten auch Konflikte um natürliche Ressourcen bilden,[37] von vornherein nicht erfasst werden.[38]

33 Vgl. *Provost*, International Criminal Environmental Law (Fn. 18), S. 449; *Tomuschat*, Schädigung der Umwelt (Fn. 18), S. 111; dazu auch *Pereira*, Towards Ecocide? (Fn. 48), 185 f.

34 Ähnlich *Tomuschat*, Schädigung der Umwelt (Fn. 18), S. 112.

35 Der Tatbestand ist der einzige im gesamten IStGH-Statut, der sich auf die natürliche Umwelt bezieht, und wird auch als „erstes ökozentrisches Kriegsverbrechen" bezeichnet, vgl. eingehend *Lawrence/Heller*, First Ecocentric Environmental War Crime (Fn. 16), 61 ff.; siehe auch *S. Wehrenberg*, in: Ambos (Hrsg.) Rome Statute (Fn. 6), Art. 8 Rn. 252; *E. Cusato*, Beyond Symbolism: Problems and Prospects with Prosecuting Environmental Destruction before the ICC, Journal of International Criminal Justice 15, 2017, 491 (495).

36 Vgl. *Werle/Jeßberger*, Völkerstrafrecht (Fn. 7), Rn. 1189.

37 United Nations Environment Programme, From Conflict to Peacebuilding: The Role of Natural Ressources and the Environment, 2009, S. 8; vgl. auch *M. Gillett*, Eco-Struggles: Using International Criminal Law to Protect the Environment During and After Non-International Armed Conflict, in: C. Stahn/J. Iverson/J. S. Easterday (Hrsg.), Environmental Protection and Transitions from Conflict to Peace: Clarifying Norms, Principles, and Practices, Oxford 2017, S. 220 (222 f.); *P. Lujala/S. Rustad*, High-value Natural Resources: A Blessing or a Curse for Peace?, Sustainable Development Law & Policy 12, 2011, 19 (20 ff.).

38 Vgl. *Lawrence/Heller*, First Ecocentric Environmental War Crime (Fn. 16), 84 f.; *Gillett*, Eco-Struggles (Fn. 37), S. 228. Zum Umweltschutz im nicht-internationalen

Hinzu kommt, dass das Einzelverbrechen aufgrund der kumulativen Verknüpfung der Anforderungen an die Umweltschäden, der erforderlichen Abwägung mit dem erwarteten militärischen Vorteil und den Anforderungen an die innere Tatseite („in der Kenntnis") hohe tatbestandliche Voraussetzungen aufweist, deren Nachweis der Anklagebehörde regelmäßig nicht gelingen wird.[39] Gerade mit Blick auf das Erfordernis, dass die Schäden an der natürlichen Umwelt *eindeutig* in keinem Verhältnis zu dem insgesamt erwarteten konkreten und unmittelbaren militärischen Vorteil stehen müssen,[40] liegt zudem der Einwand auf der Hand, der Beschuldigte sei davon ausgegangen, dass sich ein gegnerischer Angriff anders nicht effektiv abwehren lasse oder dass der eigene Vormarsch andernfalls unverhältnismäßig erschwert würde.[41] Auf diese Weise konnte schon *Lothar Rendulic* – Angeklagter im Nürnberger Geiselmord-Prozess – die von ihm verfolgte Strategie der verbrannten Erde beim Rückzug der Wehrmacht aus Norwegen rechtfertigen und einer Verurteilung für die angerichteten Verwüstungen entgehen.[42]

Über andere Kriegsverbrechenstatbestände im IStGH-Statut ist die Umwelt allenfalls mittelbar und reflexhaft geschützt. Denkbar wäre etwa eine Erfassung unter dem Gesichtspunkt des Aushungerns der Zivilbevölkerung bei Zerstörung von Äckern, Weideflächen oder sonstiger Landwirtschaft,

---

bewaffneten Konflikt *S. Henrich*, Umweltschutz durch humanitäres Völkerrecht im nichtinternationalen bewaffneten Konflikt, Berlin 2021.

39 Vgl. zu den Problemen im Einzelnen *Cusato*, Prosecuting Environmental Destruction (Fn. 35), 496; *Gillett*, Eco-Struggles (Fn. 37), S. 228 f.; *Lawrence/Heller*, First Ecocentric Environmental War Crime (Fn. 16), 71 ff.; *Provost*, International Criminal Environmental Law (Fn. 18), S. 450; *Wehrenberg*, in: Ambos (Hrsg.) Rome Statute (Fn. 6), Art. 8 Rn. 252.

40 Kritisch auch *Cusato*, Prosecuting Environmental Destruction (Fn. 35), 496; *Lawrence/Heller*, First Ecocentric Environmental War Crime (Fn. 16), 75 ff. Mit der Einführung einer Verhältnismäßigkeitsprüfung geht Art. 8 Abs. 2 lit. b) iv) über die Voraussetzungen aus dem ZP I und Regelungen im ENMOD-Abkommen hinaus, dazu *Wehrenberg*, in: Ambos (Hrsg.) Rome Statute (Fn. 6), Art. 8 Rn. 252.

41 Fn. 37 zu den Verbrechenselementen zu Art. 8 Abs. 2 lit. b) iv) sieht gar ausdrücklich vor, dass der erwartete militärische Vorteil aus der Perspektive des Täters zu bestimmen ist und dabei die ihm zum Zeitpunkt des Angriffs zur Verfügung stehenden Informationen zu Grunde zu legen sind.

42 US Military Tribunal Nuremberg, Urt. v. 19. Februar 1948 (The United States of America v. Wilhelm von List et al.), in: Trials of War Criminals Before the Nuremberg Military Tribunals Under Control Council Law No. 10, Bd. XI/2, S. 1295 ff., vgl. dazu *Cornelius*, Umweltschutz (Fn. 18), 11; zur Unwahrscheinlichkeit einer Verurteilung auf Grundlage von Art. 8 Abs. 2 lit. b) iv) *Provost*, International Criminal Environmental Law (Fn. 18), S. 450.

(vgl. Art. 8 Abs. 2 lit. b) xxv) IStGH-Statut) oder als Eigentumsdelikte (vgl. insbesondere Art. 8 Abs. 2 lit. a) iv), lit. b) xiii), lit. b) xvi), lit. e) v) und xii) IStGH-Statut). Die natürliche Umwelt wird auf diese Weise jedoch allenfalls partiell und nicht als eigenständiges Schutzgut erfasst.[43] Im Vordergrund steht der Schutz der vom humanitären Völkerrecht geschützten Personen.

Ebenso rasch stößt der Versuch an seine Grenzen, durch eine sogenannte *green interpretation*[44] den Anwendungsbereich der Verbrechenstatbestände zu erweitern, um die unmittelbaren und mittelbaren Folgen von Umweltbeeinträchtigungen für Menschen als Völkermord und Menschlichkeitsverbrechen erfassen zu können – ein Ansatz, der auch im internationalen Menschenrechtsschutz zu finden ist:[45]

So ließe sich zwar eine Umweltschädigung, die der Bevölkerung die Lebensgrundlage entzieht, etwa indem ihre Häuser und Infrastruktur zerstört, die Nahrungsmittel vernichtet oder die Trinkwasserquellen vergiftet werden, unter bestimmten Voraussetzungen als Völkermord durch Tötung, Verursachung von schwerem körperlichem oder seelischem Schaden und Auferlegung von zerstörerischen Lebensbedingungen qualifizieren.[46] Notwendig ist jedoch stets der Nachweis der Absicht, eine nationale, ethnische, rassische oder religiöse Gruppe als solche ganz oder teilweise zu zerstören, wobei ein zielgerichtetes Wollen in dem Sinne gefordert wird, dass die Zerstörung der Gruppe mindestens das Zwischenziel des Täters bildet.[47] Diese Voraussetzungen werden in den prävalenten Fällen von Umweltbe-

---

43 Vgl. für einen Überblick *Gillett*, Eco-Struggles (Fn. 37), S. 231 ff. Zudem steht die Strafbarkeit regelmäßig unter dem Vorbehalt militärischer Notwendigkeit und gerade im nicht-internationalen bewaffneten Konflikt kann das völkerrechtliche Prinzip der „permanent sovereignty over natural resources" der Völkerrechtswidrigkeit staatlicher Aneignungs- und Zerstörungsakte entgegenstehen, vgl. grundlegend *N. Schrijver*, Sovereignty over Natural Resources: Balancing Rights and Duties, Cambridge 1997, s. auch *L. van den Herik/D. Dam-De Jong*, Revitalizing the Antique War Crime of Pillage: The Porential and Pitfalls of Using International Criminal Law to Address Illegal Resource Exploitation During Armed Conflict, Criminal Law Forum 15, 2011, 237 (252 f.).

44 Vgl. *L. Sieders*, The Battle of Realities: The Case for and against the Inclusion of 'Ecocide' in the ICC Rome Statute, Revue Internationale de Droit Pénal 2020, 29 (35).

45 Zum sog. *greening of human rights* u.a. *A. Boyle*, Human Rights and the Environment: Where Next?, European Journal of International Law 23, 2012, 613 (614); *Vöneky/Beck*, in: Proelß (Hrsg.), Internationales Umweltrecht (Fn. 1), 5. Abschn. Rn. 15.

46 Vgl. *Gillett*, Eco-Struggles (Fn. 37), S. 204 f.

47 Vgl. *Werle/Jeßberger*, Völkerstrafrecht (Fn. 7), Rn. 925.

einträchtigungen kaum einmal vorliegen und noch seltener nachzuweisen sein.[48]

Ähnlichen Hürden begegnet der Versuch, die Herbeiführung von Umweltschäden als Menschlichkeitsverbrechen zu erfassen. Ansatzpunkte könnten insoweit zwar die vorsätzliche Tötung, die Vertreibung der Bevölkerung, die Verfolgung einer identifizierbaren Gruppe oder Gemeinschaft und eine andere unmenschliche Handlung bilden, sofern deren spezifische Voraussetzungen auf äußerer und innerer Tatseite vorliegen und insbesondere der Zusammenhang zum umweltschädigenden Verhalten hergestellt werden kann.[49] Der Tatbestand der Menschlichkeitsverbrechen setzt allerdings voraus, dass die jeweilige Einzeltat im Rahmen eines ausgedehnten oder systematischen Angriffs gegen die Zivilbevölkerung und in Kenntnis des Angriffs begangen wird (sog. Gesamttaterfordernis, Art. 7 Abs. 1 IStGH-Statut), wobei die Zivilbevölkerung das primäre Angriffsziel bilden muss.[50] Auch wenn nicht auszuschließen ist, dass in besonders schwerwiegenden Fällen, in denen die Zivilbevölkerung zwangsläufig und unmittelbar in ihren grundlegenden Menschenrechten verletzt wird, dieses Erfordernis erfüllt sein wird, dürfte dies für den Großteil umweltbeeinträchtigenden Verhaltens nicht zutreffen. Zum einen entstehen Nachteile für die betroffenen Menschen oftmals erst im zeitlichen Verlauf und aufgrund von Kumulationseffekten, zum anderen sind sie nicht selten (lediglich) mittelbar betroffen.[51]

---

48 Kritisch auch *Cornelius*, Umweltschutz (Fn. 18), 21; *Gillett*, Eco-Struggles (Fn. 37), S. 226; *M. Heger*, Umweltvölkerstrafrecht, in: Jeßberger et al. (Hrsg.), FS Werle (Fn. 27), S. 131 (141); *R. Pereira*, After the ICC Office of the Prosecutor's 2016 Policy Paper on Case Selection and Prioritisation: Towards an International Crime of Ecocide?, Criminal Law Forum 31, 2020, 179 (215); *Sieders*, Battle of Realities (Fn. 44), 35. Vgl. aber IStGH, Haftbefehl v. 12. Juli 2010 (Al Bashir, PTC), S. 7, hinsichtlich der Verunreinigung von Brunnen, dazu *Gillett*, Eco-Struggles (Fn. 37), S. 225; *D. Hotz*, Ecocide as the Missing Fifth Crime under International Criminal Law?, ZStW 133, 2021, 861 (871); *A. Mistura*, Is There Space for Environmental Crimes Under International Criminal Law? The Impact of the Office of the Prosecutor Policy Paper on Case Selection and Prioritization on the Current Legal Framework, Columbia Journal of Environmental Law 43 (2018), 181 (207 f.).

49 Dazu *Gillett*, Eco-Struggles (Fn. 37), S. 226; *Mistura*, Space for Environmental Crimes (Fn. 48), 208 f.; *Hotz*, Ecocide (Fn. 48), 872.

50 IStGH, Urt. v. 7. März 2014 (Katanga, TC), para. 1105; vgl. *Werle/Jeßberger*, Völkerstrafrecht (Fn. 7), Rn. 975 m.w.N.

51 Ebenfalls zurückhaltend *Cornelius*, Umweltschutz (Fn. 18), 22; ähnlich auch *Pereira*, Towards Ecocide? (Fn. 48), 211 ff.; *Sieders*, Battle of Realities (Fn. 44), 35.

Das IStGH-Statut bildet nach alledem eine äußerst dürftige Grundlage zur Erfassung selbst schwerwiegender Umweltschäden. Ein weitergehender Schutz der Umwelt ergibt sich auch nicht aus dem Völkergewohnheitsrecht. Insbesondere ist es nicht möglich, völkergewohnheitsrechtlich begründete Verbote zu identifizieren, die auch Individuen unmittelbar Verhaltenspflichten auferlegen und deren Verletzung so schwerwiegend ist, dass sie unmittelbar nach Völkerrecht strafbar wären.[52] So finden sich im Umweltvölkerrecht – im Gegensatz zum humanitären Völkerrecht – nur wenige klare Verbotsnormen.[53] Und selbst dort, wo sich diese identifizieren lassen, richten sie sich explizit an Staaten und nicht an Individuen.[54] Sie sind daher keine taugliche Grundlage für die Begründung individueller strafrechtlicher Verantwortlichkeit. Zwar wird sich das Umweltvölkerrecht angesichts der sich verschärfenden ökologischen Krise(n) künftig womöglich stärker an individuelle Akteure richten. Gegenwärtig ist dies jedoch nicht der Fall.[55]

IV. Erwägungen de lege ferenda

Wie bereits dargelegt, lässt sich die mangelnde Erfassung umweltbeeinträchtigenden Verhaltens durch völkerstrafrechtliche Normen nicht auf Legitimationsdefizite zurückführen. Vielmehr fehlte und fehlt es am politischen Willen der insofern maßgeblichen Staaten – zu groß ist offenbar die Sorge vor wirtschaftlichen, aber auch sozio-ökonomischen Nachteilen konsequenten Umweltschutzes mithilfe völkerstrafrechtlicher Sanktionsnormen. Die folgenden Ausführungen stehen daher unter einem gewichtigen Vorbehalt: Mangels völkergewohnheitsrechtlicher Grundlage ist die Ausweitung des Umweltschutzes im Völkerstrafrecht kurz- und mittelfristig[56] nur auf Grundlage völkerrechtlicher Verträge zu erreichen.

52 Vgl. *Robinson*, Ecocide (Fn. 11), 326. Zu den Anforderungen an eine solche Norm JStGH, Urt. v. 2. Oktober 1995 (Tadić, AC), para. 94, dazu *Werle/Jeßberger*, Völkerstrafrecht (Fn. 7), Rn. 1168 ff.

53 Vgl. *Robinson*, Ecocide (Fn. 11), 326.

54 Vgl. *Lawrence/Heller*, First Ecocentric Environmental War Crime (Fn. 16), 69 f.; *Robinson*, Ecocide (Fn. 11), 326.

55 Vorsichtig optimistisch *Provost*, International Criminal Environmental Law (Fn. 18), S. 452 f.; zu den Adressaten siehe den Beitrag von *S. Hug* in diesem Band.

56 Die Entwicklung entsprechender Normen des Völkergewohnheitsrechts dürfte länger dauern, wenn auch nicht auszuschließen ist, dass sich bei fortschreitender Verschärfung der ökologischen Krise(n) ein „Nürnberg-Effekt" einstellt.

Dementsprechend stellen Vorschläge *de lege ferenda*, die von vornherein nicht anschlussfähig sind, zwar möglicherweise hilfreiche Instrumente zur Herstellung öffentlicher Aufmerksamkeit dar und sind auch geeignet, den Diskurs zugunsten eines stärkeren Umweltschutzes zu verschieben. Eine tatsächliche Veränderung der Rechtslage dürften jedoch nur solche Ansätze bewirken, die für eine hinreichend große Gruppe von Staaten vermittelbar sind.

Die folgenden Ausführungen sind daher dreistufig aufgebaut: Auf einer ersten Stufe sollen mögliche Ergänzungen der bestehenden Kernverbrechen erwogen werden. Eine zweite Stufe betrifft Fragen der Zurechnung, die losgelöst von der Ausgestaltung der Verbrechenstatbestände eine Herausforderung darstellen. Auf einer dritten Stufe sollen schließlich deutlich weitergehende Initiativen, insbesondere die Schaffung eines eigenständigen Umweltverbrechenstatbestandes, beleuchtet werden.

1. Ergänzung und Anpassung der bestehenden Kernverbrechen

Ergänzungen und Anpassungen des bestehenden Rechtsrahmens sind in erster Linie im Bereich der Kriegsverbrechen und der Verbrechen gegen die Menschlichkeit zu erwägen. Die zuvor angeführten Begrenzungen der entsprechenden Tatbestände blieben damit freilich bestehen. So wäre im Falle von Kriegsverbrechen weiterhin ein Bezug zu einem bewaffneten Konflikt und im Falle von Menschlichkeitsverbrechen der Kontext eines ausgedehnten oder systematischen Angriffs gegen eine Zivilbevölkerung und ein entsprechender Konnex zwischen Einzel- und Gesamttat nachzuweisen.

a) Kriegsverbrechen

Angesichts der fortschreitenden Anpassung des Kriegsvölkerstrafrechts in internationalen und nicht-internationalen bewaffneten Konflikten liegt es nahe, eine dem Art. 8 Abs. 2 lit. b) iv) IStGH-Statut entsprechende Vorschrift auch für nicht-internationale bewaffnete Konflikte vorzusehen. Damit würde eine wichtige Schutzlücke geschlossen. Eine Strafbarkeit nach Völkergewohnheitsrecht lässt sich derzeit jedoch noch nicht sicher begründen,[57] sodass das Statut insoweit wohl über den Stand des Völkergewohnheitsrechts hinausginge. Eine entsprechende, von einer breiten Staatenmehrheit getragene Statutsänderung könnte freilich ihrerseits ein wichtiger Impuls für das Völkergewohnheitsrecht sein. Sofern sie sich für die Strafverfolgung nicht auf das Universalitätsprinzip stützen, bliebe es einzelnen Staaten zudem unbenommen, entsprechende Strafvorschriften in ihren staatlichen Strafgesetzen vorzusehen.[58]

Neben einer Ausweitung des Anwendungsbereichs auf nicht-internationale bewaffnete Konflikte könnte eine Absenkung der tatbestandlichen Voraussetzungen erwogen werden – auch hier unter Abweichung von der Bezugsnorm des humanitären Völkerrechts und mit den zuvor skizzierten Konsequenzen. Dafür bieten sowohl die kumulative Verknüpfung der Anforderungen, die an die Schäden an der natürlichen Umwelt gestellt werden, als auch die erforderliche Abwägung mit dem erwarteten militärischen Vorteil sowie die Anforderungen an die innere Tatseite Ansatzpunkte. Denkbar wäre etwa, *schwere* Schäden bereits dann ausreichen zu lassen, wenn sie weitreichend *oder* langfristig sind.[59] Ebenso könnte erwogen werden, auch einfach unverhältnismäßige Schäden ausreichen zu lassen oder vollständig auf eine Verhältnismäßigkeitsprüfung zu verzichten.[60] Schließlich könnten bereits bedingt vorsätzliche Umweltschäden in den Tatbestand einbezogen werden.[61] Art. 55 ZP I geht insoweit bereits heute über Art. 8 Abs. 2 lit. b) iv) IStGH-Statut hinaus, da Methoden oder Mittel der Kriegführung, „die dazu bestimmt sind oder *von denen erwartet werden kann*", dass sie entsprechende Schäden an der natürlichen Umwelt verursachen, verboten sind, und zwar ohne, dass es einer Verhältnismäßigkeitsprüfung bedürfte. Entsprechende Änderungen müssten freilich im Blick auf das Zu-

---

57 Im Ergebnis auch *Gillett*, Eco-Struggles (Fn. 37), S. 248, der aber unter Bezugnahme auf eine Studie des Internationalen Komitees vom Roten Kreuz deutlich macht, dass sich ein völkergewohnheitsrechtliches Verbot entsprechender Verhaltensweisen herauskristallisiere, sodass eine Änderung des IStGH-Statuts kein allzu „radikaler" Schritt wäre.

58 Die Anwendbarkeit des Universalitätsprinzips setzte nämlich voraus, dass die Tat unmittelbar nach Völkergewohnheitsrecht strafbar ist, vgl. dazu *F. Jeßberger*, Der transnationale Geltungsbereich des deutschen Strafrechts, Tübingen 2011, 279.

59 So etwa die ENMOD-Konvention. Noch weitergehend *Lawrence/Heller*, First Ecocentric Environmental War Crime (Fn. 16), 89, die eine insgesamt alternative Verknüpfung vorschlagen. Kritisch zu einer Ausweitung *Robinson*, Ecocide (Fn. 11), 328.

60 So auch *Lawrence/Heller*, First Ecocentric Environmental War Crime (Fn. 16), 89 f.

61 Für einen Fahrlässigkeitsstandard plädieren *Lawrence/Heller*, First Ecocentric Environmental War Crime (Fn. 16), 90 f.

sammenspiel der Tatbestandsmerkmale miteinander in Ausgleich gebracht werden.

b) Verbrechen gegen die Menschlichkeit

Im Bereich der Menschlichkeitsverbrechen fehlt es bislang - wie gezeigt - an einer ausdrücklichen Erfassung von Umweltbeeinträchtigungen. Der in Art. 7 Abs. 1 IStGH-Statut enthaltene Verbrechenskatalog könnte, sofern sich eine entsprechende Mehrheit findet, durch ein entsprechendes Einzelverbrechen ergänzt werden. Damit würden die Vertragsstaaten des IStGH jedoch gleichfalls neues Recht schaffen. Eine Orientierung könnte Art. 26 *Draft Code* 1991 bieten, allerdings unter Auflösung der kumulativen Verknüpfung der Anforderungen an die Schäden an der natürlichen Umwelt. Durch das nach wie vor notwendige Gesamttaterfordernis wäre der Anwendungsbereich eines entsprechenden Verbrechenstatbestandes allerdings begrenzt.

2. Fragen der Zurechnung

Eine wesentliche Herausforderung besteht in der Praxis darin, Umweltbeeinträchtigungen dem Handeln einzelner Personen zuzurechnen. Dies gilt insbesondere für Täter der oberen Hierarchieebenen. So wird beispielsweise Mitgliedern der Führungsebene eines transnationalen Konzerns selten nachzuweisen sein, dass sie ein entsprechendes Vorgehen angeordnet haben.[62] Hinzu kommt, dass in die Produktionsprozesse oftmals verschiedene Subunternehmen und Zulieferer eingebunden sind, die rechtlich selbstständig, aber wirtschaftlich abhängig sind. Kennzeichnend ist mithin eine „nur" mittelbare Beteiligung mächtiger Akteure an entsprechenden Taten, selten sind sie direkt involviert.[63] Regelmäßig wird daher das Mutterunternehmen auf seine Corporate Sustainability Standards verweisen und

62 Vgl. *S. Manacorda*, ‚Fragments' of International Economic Criminal Law: Short Notes on Corporate and Individual Liability for Business Involvement in International Crimes, in: Jeßberger et al. (Hrsg.), FS Werle (Fn. 27), S. 193 (199); für den Bereich des Menschenrechtsschutzes *W. Kaleck/M. Saage-Maaß*, Transnationale Unternehmen vor Gericht, in: Heinrich-Böll-Stiftung (Hrsg.), Demokratie - Band 4, Berlin 2008, S. 19.

63 Vgl. *Kaleck/Saage-Maaß*, Transnationale Unternehmen (Fn. 62), S. 15 f.

einzelne, formal vertragswidrig agierende Zulieferer als Verantwortliche identifizieren, mit denen dann die Zusammenarbeit beendet wird.

Wie sich dieses Zurechnungsproblem lösen lässt, ist bereits seit geraumer Zeit Gegenstand (völker-)strafrechtlicher Überlegungen. Erwogen wird etwa die Schaffung eines Unternehmens- oder Verbandsstrafrechts auch im Völkerstrafrecht.[64] Diese Diskussion wirft grundsätzliche Fragen auf und kann hier daher nicht vertieft werden. Zudem sollte die dadurch zu erreichende Vereinfachung der Zurechnung nicht überbewertet werden.[65] Insbesondere bleiben die Probleme, die aus der Beteiligung verschiedener Unternehmen in einer Lieferkette resultieren, grundsätzlich bestehen.

Ein möglicher Ansatz könnte darin bestehen, ein spezifisch völkerstrafrechtliches Beteiligungsmodell in den Fokus zu rücken: die Vorgesetztenverantwortlichkeit (vgl. Art. 28 IStGH-Statut). Als Beteiligungsform *sui generis*[66] weist sie strafrechtliche Verantwortlichkeit unter bestimmten Voraussetzungen neben militärischen Befehlshabern insbesondere auch zivilen Vorgesetzten zu, die es unterlassen, alle in ihrer Macht stehenden erforderlichen und angemessenen Maßnahmen zu ergreifen, um die Begehung von Völkerrechtsverbrechen durch ihre Untergebenen zu verhindern bzw. zu unterbinden oder die Angelegenheit den zuständigen Behörden zur Untersuchung und Strafverfolgung vorzulegen.[67] Voraussetzung ist nach der gegenwärtigen Fassung des Statuts jedoch, dass ein Vorgesetzten-Untergebenen-Verhältnis dergestalt existiert, (1) dass der Untergebene unter der tatsächlichen – *de facto* – Führungsgewalt und Kontrolle des Vorgesetzten steht, (2) dass der Vorgesetzte wusste oder eindeutige Informationen außer Acht ließ, die darauf hingewiesen haben, dass seine Untergebenen entsprechende Verbrechen begingen oder zu begehen im Begriff waren, (3)

---

64 Die Schaffung einer „corporate liability" im Kontext der Schaffung eines Ökozid-Tatbestandes für unverzichtbar erachtend *Fronza*, Towards a New Crime of Ecocide: The Moving Frontiers of International Criminal Law, in: Jeßberger et al. (Hrsg.), FS Werle (Fn. 27), S. 93 (101); zur Diskussion allgemein u.a. *M. Kuntz*, Conceptualising Transnational Corporate Groups for International Criminal Law, Baden-Baden 2017, S. 21 ff.; *J. Kyriakakis*, Corporations before International Criminal Courts: Implications for the International Criminal Justice Project, Leiden Journal of International Law 30, 2017, 221 ff.; *Werle/Jeßberger*, Völkerstrafrecht (Fn. 7), Rn. 145 ff. m.w.N. Das Malabo-Protokoll (oben Fn. 3) sieht in seinem Art. 46C eine Strafbarkeit juristischer Personen vor.

65 In diesem Sinne auch *Werle/Jeßberger*, Völkerstrafrecht (Fn. 7), Rn. 148.

66 IStGH, Urt. v. 21. März 2016 (Bemba, TC), paras 171 ff.; vgl. *K. Ambos*, Internationales Strafrecht, 5. Aufl., München 2018, § 7 Rn. 55.

67 Art. 28 Abs. 2 IStGH-Statut.

dass die Verbrechen Tätigkeiten betrafen, die unter die tatsächliche Verantwortung und Kontrolle des Vorgesetzten fielen und (4) dass sie als Folge seines Versäumnisses begangen wurden, eine ordnungsgemäße Kontrolle über seine Untergebenen auszuüben.[68]

Die dadurch mögliche Zurechnung geht zwar recht weit und mitunter auch über staatliche Strafrechtsordnungen hinaus. Gleichwohl gestaltet sich eine Erfassung von Umweltbeeinträchtigungen schwierig, die weit entfernt von Unternehmenszentralen begangen werden und deren unmittelbare Ausführung durch Individuen erfolgt, die nicht in einer unmittelbaren rechtlichen Beziehung zu den Führungspersonen des entsprechenden Unternehmens stehen.[69] So wird gegenwärtig davon ausgegangen, dass eine faktische Kontrollmöglichkeit des Vorgesetzten nur dann die Annahme eines Vorgesetzten-Untergebenen-Verhältnisses begründen kann, wenn diese Kontrollmöglichkeit in eine hierarchische Struktur eingebunden ist, die ein gewisses Maß an organisatorischer Festigung aufweist. Erforderlich ist daher stets, dass der Vorgesetzte tatsächlich in der Lage ist, die Taten zu verhindern, zu unterdrücken oder der Strafverfolgung zuzuführen.[70] Diesen Anforderungen dürften die hier in Rede stehenden Konstellationen regelmäßig nicht gerecht werden.[71]

Eine effektive Verfolgung derartiger Taten setzte daher voraus, dass ein Vorgesetzten-Untergebenen-Verhältnis bereits angenommen werden kann, wenn ein Unternehmen über mehrere Stufen hinweg Zulieferer einsetzt, die eine eigene Organisationsstruktur aufweisen und juristisch nicht in das beauftragende Unternehmen eingegliedert sind, jedoch aufgrund der wirtschaftlichen Abhängigkeit zu diesem faktisch von dessen Vorgaben abhängig sind, sodass das beauftragende Unternehmen Einfluss auf die Praktiken des zuliefernden Unternehmens nehmen kann. Erwogen werden könnte zudem eine Absenkung der subjektiven Voraussetzungen an die

---

68 Zum Ganzen *Ambos*, Internationales Strafrecht (Fn. 66), § 7 Rn. 56; *Werle/Jeßberger*, Völkerstrafrecht (Fn. 7), Rn. 660 ff.

69 Zwar ist nicht erforderlich, dass der *unmittelbare* Täter ein Untergebener des entsprechenden Vorgesetzten ist (vgl. zur JStGH-Rechtsprechung *E. van Sliedregt*, Individual Criminal Responsibility in International Law, Oxford 2012, S. 191 f.), jedoch muss mindestens ein Untergebener des Vorgesetzten an der Begehung eines Völkerrechtsverbrechens beteiligt sein, sodass eine ununterbrochene Verantwortungskette gegeben ist.

70 Vgl. *Ambos*, Internationales Strafrecht (Fn. 66), § 7 Rn. 57; *Werle/Jeßberger*, Völkerstrafrecht (Fn. 7), Rn. 663 f., 667.

71 Ebenfalls skeptisch *Manacorda*, ‚Fragments' of International Economic Criminal Law, in: Jeßberger et al. (Hrsg.), FS Werle (Fn. 27), S. 193 (199, 203 f.).

Vorgesetztenverantwortlichkeit, nämlich durch Einbeziehung des Kennenmüssens der (drohenden) Tatbegehung, wobei das Unterlassen der Implementierung wirksamer Kontrollmechanismen, etwa Reporting- und Dokumentationspflichten, wichtige Indizien sein können.[72] Schließlich müsste die Gewährleistung menschen- und umweltrechtlicher Mindeststandards als Grundpflicht verantwortlicher Personen in Unternehmen definiert werden.

Während insbesondere die Absenkung der Anforderungen an die innere Tatseite einer Statutsänderung bedürfte, wären – bei einer weiten Auslegung, deren Grenzen freilich noch zu erörtern wären – bereits nach der geltenden Rechtslage besonders ausgeprägte Fälle ökonomisch bedingter Kontrolle über Art. 28 lit. b) IStGH-Statut erfassbar. So wird vereinzelt schon heute erwogen, ob nicht in Fällen „faktischer Beherrschung" aufgrund einer exklusiven Geschäftsbeziehung zwischen Zulieferer und Abnehmer von einem entsprechenden Vorgesetzten-Untergebenen-Verhältnis auszugehen ist.[73] Dass eine solche Auslegung mit der erheblichen Ausweitung des Konzepts der Vorgesetztenverantwortlichkeit einhergeht, liegt auf der Hand. Die Grenzen eben dieser dürfen – nicht zuletzt mit Blick auf das Schuldprinzip – nicht überdehnt werden. Das Potenzial der Vorgesetztenverantwortlichkeit zur Schließung gewisser Zurechnungslücken liegt jedoch offen zu Tage.[74]

3. Schaffung eines eigenständigen Umweltverbrechenstatbestandes

Denkbar erscheint schließlich – als progressivste und weitgehendste Lösung – die Schaffung eines eigenständigen Umweltverbrechenstatbestandes durch Ergänzung des IStGH-Statuts oder durch eine eigenständige Konvention.[75] Mit Blick auf die expressive Funktion des Völkerstrafrechts, aber

---

72 Kritisch zu den derzeit engeren Voraussetzungen *P. Kotzamani*, Towards a Unified Approach to Superior Responsibility in International Criminal Law: Establishing the Links Between Participation to the Crime and the Superior Responsibility Doctrine, Leiden Journal of International Law 35, 2022, 679 (693).

73 Vgl. im Ansatz *F. Torres Mendoza*, Die strafrechtliche Verantwortung von Geschäftsführern für Menschenrechtsverletzungen nach dem Römischen Statut, Baden-Baden 2021, S. 380.

74 Ähnlich *Manacorda*, ‚Fragments' of International Economic Criminal Law, in: Jeßberger et al. (Hrsg.), FS Werle (Fn. 27), S. 193 (204).

75 Zur Frage, ob eine Ergänzung des IStGH-Statuts oder ein eigenständiger völkerrechtlicher Vertrag zu präferieren ist, vgl. *Robinson*, Ecocide (Fn. 11), 320 f.

auch unter positiv-generalpräventiven Gesichtspunkten, könnte ein solcher Schritt einen Bewusstseinswandel initiieren.[76] Tatsächlich werden entsprechende Überlegungen seit langem angestellt.[77] Wie erwähnt, enthielt bereits der *Draft Code* 1991 mit Art. 26 den Vorschlag für ein eigenständiges Umweltverbrechen in Friedenszeiten – und zwar ohne das Erfordernis einer Gesamttat im Sinne der Verbrechen gegen die Menschlichkeit. Insbesondere nach der Verabschiedung des Römischen Statuts war es freilich ruhig um entsprechende Überlegungen geworden.[78]

Neuerliche Bewegung kam in die Debatte im Sommer 2021, als eine von der *Stop Ecocide*-Initiative beauftragte internationale Expertenkommission ihren Definitionsvorschlag für ein eigenständiges Völkerrechtsverbrechens des „Ökozids" ("ecocide") präsentierte, das als Art. 8*ter* in das IStGH-Statut eingefügt werden soll.[79] Diese lautet im englischen Original: „For the purpose of this Statute, ‚ecocide' means unlawful or wanton acts committed with knowledge that there is a substantial likelihood of severe and either widespread or long-term damage to the environment being caused by those acts."[80] Ergänzt wird diese Definition durch Begriffserklärungen zu den Begriffen „wanton", „severe", „widespread", „long-term" und „environment".

Der Vorschlag der Kommission ist – nicht zuletzt mit Blick auf die nicht unproblematische Terminologie[81] – auf ein recht kritisches Echo gestoßen. In der Tat stellt sich eine ganze Reihe von Fragen: So etwa, ob eine Generalklausel einer Tatbestandsfassung mit klar definierten Tathandlungen vorzuziehen ist; ob die teils kumulative, teils alternative Verknüpfung der Anforderungen an den Umweltschaden tragfähig ist; welche Anforderungen an die innere Tatseite zu stellen sind; und ob die Ausgestaltung als (konkre-

---

76 Vgl. dazu *Cornelius*, Umweltschutz (Fn. 18), 25 f.; *Robinson*, Ecocide (Fn. 11), 317 f.; kritisch dagegen *K. Ambos*, Protecting the Environment through International Criminal Law?, EJIL Talk! v. 29. Juni 2021, abrufbar unter <https://www.ejiltalk.org/protecting-the-environment-through-international-criminal-law/>.

77 Vgl. *Robinson*, Ecocide (Fn. 11), 318 f. m.w.N.; *R. White*, Climate Change, Ecocide and the Crimes of the Powerful, in: G. Barak (Hrsg.), The Routledge International Handbook of the Crimes of the Powerful, London/New York 2015, S. 211 (212).

78 Oben Fn. 34.

79 Vgl. Independent Expert Panel for the Legal Definition of Ecocide, Commentary and Core Text, June 2021, abrufbar unter: <https://static1.squarespace.com/static/5ca2608ab914493c64ef1f6d/t/60d1e6e604fae2201d03407f/1624368879048/SE+Foundation+Commentary+and+core+text+rev+6.pdf>.

80 Vgl. Independent Expert Panel for the Legal Definition of Ecocide (Fn. 80).

81 Vgl. *Ambos* (Fn. 76); *S. Bock*, Ökozid: Umweltschutz durch Völkerstrafrecht, Bonner Rechtsjournal 2022, 32 (33).

tes) Gefährdungsdelikt überzeugt.[82] Der äußerst spärliche Kommentar, den die Kommission ihrem Entwurf beigegeben hat, bietet dabei nur wenig Orientierung.[83]

Wir wollen uns hier nur auf einen Aspekt fokussieren, der unserer Ansicht nach ein *grundsätzliches* Problem der Schaffung eines eigenständigen Umweltvölkerrechtsverbrechens betrifft: So qualifiziert die Kommission die Tathandlung („acts"), indem sie verlangt, dass diese entweder „unlawful or wanton" sein müssten. Dem Kommentar lässt sich entnehmen, dass das Merkmal „unlawful" unter Rückgriff auf internationales wie nationales Recht zu bestimmen sein soll. Rechtswidrig sind danach solche Handlungen, die entweder nach dem Umweltvölkerrecht oder aber nach nationalem Recht verboten sind. Daraus folgt, dass – angesichts nur weniger expliziter Verbote im Umweltvölkerrecht[84] – die Anwendbarkeit des Ökozid-Tatbestandes in weiten Teilen von der Ausgestaltung nationalen Rechts abhinge.[85] Da aber die oftmals unzureichende Ausgestaltung des Umweltrechts auf nationaler Ebene gerade ein wesentliches Argument für eine völkerstrafrechtliche Erfassung entsprechenden Verhaltens darstellt, ist mit einem derart gefassten Tatbestand wenig gewonnen. Die alternative Verknüpfung („unlawful *or* wanton acts") schließt die dadurch entstehende Strafbarkeitslücke nur bedingt, da das Merkmal „wanton" definiert wird als „with reckless disregard for damage which would be clearly excessive in relation to the social and economic benefits anticipated" und damit eine Abwägung voraussetzt, die angesichts der oftmals anzunehmenden sozialen oder jedenfalls wirtschaftlichen Nützlichkeit umweltbeeinträchtigenden Verhaltens schon aufgrund der restriktiven Formulierung („clearly excessive") in vielen Fällen einer Strafbarkeit entgegenstehen wird.

Diese Schwierigkeiten vermeidet auch die ursprünglich in Vorbereitung des *Stop Ecocide*-Entwurfs erstellte Definition des *UCLA Promise Institute* nur bedingt.[86] In deren Absatz 1 findet sich eine – dem Tatbestand der Menschlichkeitsverbrechen nachgebildete – Liste von Tathandlungen, die dann als Ökozid zu qualifizieren sind, wenn sie mit dem Wissen begangen werden, dass sie wahrscheinlich weitreichende, langanhaltende und schwe-

82 Zur Kritik am Entwurf vgl. *Ambos* (Fn. 76); *Bock*, Ökozid (Fn. 81), 34 ff. Zu den sich stellenden Fragen eingehend *Robinson*, Ecocide (Fn. 11), 325 ff.

83 Kritisch auch *Ambos* (Fn. 76); *Robinson*, Ecocide (Fn. 11), 314.

84 Dies erkennt auch die Expertenkommission als Problem, vgl. Independent Expert Panel for the Legal Definition of Ecocide (Fn. 79).

85 Dazu auch *Bock*, Ökozid (Fn. 81), 34.

86 Abgedruckt bei *Robinson*, Ecocide (Fn. 11), 346.

re Schäden an der natürlichen Umwelt verursachen werden. Das strafbewehrte umweltbeeinträchtigende Verhalten wird also abschließend durch den Ökozid-Tatbestand selbst definiert, ohne dass auf nationales Recht zurückgegriffen werden muss. Allerdings enthält Absatz 2 Ausnahmetatbestände, die zum Tatbestandsausschluss führen sollen. Danach stellt ein Verhalten keinen Ökozid dar, „if it is [...] a. lawful under national law; lawful under international law; and employs appropriate available measures to prevent, mitigate and abate harms."[87] Damit können insbesondere verwaltungsrechtliche Genehmigungen auf Grundlage nationalen Rechts, deren Voraussetzungen die Nationalstaaten selbst festlegen, zu einem Tatbestandausschluss führen. Auch wenn kumulativ erforderlich ist, dass das Verhalten zugleich nach internationalem Recht rechtmäßig sein muss, besteht selbst bei dieser Konstruktion – angesichts der bereits erwähnten Besonderheiten des Umweltvölkerrechts – ein Missbrauchspotenzial.

In dieser weitgehenden Abhängigkeit vom nationalen Recht liegt das Schlüsselproblem der Tatbestandsdefinition eines Umweltvölkerrechtsverbrechens. Es handelt sich dennoch nicht um einen gordischen Knoten. Auf Grundlage der *UCLA Promise Institute* Definition ließe sich das Problem nämlich weitgehend auflösen: So könnten als Annex zum entsprechenden Tatbestand Kriterien definiert werden, denen entsprechende nationale Genehmigungen *mindestens* entsprechen müssen. Die dem Umwelt(völker)recht eigene Abwägung verschiedener Interessen erfolgte dann – für die Zwecke des Umweltvölker*straf*rechts – bereits auf internationaler Ebene. Ob eine erteilte nationale Genehmigung im Einzelfall tatbestandsausschließende Wirkung hat, müsste dann das zuständige Gericht – also der Internationale Strafgerichtshof – unter Anwendung eben dieses Mindestkriterienkatalogs prüfen.[88] Dies hätte den erheblichen Vorteil, dass die Interessen von Industriestaaten und Staaten des Globalen Südens schon bei der Festlegung der entsprechenden Kriterien gleichberechtigt zu berücksichtigen wären. Dies gilt insbesondere, wenn man die Definitionsaufgabe der Vertragsstaatenversammlung des Internationalen Strafgerichtshofs überlässt, in der ein dem UN-Sicherheitsrat vergleichbares Veto-Recht mächtiger Staaten nicht existiert. Durch einen verbindlichen Katalog an Mindestkriterien ließe sich auch dem Einwand begegnen, es dürfe für die Strafbegründung nicht auf nationales Recht abgestellt werden, weil es an-

87 Vgl. *Robinson*, Ecocide (Fn. 11), 346.
88 Im Ansatz übereinstimmend *Robinson*, Ecocide (Fn. 11), 342.

dernfalls zu einer unterschiedlichen Beurteilung umweltbeeinträchtigenden Verhaltens abhängig von der nationalen Rechtsordnung kommen könnte.[89] Da die Genehmigung im UCLA-Entwurf nur als Tatbestandsausschluss wirkt, kommt dem Fehlen der Genehmigung keine strafbegründende Wirkung zu; vielmehr ist das Unrecht der Tat bereits durch die Verwirklichung des Tatbestandes erfüllt. Die Genehmigung hat demgegenüber straffreistellende Wirkung. Durch die Schaffung internationaler Standards für Genehmigungen wäre sichergestellt, dass eine solche Straffreistellung einheitlich geltenden Mindestkriterien gerecht wird. Ergänzend sollte gleichwohl vorgesehen werden, dass das Fehlen einer Genehmigung dem Tatbestandsausschluss nicht entgegensteht, wenn eine hypothetische Prüfung der materiellen Genehmigungsvoraussetzungen ergibt, dass eine Genehmigungsfähigkeit unter Berücksichtigung der Mindestkriterien gegeben war. So wäre sichergestellt, dass die Straffreistellung nicht allein aufgrund des Fehlens einer formellen Genehmigung versagt wird, obschon die materiellen Voraussetzungen vorgelegen hätten. Die Sanktionierung eines Verstoßes gegen die Pflicht, eine Genehmigung nach nationalem Recht einzuholen, sollte dem nationalen Strafrecht vorbehalten bleiben.

Dieser Vorschlag wirft freilich zwei Probleme auf: Zum einen dürfte ein solch weitgehender Eingriff in die staatlichen Souveränitätsrechte auf erhebliche Bedenken bei den Staatenvertretern stoßen und daher in noch geringerem Maße anschlussfähig sein als die „Ökozid“-Vorschläge es ohnehin schon sind. Zum anderen ergibt sich für die betroffenen Akteure die schwierige Situation, dass sie sich auf nationale Genehmigungen hinsichtlich ihrer Legalisierungswirkung nicht uneingeschränkt verlassen könnten, da die Letztentscheidungskompetenz über diese beim Internationalen Strafgerichtshof läge. Derartigen Bedenken lässt sich wiederum entgegenhalten, dass die Kriterien auch für die betreffenden Akteure transparent sind und dementsprechend im Rahmen der üblichen unternehmerischen Compliance von vornherein zu berücksichtigen wären. Grenzfälle könnten zudem über Rückgriff auf die – gegebenenfalls entsprechend anzupassenden – Irrtumsvorschriften des IStGH-Statuts angemessen gelöst werden.[90]

---

89 Vgl. dazu u.a. *M. Wagner*, Ökozid vor dem Internationalen Strafgerichtshof? Eine kritische Würdigung des Vorschlags der „Stop Ecocide“-Initiative zur Ergänzung des Römischen Statuts, Zeitschrift für Internationale Strafrechtswissenschaft 2022, 477 (482 f.); zur begrenzten Schlagkraft eines solchen Einwandes siehe *Robinson*, Ecocide (Fn. 11), 339.

90 Vgl. Art. 32 IStGH-Statut. Ähnlich *Robinson*, Ecocide (Fn. 11), 342 Fn. 137, 343.

Ein Weg, der einen übermäßigen Rückgriff auf nationales Recht und die damit verbundenen Schwierigkeiten vermeidet, lässt sich damit auf dem Reißbrett des Völkerstrafrechts *de lege ferenda* durchaus entwickeln. Gleichwohl werden noch eine ganze Weile mehr Fragen aufgeworfen als abschließend geklärt werden. Das kritische Interesse, auf das die Überlegungen der Expertenkommission gestoßen sind, verdeutlicht jedoch, dass die Völkerstrafrechtswissenschaft einen relevanten Beitrag zur Diskussion leisten kann.

V. Schluss

Die vorangegangenen Ausführungen haben gezeigt, dass sich der Einsatz des Völkerstrafrechts zum Schutz der Umwelt grundsätzlich legitimieren lässt. Zugleich ist festzustellen, dass die Umwelt *de lege lata* nur im Bereich der Kriegsverbrechen im internationalen bewaffneten Konflikt als solche geschützt ist und im übrigen einen lediglich mittelbaren und noch dazu lückenhaften Schutz genießt. *De lege ferenda* bestehen verschiedene Optionen, deren Anschlussfähigkeit je nach Innovationsgrad und Eingriff in staatliche Souveränitätsrechte divergieren dürfte. Die Diskussion hierzu steht noch am Anfang. Dass sie inzwischen wieder geführt wird, ist aber schon für sich genommen ein ermutigendes Signal.

E. Staatenverantwortlichkeit im Klimarecht

*Stefanie Hug**

I. Einleitung

Um Klimaschäden zu begrenzen, ist es nötig, die Treibhausgasemissionen weltweit drastisch zu senken.[1] Zwar hat im letzten Jahrzehnt die Problematik an Bedeutung gewonnen und die Zahl der Regulierungen, die sich mit den Folgen des Klimawandels beschäftigen, zugenommen; allerdings stellt sich trotz der fortschreitenden Kodifizierung im Bereich des Klimarechts die Frage nach einer allfälligen Verantwortlichkeit für klimabedingte (Folge-)Schäden.[2] Hierbei ist insbesondere zu beachten, dass häufig diejenigen Staaten und Individuen, die am meisten von den Folgen des Klimawandels betroffen sind, hierzu am wenigsten beigetragen haben und kaum in der Lage sind, diese zu bewältigen. Zudem kann die Klimaerwärmung kaum einem einzelnen Akteur zugerechnet werden. So sind oft Private für den Ausstoß von Treibhausgasen verantwortlich und nicht der Staat.[3] Ob eine

---

* Die Autorin ist wissenschaftliche Assistentin am Lehrstuhl für Öffentliches Recht und Recht des ländlichen Raums an der Universität Luzern.

1 *W. Frank*, Staatliche Klimaschutzpflichten: „Soft Law", „Due Diligence" und „Untermassverbot", in: Neue Zeitschrift für Verwaltungsrecht – Extra, 22 (2016), S. 1 (1); Bericht des OcCC, Das Klima ändert – auch in der Schweiz: Die wichtigsten Ergebnisse des dritten Wissensstandsberichts des IPCC aus Sicht der Schweiz, Bern 2002, S. 19; IPCC Report AR 5, Climate Change 2014: Synthesis Report, abrufbar unter: https://archive.ipcc.ch/report/ar5/syr/, zuletzt besucht am 4. August 2022, S. 102.

2 *C. P. Carlarne/K. R. Gray/R. G. Tarasofsky*, International Climate Change Law: Mapping the Field, in: C. P. Carlarne/K. R. Gray/R. G. Tarasofksy (Hrsg.), The Oxford Handbook of International Climate Change Law, Oxford 2016, S. 3 (4); UNEP Report on the Status of Climate Change Litigation – A Global Review, Mai 2007, abrufbar unter: http://wedocs.unep.org/handle/20.500.11822/20767, zuletzt besucht am 4. August 2022, S. 4; *C. Voigt*, State Responsibility for Climate Change Damages, in: Nordic Journal of International Law, 77 (2008), S. 1 (2).

3 *A. Boyle/N. Singh Ghaleigh*, Climate Change and International Law beyond the UNFCCC, in: C. P. Carlarne/K. R. Gray/R. G. Tarasofksy (Hrsg.), The Oxford Handbook of International Climate Change Law, Oxford 2016, S. 26 (28); *N. Stern*, The Economics of Climate Change, The Stern Review, Cambridge 2008, S. 104 ff.; Pressebericht der Europäischen Kommission vom 27. November 2007, Klimawandel: Konferenz in Bali soll Ausgangspunkt für Verhandlungen bilden und Fahrplan für ein

Staatenverantwortlichkeit für durch den Klimawandel entstandene Schäden möglich, wie diese juristisch allenfalls zu konstruieren ist und welche Voraussetzungen dafür benötigt werden, ist deshalb Gegenstand der nachfolgenden Ausführungen.

II. Staatenverantwortlichkeit

1. Konzeptübersicht

Der Begriff der Staatenverantwortlichkeit umschreibt die völkerrechtliche Verantwortlichkeit eines Staates für dessen völkerrechtswidriges Handeln.[4] Verschiedene Rechtsquellen des Völkerrechts enthalten Regelungen zur Staatenverantwortlichkeit.[5] Die wichtigste Erkenntnisquelle für die allg. Regeln der Staatenverantwortlichkeit stellen heute die *Draft Articles on Responsibility of States for internationally wrongful acts* (ASR) der International Law Commission (ILC) dar.[6] Diese sind jedoch nur subsidiär anwendbar, sofern die Primärnormen keine eigenen Bestimmungen über die Staatenverantwortlichkeit enthalten.[7]

---

neues UN-Übereinkommen festlegen, IP/07/1773, abrufbar unter: http://europa.eu/rapid/press-release_IP-07-1773_de.htm?locale=en, zuletzt besucht am 4. August 2022, S. 3; Pressebericht der Europäischen Kommission vom 18. September 2007, Kommission schlägt globale Allianz zur Unterstützung der vom Klimawandel am stärksten betroffenen Entwicklungsländer vor, IP/07/1352, abrufbar unter: http://europa.eu/rapid/press-release_IP-07-1352_de.htm, zuletzt besucht am 4. August 2022, S. 1.

4 Art. 1 ASR; Art. 57 und 58 ASR; *J. Crawford/S. Olleson*, The Character and Forms of International Responsibility, in: Evans Malcom D. (Hrsg.), International Law, 4. Auflage, Oxford 2014, S. 447; *S. Hobe*, Einführung in das Völkerrecht, 10. Auflage, Tübingen 2014, S. 312; *M. Krajewski*, Völkerrecht, Baden-Baden 2017, § 6 Rn. 3, 7; *A. Peters*, Völkerrecht, Allgemeiner Teil, 4. Auflage, Zürich/Basel/Genf 2016, Kap. 13 Rn. 1.

5 Vgl. statt vieler: Art. 33 EMRK; Corfu Channel Case (*Grossbritannien gegen Albanien*), Judgment, ICJ Reports 1949, S. 4 ff.; Factory at Chorzów (*Deutschland gegen Polen*), Merits, Judgment No. 13, P.C.I.J. 1928, Series A, S. 27; *A. Geslin*, Droit international, in: Balzacq Thierry/Ramel Frédériq (Hrsg.), Traité de relations internationals, Paris 2013, S. 11; *F. Kehrer*, Staatenverantwortlichkeit und Meeresspiegelanstieg, Diss. Freie Universität Berlin 2009, Frankfurt am Main 2009, S. 26 f.; *Peters*, Völkerrecht (Fn. 4), Kap. 13 Rn. 6.

6 *Kehrer*, Staatenverantwortlichkeit (Fn. 7), S. 27; *Peters*, Völkerrecht (Fn. 4), Kap. 13 Rn. 3.

7 International Law Commission, Draft Articles on Responsibility of States for Internationally Wrongful Acts, with Commentaries, Report of the International Law Commission on the work of its fifty-third session, 2001, YILC 2001 II, Art. 55 Rn. 2; *A. Aust*,

2. Anwendbarkeit ASR im Klimarecht

Es stellt sich nun die Frage, ob im Klimarecht Primärnormen zu finden sind, welche die Staatenverantwortlichkeit regeln, oder ob auf die allgemeinen Vorschriften zur Staatenverantwortlichkeit zurückgegriffen werden kann.

Das vertragliche Klimarecht basiert auf einem grundlegenden Rahmenabkommen, dem United Nation Framework Convention on Climate Change (UNFCCC), und dazugehörigen Protokollen.[8] Das derzeit gültige Protokoll ist das Pariser Übereinkommen.[9] Weder das UNFCCC noch das PA enthalten spezialgesetzliche Regelungen zur Staatenverantwortlichkeit. Somit sind die ASR anwendbar.

III. Konzeption für das Klimarecht

1. Staatenverantwortlichkeit im Klimarecht

a) Aufbau

Die Prüfung der völkerrechtlichen Verantwortung eines Völkerrechtssubjekts erfolgt in zwei Etappen. Als erstes ist der Tatbestand und als zwei-

---

Handbook of international law, 2. Aufl., Cambridge 2010, S. 378; *Crawford/Olleson*, Character (Fn. 4), S. 447; *Krajewski,* Völkerrecht (Fn. 4), § 6 Rn. 10; *A. Pronto/ M. Wood*, The International Law Comission 1999–2009, Volume IV: Treaties, Final Draft Articles, and other Materials, New York 2010, S. 128; *K. Schmalenbach,* Verantwortlichkeit und Haftung, in: Alexander Proelß (Hrsg.), Internationales Umweltrecht, Berlin/Boston 2017, S. 214, Rn. 3; Yearbook of the International Law Commission 1970, Documents of the twenty-second session including the report of the Commission to the General Assembly, Vol. II, New York 1972, abrufbar unter: http://legal.un.org/ilc/publications/yearbooks/english/ilc_1970_v2.pdf, zuletzt besucht am 4. August 2022, S. 179; *C. Thiele*, Das Verhältnis zwischen Staatenverantwortlichkeit und Menschenrechten, in: Archiv des Völkerrechts, Bd. 49 (2011), S. 343 (345 f.).

8 *Boyle/Singh Ghaleigh*, Climate Change (Fn. 3), S. 29; *Carlarne/Gray/Tarasofsky*, International Climate Change Law (Fn. 2), S. 4; *J. Hoffmann*, Herausforderung Klimaschutz: Entwicklung und rechtliche Behandlung unter besonderer Berücksichtigung des Emissionsrechtehandels, Diss. Universität Frankfurt a.d. Oder 2006/2007, Baden-Baden 2007, S. 51 f.; *S. Stutz*, Klimaschutz und internationaler Emissionshandel, Diss. Universität Mainz 2007/2008, Berlin 2008, S. 45.

9 BAFU, Das Übereinkommen von Paris, https://www.bafu.admin.ch/bafu/de/home/themen/klima/fachinformationen/klima--internationales/das-uebereinkommen-von-paris.html, zuletzt besucht am 4. August 2022.

tes eine mögliche Rechtfertigung zu prüfen. Als tatbestandsmäßig ist das tatsächliche, völkerrechtswidrige Verhalten eines Völkerrechtssubjekts zu werten.[10]

b) Tatbestand

(aa) Verletzung einer völkerrechtlichen Norm

Die Verletzung einer völkerrechtlichen Norm stellt den Ausgangspunkt der Staatenverantwortlichkeit dar.[11] Als völkerrechtliche Rechtsquellen kommen zunächst vertragliche Verpflichtungen in Frage, aber auch Gewohnheitsrecht oder allgemeine Rechtsgrundsätze können eine genügende Grundlage darstellen.[12] Es ist zunächst zu prüfen, welche völkerrechtlichen Normen für eine Pflichtverletzung im Bereich des Klimarechts in Frage kommen.

(bb) Vertragliches Klimarecht

(1) Klimarahmenkonvention

Es ist fraglich, ob die in der Rahmenkonvention enthaltenen Ziele, Prinzipien und Verpflichtungen eine genügende rechtliche Grundlage darstellen. Die Konvention stellt zwar die Grundlage für internationale Klimaschutzmaßnahmen bereit[13], enthält selbst aber keine konkreten Pflichten der

---

10 Art. 2 ASR; *Aust*, Handbook (Fn. 7), S. 378; *Peters*, Völkerrecht (Fn. 4), Kap. 13 Rn. 6.

11 Art. 1 ASR; *Crawford/Olleson*, Character (Fn. 4), S. 448; *Hobe*, Völkerrecht (Fn. 4), S. 317; *T. Scovazzi*, State Responsibility for Environmental Harm, in: Yearbook of International Environmental Harm, 1 (2001), S. 43 (46); *T. Stein/C. von Buttlar/M. Kotzur*, Völkerrecht, 14. Auflage, München 2017, Rn. 1101; *Thiele*, Verhältnis (Fn. 7), S. 344; *Voigt*, Responsibility (Fn. 2), S. 4.

12 Vgl. Art. 12 ASR; ILC Kommentar ASR (Fn. 7), Art. 12 Rn. 3; *Hobe*, Völkerrecht (Fn. 4), S. 180; *Krajewski*, Völkerrecht (Fn. 4), § 15 Rn. 5; *Stein/von Buttlar/Kotzur*, Völkerrecht (Fn. 11), Rn. 1131; *Thiele*, Verhältnis (Fn. 7), S. 344.

13 *J. Schumacher et al.*, Naturschutzrecht im Klimawandel: Juristische Konzepte für naturschutzfachliche Anpassungsstrategien, in: Louis Hans Walter/Schumacher Jochen (Hrsg.), Schriften-reihe Natur und Recht, Band 17, Berlin/Heidelberg 2014, S. 70; *Stutz*, Klimaschutz (Fn. 8), S. 46; *X. Wang/G. Wiser*, The Implementation and Compliance Regimes under the Climate Change Convention and its Kyoto Protocol, in: RECIEL, 2 (2002), S. 181 (184).

Vertragsparteien zur Reduzierung von Treibhausgasen[14]. Sie regelt auch nicht die Rechtsfolgen für den Fall, dass die vereinbarten Ziele nicht eingehalten werden, und erweist sich somit in mehrfacher Hinsicht als konkretisierungsbedürftig.[15] Dementsprechend stellt die Klimarahmenkonvention mangels Verpflichtungscharakter und hinreichend justiziabler Normen keine eigenständige Rechtsgrundlage für die Staatenverantwortlichkeit dar.

(2) Pariser Abkommen

Das Ziel des Pariser Abkommens ist es, die globale Reaktion auf die Bedrohung durch den Klimawandel zu verstärken. Der Wortlaut von Art. 2 Abs. 1 lit. a PA besagt, dass der Temperaturanstieg deutlich unter 2°C liegen muss, wobei die 1,5°C wohl eine Untergrenze darstellen.[16] In der Literatur besteht – wenn auch mit unterschiedlichen Begründungsansätzen – überwiegend Einigkeit, dass das Ziel des PA für die Vertragsparteien rechtsverbindlich ist.[17] Für eine Pflichtverletzung braucht es jedoch konkret festgelegte Reduktionspflichten.[18]

---

14 *Boyle/Singh Ghaleigh*, Climate Change (Fn. 3), S. 29; *Hoffmann*, Klimaschutz (Fn. 8), S. 51; *L. Jahrmarkt*, Internationales Klimaschutzrecht: Der Weg zu einem Weltklimavertrag im Sinne gemeinsamer, aber differenzierter Verantwortlichkeit, Diss. Universität Frankfurt a.d. Oder 2016, Baden-Baden 2016, S. 84; *J. Schumacher et al.*, Naturschutzrecht (Fn. 13), S. 70; *R. S. J. Tol/R. Verheyen*, State Responsibility and compensation for climate change damages – a legal and economic assessment, in: Energy Policy, 32 (2004), S. 1109 (1115); *Wang/Wiser*, Implementation (Fn. 13), S. 184.

15 *Voigt*, Responsibility (Fn. 2), S. 3.

16 *F. Ekardt*, Das Paris-Abkommen zum globalen Klimaschutz: Chancen und Friktionen – auf dem Weg zu einer substanziellen EU-Vorreiterrolle, in: Neue Zeitschrift für Verwaltungsrecht, 6 (2016), S. 355 (355); *F. Ekardt/J. Wieding*, Paris-Abkommen, Menschenrechte und Klimaklagen, Rechtsgutachten im Auftrag des Solarenergie-Fördervereins Deutschland, 2018, S. 10; *Jahrmarkt*, Internationales Klimaschutzrecht (Fn. 14), S. 264.

17 *C. Bähr/U. Brunner/K. Casper/S. Lustig*, KlimaSeniorinnen: Lessons from the Swiss senior women's case for future climate litigation, Journal of Human Rights and the Environment, 2 (2018), S. 194 (207); *Ekardt*, Paris-Abkommen (Fn. 16), S. 355; *Jahrmarkt*, Internationales Klimaschutzrecht (Fn. 14), S. 264; a.M. *R. Bodle/S. Oberthür*, Legal Form of the Paris Agreement and Nature of Its Obligations, in: Klein Daniel/Carazo Maria Pia/Doelle Meinhard/Bulmer Jane/Higham Andrew (Hrsg.), The Paris Agreement on Climate Change: Analysis and Commentary, Oxford 2017, S. 91 (98), die Art. 2 PA nicht für verbindlich halten.

18 *Jahrmarkt*, Internationales Klimaschutzrecht (Fn. 14), S. 264 f.

Im PA sind keine spezifischen Emissionsreduktionsverpflichtungen enthalten. Die Schlüsselverpflichtungen der Vertragsparteien sind die national festgelegten Beiträge zur Emissionsreduktion (nationally determined contributions, NDCs).[19] Art. 4 Abs. 2 PA verpflichtet jede Vertragspartei, die von ihr beabsichtigten national festgelegten Beiträge vorzubereiten, mitzuteilen und aufrechtzuerhalten.[20] Es besteht keine Pflicht zur Einhaltung der national festgelegten Beiträge. Somit ist Art. 4 Abs. 2 PA nur als eine Verhaltensregel anzusehen und nicht als eine rechtliche Verpflichtung, ein bestimmtes Resultat zu erreichen.[21] Daraus folgt, dass selbst wenn ein Staat seine national festgelegten Beiträge nicht einhält, diese aber vorgängig vorbereitet und mittgeteilt hat, er keine rechtlich verbindliche Verpflichtung des PAs verletzt.

Vorliegend kann also im Ziel des PAs, die Erderwärmung auf 2°C zu beschränken, eine rechtliche – jedoch konkretisierungsbedürftige – Verpflichtung der Staaten erkannt werden. Es handelt sich jedoch um die Festlegung einer Maximaltemperatur, die alleine keine genügende Rechtsgrundlage für eine Staatenverantwortlichkeitsklage bildet. Dazu wäre erforderlich, dass das PA konkrete Vorgaben enthält, wie die Verpflichtung zur Reduktion der Emissionen erreicht werden soll und welche Rechtsfolgen bei einem Verfehlen auftreten. Eine konkrete Verpflichtung zur Reduktion der Emissionen ist im PA nicht enthalten. Da das Ziel des PA für sich alleine wohl kaum eine genügende Rechtsgrundlage für eine Staatenverantwortlichkeitsklage darstellt, wird vorliegend untersucht, ob sich eine weitere Rechtsgrundlage aus dem Völkergewohnheitsrecht ergibt.

---

19 Art. 4 Abs. 2 PA; *D. Bodansky*, The Legal Character of the Paris Agreement, in: Review of European Community & International Environmental Law, 2 (2016), S. 142 (146); *A. Proelß*, Fünfter Abschnitt, Raum und Umwelt im Völkerrecht, in: Graf Vitzthum Wolfgang/ Proelß Alexander (Hrsg.), Völkerrecht, 7. Auflage, Berlin 2016, Rn. 157; *Jahrmarkt*, Internationales Klimaschutzrecht (Fn. 14), S. 265; *P. Sands/J. Peel*, Principles of International Environmental Law, 4. Aufl., Cornwall 2018, S. 321 f.; UNFCCC, The Paris Agreement, abrufbar unter: https://unfccc.int/process-and-meetings/the-paris-agreement/the-paris-agreement, zuletzt besucht am 4. August 2022.

20 Art. 4 Abs. 2 PA.

21 *Bodansky*, Paris Agreement (Fn. 19), S. 146; *Ekardt*, Paris-Abkommen (Fn. 16), S. 356; *Frank*, Klimaschutzpflichten (Fn. 1), S. 2 f.; *Jahrmarkt*, Internationales Klimaschutzrecht (Fn. 14), S. 278; *L. Rajamani*, The Paris Agreement: Interplay Between Hard, Soft and Non-Obligations, in: Journal of Environmental Law, 2 (2016), S. 337 (354).

2. Völkergewohnheitsrecht

a) Verbot grenzüberschreitender Umweltschädigung

Das heutige Umweltrecht kennt das Verbot erheblicher grenzüberschreitender Umweltbeeinträchtigungen (sog. No Harm Prinzip).[22] Es besagt, dass ein Staat weder selbst Aktivitäten durchführen noch zulassen darf, von denen grenzüberschreitende Umweltbeeinträchtigungen ausgehen könnten.[23] Das Prinzip ist mittlerweile in vielen völkerrechtlichen Übereinkommen[24] und Deklarationen[25] enthalten, wurde durch die ILC Draft Articles on Prevention of Transboundary Harm from Hazardous Activities (Hazardous Activities Artikel, AHA) präzisiert[26] und auch die Rechtsprechung nimmt immer wieder Bezug darauf, bezeichnet es sogar ausdrücklich als Völkergewohnheitsrecht.[27] Die Bezugnahme auf das No Harm Prinzip in der

---

22 *Krajewski*, Völkerrecht (Fn. 4), § 15 Rn. 14; *P.-M. Dupuy/J. E. Vinuales*, International Environmental Law, Padstow 2015, S. 55; *Stutz*, Klimaschutz (Fn. 8), S. 31 f; *Tol/Verheyen*, State Responsibility (Fn. 14), S. 1110.

23 *U. Beyerlin*, Umweltvölkerrecht, München 2000, Rn. 116; *A. Epiney*, Nachbarrechtliche Pflichten im internationalen Wasserrecht und Implikationen von Drittstaaten, in: Archiv des Völkerrechts (ArchVR), 39 (2001), S. 1 (21); *A. Epiney*, Zur Einführung – Umweltvölkerrecht, in: Juristische Schulung, 11 (2003), S. 1066 (1068); *Hobe*, Völkerrecht (Fn. 4), S. 501; *B. Mayer*, The relevance of the no-harm principle to climate change law and politics, in: Asia Pacific Journal of Environmental Law, 19 (2016), S. 79 (79); *Voigt*, Responsibility (Fn. 2), S. 7.

24 Präambel UNFCCC; Art. 194 Abs. 2 UNCLOS.

25 Prinzip 21 Stockholm Deklaration; Prinzip 2 Rio Deklaration.

26 Die AHA wurden 2001 vom Komitee angenommen und der UN-Generalversammlung unterbreitet. Der Entwurf besteht aus 19 Artikeln, zusammen mit einer Präambel und Kommentaren. Der Entwurf entstand aus der Tatsache heraus, dass die ILC zwischen der Verantwortlichkeit durch unerlaubte (state responsibility) und erlaubte Handlungen von Staaten differenziert. Die Artikel über Hazardous Activities befassen sich also nur mit Handlungen, welche nicht durch internationales Recht verboten, aber gefährlich sind, vgl. *Hobe*, Völkerrecht (Fn. 4), S. 313; International Law Commission, Draft Articles on Prevention of Transboundary Harm from Hazardous Activities, with Commentaries, Report of the International Law Commission on the work of its fifty-third session, 2001, YILC 2001 II, Art. 1 Rn. 6; *Pronto/Wood*, ILC (Fn. 7), S. 359 ff.; *R. Rosenstock/M. Kaplan*, The Fifty-Third Session of the International Law Commission, in: The American Journal of International Law, Vol. 96 (2002), S. 412 (415); *C. Voigt*, Climate Change and Damages, in: C. P. Carlarne/K. R. Gray/R. G. Tarasofksy (Hrsg.), The Oxford Handbook of International Climate Change Law, Oxford 2016, S. 464 (471); *P. Sands/P. Galizzi*, Documents in International Environmental Law, 2. Aufl., Cambridge 2004, S. 24.

27 Corfu Channel Case (*Großbritannien gegen Albanien*), Judgment, ICJ Reports 1949, S. 22; Iron Rhine Arbitration *(Belgien gegen Niederlande)*, 24. Mai 2005, UNRIAA

Präambel der Klimarahmenkonvention deutet darauf hin, dass das Prinzip Teil des internationalen Klimarechts darstellt. Ob und wie das Konzept direkt auf die negativen Auswirkungen des Klimawandels und die globale Erwärmung angewendet werden kann, ist allerdings noch offen, weshalb sich die Frage stellt, ob es als eine rechtlich verbindliche Pflicht im Sinne einer Staatenverantwortlichkeit im Klimarecht angesehen werden kann.

Die Staaten sind nicht nur verpflichtet, die Umwelt in Territorien von anderen Staaten vor Umweltbeeinträchtigungen aufgrund von Tätigkeiten auf ihrem Territorium zu schützen, sondern auch die Gebiete außerhalb der nationalen Gerichtsbarkeit (global commons).[28] Daraus folgt die Verpflichtung auch die Atmosphäre als Ganzes vor Umweltbeeinträchtigungen zu schützen.

Bis anhin werden jedoch nur erhebliche Beeinträchtigungen der Umwelt durch das No Harm Prinzip erfasst.[29] Geringfügige Beeinträchtigungen sind hinzunehmen.[30] Was jedoch genau als erhebliche Beeinträchtigung eingestuft wird, ist unklar und birgt Konfliktpotenzial.[31] Ein Ansatz für die Festlegung des Schwellenwertes der Beeinträchtigung, der in der Lehre

---

Vol. XXVII, S. 116; Legality of the Threat or Use of Nuclear Weapons, Advisory opinion, ICJ Reports 1996, S. 226 ff. S. 241 f.; Pulp Mills on the River Uruguay (*Argentinien gegen Uruguay),* Judgment, ICJ Reports 2010, S. 45 f; Trail Smelter Case (*USA gegen Kanada),* 16. April 1938 und 11. März 1941, UNRIAA Vol. III, S. 1905 ff.; *Beyerlin,* Umweltvölkerrecht (Fn. 23), Rn. 120; *Epiney,* ArchVR 2001 (Fn. 23), S. 21; *Dupuy/Vinuales,* Environmental Law (Fn. 22), S. 56 f.; *Mayer,* no-harm (Fn. 23), S. 82; *Krajewski,* Völkerrecht (Fn. 4), § 15 Rn. 16; *Proelß,* Umwelt (Fn. 19), Rn. 106; *Tol/Verheyen,* State Responsibility (Fn. 14), S. 1110.

28 Legality of the Threat or Use of Nuclear Weapons, Advisory opinion, ICJ Reports 1996, S. 241 f.; *Voigt,* Responsibility (Fn. 2), S. 8.

29 Pulp Mills on the River Uruguay (*Argentinien gegen Uruguay),* Judgment, ICJ Reports 2010, S. 45 f.; *Beyerlin,* Umweltvölkerrecht (Fn. 23), Rn. 119; *Krajewski,* Völkerrecht (Fn. 4), § 15 Rn. 16; *Mayer,* no-harm (Fn.), S. 90; *Proelß,* Umwelt (Fn. 19), Rn. 107; *Voigt,* Damage (Fn. 26), S. 472; *Voigt,* Responsibility (Fn. 2), S. 9.

30 *Beyerlin,* Umweltvölkerrecht (Fn. 23), Rn. 119; *Krajewski,* Völkerrecht (Fn. 4), Rn. 16 zu § 15; *Voigt,* Responsibility (Fn. 2), S. 9.

31 Im Trail Smelter Fall wurde noch ein von einer Beeinträchtigung mit „serious consequences“ gesprochen. Auch im Lac Lanoux Fall ging das Gericht davon aus, dass die Beeinträchtigung „serious“ sein muss. Lac Lanoux Fall *(Frankreich gegen Spanien*), 16. November 1957, UNRIAA Vol. XII, S. 281 ff.; Trail Smelter Case *(USA gegen Kanada*), 16. April 1938 und 11. März 1941, UNRIAA Vol. III, S. 1965; *Beyerlin,* Umweltvölkerrecht (Fn. 23), Rn. 119 f.

proklamiert wird ist der sog. „de minimis"-Test[32].[33] Dies ist m.E. sinnvoll und stünde im Einklang mit der Definition der Beeinträchtigung des ILC. Eine zu hoch angesetzte Grenze für die Bejahung der Beeinträchtigung erschwert die Anwendung des No Harm Prinzips unnötig, eine zu tief angesetzte Grenze beschränkt hingegen die Souveränität der Staaten über die Nutzung ihrer Ressourcen zu stark. Es muss also eine Abwägung zwischen dem gebotenen Schutz der Umwelt und des Territoriums eines anderen Staates und der Souveränität des schädigenden Staates stattfinden.

Das No Harm Prinzip enthält aber weitere Ungenauigkeiten. Es ist noch nicht abschliessend geklärt, ob die Umweltbeeinträchtigung durch eine verbotene Tätigkeit verursacht worden sein muss oder ob deren Herbeiführung an sich verboten ist.[34] Das Abstellen auf ein Verbot einer Umweltbeeinträchtigung und nicht die Tätigkeit ist vorzuziehen. Die meisten in oder von einem Staat ausgeübten Tätigkeiten sind nicht per se verboten, können aber nichtsdestotrotz zu einer Umweltbeeinträchtigung führen. Dem Ziel des No Harm Prinzips folgend sollte der Schutz der Umwelt im Vordergrund stehen. Dieser Schutz ist nur dann wirksam zu gewährleisten, wenn auf die Umweltbeeinträchtigung selbst und nicht auf das Verbot der ihr zugrundeliegenden Tätigkeit abgestellt wird, denn andernfalls wäre nur ein kleiner Teil der ausgeübten Tätigkeiten vom No Harm Prinzip erfasst. Dem Charakter der Tätigkeit ist bei der Bewertung des Verhaltens, zu dem ein Staat verpflichtet ist (due diligence), Rechnung zu tragen.[35]

Die Abstraktheit des No Harm Prinzips mindert seine Schutzwirkung.[36] Dies macht seine konkrete Anwendung als Rechtsgrundlage für die Staatenverantwortlichkeit im Klimarecht schwieriger, aber nicht unmöglich. Durch den umfassenden Umfang des No Harm Prinzips, d.h. jede erhebliche Umweltbeeinträchtigung, die jenseits der Landesgrenzen entsteht, in dem die Umweltnutzungsaktivität stattfindet, könnte es sich als Rechtsgrundlage für die Staatenverantwortlichkeit eignen. Dies v.a. dann, wenn eine Vertragspartei des PA durch die Nutzung ihres Territoriums einen

32 Der Test besagt, dass, wenn der Schaden nicht geringfügig, d.h. unbedeutend ist, die Schwelle zur Beeinträchtigung überschritten wurde.

33 *Voigt*, Damage (Fn. 26), S. 473.

34 *Beyerlin*, Umweltvölkerrecht (Fn. 23), Rn. 119; *Epiney*, ArchVR 2001 (Fn. 23), S. 22; *Hobe*, Völkerrecht (Fn. 4), S. 502; *Mayer*, no-harm (Fn. 23), S. 85 und 90; *T. Scovazzi*, State Responsibility (Fn. 11), S. 48; *Voigt*, Responsibility (Fn. 2), S. 8.

35 *Scovazzi*, State Responsibility (Fn. 11), S. 49; siehe hierzu S. 111 ff.

36 *Beyerlin*, Umweltvölkerrecht (Fn. 23), Rn. 121; *Epiney*, Einführung (Fn. 23), S. 1068; *Mayer*, no-harm (Fn. 23), S. 85; *Voigt*, Responsibility (Fn. 2), S. 8.

Emissionsausstoss verursacht, der die Atmosphäre verschmutzt und die Einhaltung des 2-Grad-Ziels verunmöglicht.

Das No Harm Prinzip ist somit zusammen mit Art. 2 PA als Rechtsgrundlage für die Staatenverantwortlichkeit geeignet.

b) Völkerrechtssubjekt

Aufgrund der klassischen Konzeption des Völkerrechts waren lange Zeit ausschließlich Staaten Subjekte des Völkerrechts.[37] In der jüngsten Gegenwart rückte insb. die Frage nach der Verantwortung und Völkerrechtssubjektivität von Unternehmen im Bereich der Menschenrechte, aber auch für Umweltschäden in den Vordergrund. Die ASR erkennen bisher grundsätzlich jedoch nur Staaten als Subjekt an.[38] Da sich die ASR nur an Staaten richten und Unternehmenshandlungen diesen lediglich unter gewissen Voraussetzungen Staaten zugerechnet werden können[39], sind für die Staatenverantwortlichkeit vorliegend auch nur Staaten als Völkerrechtssubjekte zu betrachten.

c) Zurechenbare Handlung

Da Staaten selbst keine natürlichen Handlungen vornehmen können, handeln sie durch ihre Organe oder andere Personen. Diese Handlungen

37 *U. Beyerlin/T. Marauhn,* Rechtsetzung und Rechtsdurchsetzung im Umweltvölkerrecht nach der Rio Konferenz 1992, Forschungsbericht im Auftrag des Umweltbundesamtes, Berichte 3/97, Berlin 1997, S. 13 f.; *Crawford/Olleson*, Character (Fn. 4), S. 444 f.; Eidgenössisches Departement für auswärtige Angelegenheiten EDA, ABC des Völkerrechts, abrufbar unter: https://www.eda.admin.ch/dam/eda/de/documents/publications/Voelkerrecht/ABC-des-Voelkerrechts_de.pdf, zuletzt besucht am 4. August 2022, S. 4 f.; *C. Kaufmann*, Wirtschaft und Menschenrechte – Anatomie einer Beziehung, in: AJP, 5 (2013), S. 744 (746); *S. Lorenzmeier*, Völkerrecht – Schnell erfasst, 3. Auflage, Berlin/Heidelberg 2016, S. 59; *Stein/von Buttlar/Kotzur*, Völkerrecht (Fn. 11), Rn. 245 f.; *R. M. M. Wallace/O. Martin-Ortega*, International Law, 8 Aufl., London 2016, S. 102.

38 ILC Kommentar ASR (Fn. 7), general commentary Rn. 4(d); *Pronto/Wood*, ILC (Fn. 7), S. 131.

39 Art. 5 und 8 ASR; vgl. auch *P. Seger*, Neue Tendenzen im Bereich internationaler Unternehmensverantwortung, in: Zeitschrift für internationales und europäisches Recht, 3 (2005), S. 459 (466) und nachfolgend Kapitel A)III)2)c)(bb).

müssen dem Staat zugrechnet werden können, um dessen völkerrechtliche Verantwortung zu begründen.[40]

(aa) Organe

Gemäß Art. 4 ASR wird dem Staat jedes Handeln seiner Organe[41] zugerechnet, nicht beachtlich ist hierbei die Funktion oder die Stellung des Organs.[42] Auch das Verhalten von Personen ohne Organstellung i.S.v. Art. 4 ASR kann einem Staat zugerechnet werden, wenn die natürliche oder juristische Person vom Staat durch innerstaatliches Recht zur Ausübung hoheitlicher Befugnisse ermächtigt wurde.[43] Lässt der Staat also durch seine Organe oder in seinem Auftrag Tätigkeiten ausführen, welche zum Klimawandel beitragen, sind diese Tätigkeiten dem Staat zuzurechnen.

(bb) Nichtstaatliche Gruppen und Personen

Schwieriger gestaltet sich die Zurechnung bei Handlungen von Privaten. Für die Staatenverantwortlichkeit im Bereich des Klimarechts erweist sich die Frage nach der Zurechenbarkeit privaten Handelns zum Staat als

---

40 Art. 2 ASR; *Aust*, Handbook (Fn. 7), S. 379; *L. Condorelli/C. Kress*, The Rules of Attribution: General Considerations, in Crawford James/Pellet Alain/Olleson Simon (Hrsg.), The Law of International Responsibility, Oxford/New York 2010, S. 221 (221); *Crawford/Olleson*, Character (Fn. 4), S. 452 f.; *Hobe*, Völkerrecht (Fn. 4), S. 314; *Krajewski*, Völkerrecht (Fn. 4), § 6 Rn. 18; *Peters*, Völkerrecht (Fn. 4), Kap. 13 Rn. 6; *Scovazzi*, State Responsibility (Fn. 11), S. 55; *Thiele*, Verhältnis (Fn. 7), S. 344 und 365; *Tol/Verheyen*, State Responsibility (Fn. 14), S. 1111; *Voigt*, Responsibility (Fn. 2), S. 4.

41 Der Begriff des Organs ist im Völkerrecht weit gefasst. Er umfasst Mitglieder aller öffentlichen Behörden und Einrichtungen auf allen Ebenen des Staates in der Exekutive, der Judikative und der Legislative: siehe hierzu ILC Kommentar ASR (Fn. 7), Art. 4 Rn. 5, 6, 12; siehe auch LaGrand (*Deutschland gegen USA*), Provisional measures, ICJ Reports 1999, S. 16 wo das Verhalten der Gouverneurin von Arizona der USA zugerechnet wurde; *Krajewski*, Völkerrecht (Fn. 4), § 6 Rn. 21 f.; *Stein/von Buttlar/Kotzur*, Völkerrecht (Fn. 11), Rn. 1109.

42 Art. 4 Abs. 1 ASR; *Aust*, Handbook (Fn. 7), S. 379; *Epiney*, ArchVR 2001 (Fn. 23), S. 40; *Hobe*, Völkerrecht (Fn. 4), S. 315; *Stein/von Buttlar/Kotzur*, Völkerrecht (Fn. 11), Rn. 1109; *Scovazzi*, State Responsibility (Fn. 11), S. 55; *Thiele*, Verhältnis (Fn. 7), S. 366.

43 Art. 5 ASR; ILC Kommentar ASR (Fn. 7), Art. 5 Rn. 1, 3, 7; *Crawford/Olleson*, Character (Fn. 4), S. 455; *Hobe*, Völkerrecht (Fn. 4), S. 315; *Stein/von Buttlar/Kotzur*, Völkerrecht (Fn. 11), Rn. 1115.

besonders relevant. Die meisten Treibhausgasemissionen werden von privaten Emittenten und nicht vom Staat oder seinen Organen verursacht. Grundsätzlich können private völkerrechtswidrige Handlungen dem Staat nicht zugerechnet werden, wenn keine Handlungsermächtigung vorliegt.[44] Von dieser Grundregel gibt es jedoch Ausnahmen.

Gemäß Art. 8 ASR führen Handlungen von Privaten, die faktisch im Auftrag oder unter Kontrolle von Staatsorganen durchgeführt werden, auch ohne formal-rechtliche Ermächtigung zu einer Verantwortlichkeit des Staates.[45] Bezogen auf das Klimarecht muss der Staat eine effektive Kontrolle über private Akteure haben, damit ihm deren klimaschädigendes Verhalten zugerechnet werden kann.[46] Ein Fall von effektiver Staatskontrolle ist beispielsweise gegeben, wenn eine Tätigkeit vom Staat erlaubt oder lizenziert ist. Dies ist heutzutage oftmals bei hochgefährlichen Tätigkeiten, wie zum Beispiel, Atomkraftwerken der Fall.[47]

44 ILC Kommentar ASR (Fn. 7), Art. 8 Rn. 1; *Crawford/Olleson*, Character (Fn. 4), S. 455; *Hobe*, Völkerrecht (Fn. 4), S. 315; *Krajewski*, Völkerrecht (Fn. 4), § 6 Rn. 27; *Stein/von Buttlar/Kotzur*, Völkerrecht (Fn. 11), Rn. 1117; *Scovazzi*, State Responsibility (Fn. 11), S. 55; *Thiele*, Verhältnis (Fn. 7), S. 367; *Tol/Verheyen*, State Responsibility (Fn. 14), S. 1111.

45 Art. 8 ASR; Military and Paramilitary Activities in and against Nicaragua (*Nikaragua gegen USA*), Merits, ICJ Reports 1986, S. 64 f. wo der IGH für die Zurechnung die effektive Kontrolle der USA über die Contras verlangte; *Crawford/Olleson*, Character (Fn. 4), S. 455; *Epiney*, ArchVR 2001 (Fn. 23), S. 40; *Hobe*, Völkerrecht (Fn. 4), S. 315; *Krajewski*, Völkerrecht (Fn. 4), § 6 Rn. 28 f.; *Peters*, Völkerrecht (Fn. 4), Kap. 13 Rn. 19; *Stein/von Buttlar/Kotzur*, Völkerrecht (Fn. 11), Rn. 1120 ff.; *Thiele*, Verhältnis (Fn. 7), S. 366.

46 Der IGH geht im Nicaragua-Urteil von einer effektiven Kontrolle („effective control") als Massstab für eine Zurechnung aus. Der Internationale Strafgerichtshof für das ehemalige Jugoslawien (ICTY) hat sich im Tadic-Urteil ausdrücklich gegen den strikten Zurechnungsstandard des IGH ausgesprochen. Nach der Auffassung des ICTY genügt eine generelle Kontrolle („overall controll"). In einem späteren Urteil hat der IGH die Sicht des ICTY zurückgewiesen. Die ILC hat sich mit beiden Standards auseinandergesetzt und klargestellt, dass im Tadic-Fall die Voraussetzungen einer „individual criminal responsibility" und die Anwendbarkeit des internationalen humanitären Völkerrechts und nicht der Staatenverantwortlichkeit Jugoslawiens zu klären gewesen seien. Die ILC geht aber auch davon aus, dass der Kontrollmaßstab, der für eine Zurechnung des Verhaltens eines privaten Akteurs zu einem Staat erforderlich ist, im Einzelfall beurteilt werden muss. ILC Kommentar ASR (Fn. 7), Art. 8 Rn. 4 ff.

47 *Tol/Verheyen*, State Responsibility (Fn. 14), S. 1111.

(cc) Unterlassen

Kann das Verhalten von Privaten einem Staat nach den oben genannten Regeln nicht zugerechnet werden, besteht die Möglichkeit, dass sich eine Staatenverantwortlichkeit aus Unterlassung ergibt. In diesem Fall begründet das private völkerrechtswidrige Handeln nicht direkt die Verantwortlichkeit des Staates, vielmehr bildet es die Voraussetzung dafür. Besteht eine Pflicht des Staates, das gefährliche oder schädigende Handeln Privater zu reglementieren oder zu unterbinden, kann ihm deren Handeln zugerechnet werden, falls er untätig blieb.[48] Oftmals beinhalten spezielle völkerrechtliche Verträge oder Völkergewohnheitsrecht eine solche völkerrechtliche Pflicht.[49] Im Fall des Klimarechts ist v.a. das bereits thematisierte No Harm Prinzip relevant.

Ein Staat, der seiner Pflicht aus dem No Harm Prinzip nicht nachkommt, macht sich jedoch nicht zwangsläufig eines pflichtwidrigen Unterlassens schuldig, sondern nur, wenn er das von ihm geforderte Verhalten nicht einhält.[50] Zur Bewertung des erforderlichen Verhaltens wird das Konzept der Sorgfaltspflicht (due diligence)[51] mit folgenden Elementen herangezogen:[52] (i) Gelegenheit resp. Möglichkeit zu handeln oder zu verhindern (opportunity to act), (ii) Vorhersehbarkeit des Schadens (foreseeability)

48 Art. 2 ASR; *Crawford/Olleson*, Character (Fn. 4), S. 456; *Epiney*, ArchVR 2001 (Fn. 23), S. 40; *Hobe*, Völkerrecht (Fn. 4), S. 316 und 516; *Krajewski*, Völkerrecht (Fn. 4), § 6 Rn. 34; *Peters*, Völkerrecht (Fn. 4), Kap. 13 Rn. 22; *Scovazzi*, State Responsibility (Fn. 11), S. 55; *Stein/von Buttlar/Kotzur*, Völkerrecht (Fn. 11), Rn. 1118.

49 Im Teheraner Geiselfall nahm der IGH die Verantwortlichkeit des Irans für die Besetzung der US-amerikanischen Botschaft in Teheran durch Demonstranten an. Die Zurechnung der privaten Handlung an den Staat erfolgte, weil die iranischen Sicherheitskräfte den gebotenen Schutz für die Diplomaten verweigerten. Es bestand eine Schutzpflicht, welche von den iranischen Sicherheitskräften nicht wahrgenommen wurde: siehe hierzu United States Diplomatic and Consular Staff in Tehran, (*USA gegen Iran*) Judgment, ICJ Reports 1980, S. 33 ff.; *Crawford/Olleson*, Character (Fn. 4), 456; *Peters*, Völkerrecht (Fn. 4), Kap. 13 Rn. 22.

50 *Scovazzi*, State Responsibility (Fn. 11), S. 56; *Stein/von Buttlar/Kotzur*, Völkerrecht (Fn. 11), Rn. 1134, *Tol/Verheyen*, State Responsibility (Fn. 14), S. 1111.

51 Das Konzept wurde im Nauru Fall angewendet: siehe Certain Phosphate Lands in Nauru (*Nauru gegen Australien*), Preliminary Objections, Judgment, ICJ Reports 1992, S. 244 ff.; *Mayer*, no-harm (Fn. 23), S. 93; *Voigt*, Responsibility (Fn. 2), S. 9; *J.D. Werksman*, Could a Small Island Successfully Sue a Big Emitter? Pursuing a Legal Theory and a Venue for Climate Justice, in: Gerrard Michael B./Wannier Gregory E. (Hrsg.), Threatened Island Nations, Legal Implications of Rising Seas and a Changing Climate, New York 2013, S. 409 (416).

52 ILC Kommentar AHA (Fn. 26), Art. 3 Rn. 8, 17; *Voigt*, Responsibility (Fn. 2), S. 10.

und (iii) Verhältnismässigkeit der Wahl der Maßnahmen zur Vermeidung von Schäden oder zur Risikominimierung (proportionate measures).[53]

Ein Staat verletzt demnach seine Sorgfaltspflicht, wenn er die Möglichkeit zu handeln nicht wahrnimmt (opportunity to act).[54] Er ist dazu verpflichtet, sein Bestes zu tun, um die Risiken der negativen Folgen des Klimawandels zu reduzieren.[55] Als mögliche Maßnahmen, die der Staat im Rahmen seiner Sorgfaltspflicht zu ergreifen hat, gilt der Erlass von Richtlinien und deren Durchsetzung.[56] Ein sorgfältiges staatliches Handeln setzt also zumindest eine Klimapolitik und Vorschriften voraus, die darauf abzielen, den Trend zu immer höheren Treibhausgasemissionen entgegenwirken.[57]

Eine weitere Voraussetzung ist die Vorhersehbarkeit des Schadens (forseeability). Ein Zusammenhang zwischen der unterlassenen Tätigkeit, d.h. der Regulierung zur Minderungen von Treibhausgasemissionen oder der Kontrolle des Ausstoßes, und den schädlichen Folgen kann nur hergestellt werden, wenn der Staat wusste oder hätte wissen resp. voraussehen können, dass sein Verhalten einen Schaden verursacht.[58] Nicht erforderlich ist, dass der Staat das genaue Ausmaß oder den genauen Ort einer Schädigung kennt. Es genügt, wenn er die Folgen einer bestimmten Situation hätte kennen müssen oder können.[59]

Mit der Unterzeichnung des Klimarahmenabkommens 1992 haben die Staaten den Zusammenhang zwischen dem anthropogenen Ausstoß von Treibhausgasen und der Erderwärmung anerkannt. Auch haben sie die nachteiligen Folgen, die aus dem Klimawandel entstehen können, bereits in der Präambel angesprochen. Somit ist spätestens seit 1992 für die Staaten offensichtlich, dass Treibhausgasemissionen zum Klimawandel beitragen

---

53 *Stein/von Buttlar/Kotzur*, Völkerrecht (Fn. 11), Rn. 1134; *Tol/Verheyen*, State Responsibility (Fn. 14), S. 1117; *Voigt*, Responsibility (Fn. 2), S. 10.

54 *Voigt*, Responsibility (Fn. 2), S. 10.

55 ILC Kommentar AHA (Fn. 26), Art. 3 Rn. 7; *Voigt*, Responsibility (Fn. 2), S. 11.

56 ILC Kommentar AHA (Fn. 26), Art. 5 Rn. 3; *Rosenstock/Kaplan*, ILC (Fn. 26), S. 416.

57 ILC Kommentar AHA (Fn. 26), Art. 3 Rn. 10, Art. 5 Rn. 3; *Voigt*, Responsibility (Fn. 2), S. 10.

58 ILC Kommentar AHA (Fn. 26), Art. 3 Rn. 18; *Voigt*, Responsibility (Fn. 2), S. 11.

59 Corfu Channel Case (*Großbritannien gegen Albanien*), Judgment, ICJ Reports 1949, S. 22 f.; *Crawford/Olleson*, Character (Fn. 4), S. 462; *Tol/Verheyen*, State Responsibility (Fn. 14), S. 1117; *Voigt*, Responsibility (Fn. 2), S. 11 f.

und deshalb zu reduzieren sind.[60]. Dementsprechend besteht eine Voraussehbarkeit der allgemeinen Folgen des Klimawandels.

Welche konkreten Maßnahmen ein Staat zu ergreifen hat, ist eine Frage der Verhältnismäßigkeit (proportionate measures)[61] und erfordert eine Abwägung der berechtigten Interessen.[62] Die zu ergreifenden Maßnahmen sind im Verhältnis zu den nationalen Gegebenheiten des Staates und den mit der Tätigkeit verbundenen Risiken zu sehen. Um festzustellen, ob ein Staat angemessene Maßnahmen zur Vermeidung oder Minimierung des Schadensrisikos ergriffen hat, sind die technischen und wirtschaftlichen Fähigkeiten des Staates, der die schädigende Tätigkeit kontrolliert, gegen die Interessen des potenziell geschädigten Staates abzuwägen.[63] Die Bestimmung der Verhältnismäßigkeit der zu ergreifenden Maßnahmen hängt von den spezifischen Gegebenheiten eines Einzelfalles ab: Je gefährlicher die Aktivität und das damit verbundene Risiko einer Schädigung sind, desto höher ist der anzuwendende Sorgfaltsmaßstab anzusetzen.[64] Da der Klimawandel erhebliche Schäden wie Landverlust, Schäden für Leib, Leben und Eigentum von Menschen sowie und hohe Kosten zur Folge haben kann,[65] ist die angemessene Sorgfalt der Staaten für die Einhaltung der Klimaziele entsprechend hoch anzusetzen.[66] Ein Staat, der gefährliche Tätigkeiten ausübt respektive ausüben lässt, die eine Ursache oder zumindest hohes Risiko für den Klimawandel darstellen, muss über ein entsprechendes rechtliches System, ausreichende Ressourcen und einen funktionierenden

---

60 Präambel UNFCCC; vgl. auch Urteil des Bezirksgerichts Den Haag (*Urgenda Foundation gegen Niederlande*) vom 24. Juni 2015, C/09/456689/HA ZA 13-1396, § 4.65; *Tol/Verheyen*, State Responsibility (Fn. 14), S. 1118; *Voigt*, Responsibility (Fn. 2), S. 12.

61 *Voigt*, Responsibility (Fn. 2), S. 12.

62 Urteil des Bezirksgerichts Den Haag (*Urgenda Foundation gegen Niederlande*) vom 24. Juni 2015, C/09/456689/HA ZA 13-1396, § 4.67; ILC Kommentar AHA (Fn. 26), Art. 3 Rn. 13, 18; *Voigt*, Responsibility (Fn. 2), S. 12; *Werksman*, Island (Fn. 53), S. 422.

63 Responsibilities and obligations of States with respect to activities in the Area, Advisory Opinion, 1. Februar 2011, ITLOS Reports 2011, S. 43; *T. Koivurova*, Due Diligence, in: Max Planck Encyclopedia of Public International Law, Oxford 2010, Rn. 19; *Voigt*, Responsibility (Fn. 2), S. 12; *Werksman*, Island (Fn. 53), S. 422.

64 Urteil des Bezirksgerichts Den Haag (*Urgenda Foundation gegen Niederlande*) vom 24. Juni 2015, C/09/456689/HA ZA 13-1396, § 4.65 und 4.83; ILC Kommentar AHA (Fn. 26), Art. 3 Rn. 18.

65 *Voigt*, Responsibility (Fn. 2), S. 12 f.

66 Urteil des Bezirksgerichts Den Haag (*Urgenda Foundation gegen Niederlande*) vom 24. Juni 2015, C/09/456689/HA ZA 13-1396, § 4.65; *P. Lawn*, Resolving the Climate Change Crisis, Dordrecht 2016, S. 226 ff.

Verwaltungsapparat verfügen, um derartige Aktivitäten kontrollieren und überwachen zu können.[67]

Wegweisend im Bereich des Sorgfaltsmaßstabes ist das niederländische Urteil „Urgenda". Das innerstaatliche Gericht hat die niederländische Regierung dazu verpflichtet, die nationalen Minderungsmaßnahmen für Treibhausgasemissionen sofort zu verstärken, da mit den bisherigen Reduktionszielen das 2-Grad-Ziel nicht eingehalten werden könne.[68] Das Gericht erklärte, dass die Erhöhung des Reduktionsziels von 17% auf 24% nicht unverhältnismäßig sei und vom niederländischen Staat erfüllt werden könne. Die Niederlande trügen durch die zu hohe Gesamtemission und die hohen Pro-Kopf-Ausstöße überproportional zum Klimawandel bei, weshalb ein höheres Emissionsreduktionsziel verhältnismäßig sei.[69] Die Niederlande hätten eine Führungsrolle in der Emissionsreduktion zu übernehmen, denn als Industriestaat hätten sie historisch mehr zu der heutigen Treibhausgaskonzentration in der Atmosphäre beigetragen und verfügten über den Wohlstand und die Mittel, den Klimawandel zu bekämpfen.[70]

Zusammenfassend lässt sich sagen, dass alle Staaten, die die Klimarahmenkonvention oder das PA unterschrieben haben, die Auswirkungen des Klimawandels nicht mehr leugnen können.[71] Auch wenn es keinen für alle Staaten einheitlich geltenden Sorgfaltspflichtstandard zur Vermeidung von Klimaschäden gibt, haben die Staaten die Pflicht, „ihr Bestmögliches zu tun", um Schäden durch den Klimawandel zu verhindern.[72] Der Standard der gebotenen Sorgfalt muss im Hinblick auf die Möglichkeiten des jeweiligen Landes unter Berücksichtigung der nationalen Gegebenheiten festgelegt werden.[73]

---

67 ILC Kommentar AHA (Fn. 26), Art. 3 Rn. 17; *Rosenstock/Kaplan*, ILC (Fn. 26), S. 416.

68 Urteil des Bezirksgerichts Den Haag (*Urgenda Foundation gegen Niederlande*) vom 24. Juni 2015, C/09/456689/HA ZA 13-1396, § 4.65.

69 Urteil des Berufungsgerichts Den Haag (*Urgenda Foundation gegen Niederl*ande) vom 9. Oktober 2018, ECLI:NL:GHDHA:2018, § 26.

70 Art. 3 Abs. 1 UNFCCC; Urteil des Bezirksgerichts Den Haag (*Urgenda Foundation gegen Niederlande*) vom 24. Juni 2015, C/09/456689/HA ZA 13-1396, § 4.57 und § 4.76.

71 Präambel UNFCCC; vgl. auch Urteil des Bezirksgerichts Den Haag (*Urgenda Foundation gegen Niederlande*) vom 24. Juni 2015, C/09/456689/HA ZA 13-1396, § 4.65; *Tol/Verheyen*, State Responsibility (Fn. 14), S. 1118; *Voigt*, Responsibility (Fn. 2), S. 12.

72 ILC Kommentar AHA (Fn. 26), Art. 3 Rn. 7; *Voigt*, Responsibility (Fn. 2), S. 11.

73 *Voigt*, Responsibility (Fn. 2), S. 15.

Die Zurechnung der Treibhausgasemissionen von Privaten ist nach dem Gesagten möglich, da der Staat aufgrund des No Harm Prinzips die Pflicht hat, die Treibhausgasemissionen auf einem Niveau zu halten, dass es zu keiner Schädigung von anderen Staaten kommt. Bleibt der Staat sorgfaltswidrig untätig, so ist ihm das schädigende Verhalten der Privaten zuzurechnen.

d) Kausalzusammenhang

Es muss ein genereller und spezifischer Kausalzusammenhang zwischen der Verletzung der Völkerrechtsnorm und dem anthropogenen Klimawandel bestehen.[74] Der generelle Kausalzusammenhang zwischen anthropogenen Treibhausgasemissionen und dem Klimawandel und der damit verbundenen Schädigung der Umwelt ist inzwischen anerkannt.[75]

Der spezifische Kausalzusammenhang zwischen dem Ausstoß von Treibhausgasen eines Staates der zum Klimawandel führt und einem dadurch entstandenen spezifischen Schaden stellt im Klimarecht eine besondere Herausforderung dar.[76] Viele Emittenten tragen zur Klimaerwärmung bei, welche starke Beeinträchtigungen der Umwelt zur Folge haben. Es ist jedoch schwierig, einen spezifischen Schaden einer Handlung kausal zuzurechnen. Dies ist auch dadurch bedingt, dass Klimaveränderungen nicht direkt im Anschluss an die Treibhausemissionen, sondern meist erst Jahre später auftreten.[77]

---

74 *Tol/Verheyen*, State Responsibility (Fn. 14), S. 1112; *R. Verheyen/C. Zengerling*, International Dispute Settlement, in: C. P. Carlarne/K. R. Gray/R. G. Tarasofksy (Hrsg.), The Oxford Handbook of International Climate Change Law, Oxford 2016, S. 120 (438); *Voigt*, Damage (Fn. 26), S. 483; *Voigt*, Responsibility (Fn. 2), S. 15.

75 Urteil des Berufungsgerichts Den Haag (*Urgenda Foundation gegen Niederl*ande) vom 9. Oktober 2018, ECLI:NL:GHDHA:2018, § 3.2, 3.3 und 3.5; IPCC Report AR 5, Climate Change 2014 (Fn. 1), S. 40; *Mayer*, no-harm (Fn. 23), S. 92; *E. Pöttker*, Klimahaftungsrecht: Haftung für die Emission von Treibhausgasen in Deutschland und den Vereinigten Staaten von Amerika, Diss. Universität Potsdam, Tübingen 2014, S. 47; *Tol/Verheyen*, State Responsibility (Fn. 14), S. 1112; *Voigt*, Damage (Fn. 26), S. 483; *Voigt*, Responsibility (Fn. 2), S. 15; *Werksman*, Island (Fn. 53), S. 412.

76 *Mayer*, no-harm (Fn. 23), S. 91; *T. Meyer*, Institutions and Expertise: The Role of Science in Climate Change Lawmaking, in: C. P. Carlarne/K. R. Gray/R. G. Tarasofksy (Hrsg.), The Oxford Handbook of International Climate Change Law, Oxford 2016, S. 120 (442); *Pöttker*, Klimahaftungsrecht (Fn. 75), S. 47 und 60; *Verheyen/Zengerling*, Dispute (Fn. 74), S. 438; *Voigt*, Damage (Fn. 26), S. 483; *Voigt*, Responsibility (Fn. 2), S. 15.

77 *Pöttker*, Klimahaftungsrecht (Fn. 75), S. 12 und S. 51.

Es gibt verschiedene Ansätze zur Lösung des Kausalitätsproblems.[78] Ein vielversprechender Ansatz, um die Anforderungen an die Kausalität im Falle von Klimaschäden zu überwinden, ist es, die Beweisanforderungen herabzusetzen.[79] Der Internationale Seegerichtshof (ITLOS) hat in seinem Southern Bluefin Tuna Fall das Vorsorgeprinzip zur Herabsetzung der Beweisanforderung herangezogen. Hier wurde das Prinzip angewendet, um den Beweisstandard in Situationen zu senken, in denen die Komplexität der Fakten zu einer gewissen Unsicherheit führt.[80] Mit dem Vorsorgeprinzip kann also die Beweislast des verletzten Staates heruntergesetzt werden. Dies führt dazu, dass der verletzte Staat nicht eindeutig nachweisen muss, dass die mangelnde Treibhausgasreduktion des schädigenden Staates zu einem spezifischen Schaden geführt hat. Er müsste somit nur beweisen, dass das Risiko eines solchen Schadens durch die Emissionen bestand und der verursachende Staat aufgrund des Vorsorgeprinzips Maßnahmen zur Reduktion der Emissionen hätte treffen müssen.[81] Dieser Ansatz ist eine Möglichkeit, um das Kausalitätsproblem zu lösen. Denn mittlerweile sind der Klimawandel und dessen Auswirkungen bekannt. Es wäre für einen geschädigten Staat m.E. möglich, das Risiko eines Schadens aufgrund von Emissionen zu beweisen, dies v.a. dann, wenn der angeklagte Staat die Emissionen, welche zur Einhaltung des 2-Grad-Zieles notwendig sind, überschritten hat. Der Schaden wäre dann aufgrund des Vorsorgeprinzips kausal.

---

78 Voigt schlägt zur Lösung des Kausalitätsproblems verschiedene Ansätze vor. Die Kausalität könne bereits allein aufgrund eines Beitrages zum Klimawandel durch einen bestimmten Akteur begründet werden. Die Frage des genauen Anteils des Emittenten am Schaden stelle sich dann erst bei der Zuteilung der genauen Kosten resp. der Schadensumme. Als zweiten Ansatz zur Ermittlung der Kausalität nennt Voigt die Risikoerhöhungslehre. Jede Emission von Treibhausgasen erhöhe das Risiko für einen bestimmten Schaden, indem sie zu der erhöhten Konzentration von Treibhausgasen in der Atmosphäre beigetragen habe. Siehe hierzu *Voigt*, Damage (Fn. 26), S. 484; *Voigt*, Responsibility (Fn. 2), S. 16.

79 Vgl. auch *Voigt*, Responsibility (Fn. 2), S. 16.

80 Southern Bluefin Tuna (*Neuseeland gegen Japan; Australien gegen Japan*), Provisional Measures, Order, 27. August 1999, ITLOS Reports 1999, S. 296; *Voigt*, Damage (Fn. 26), S. 485; *Voigt*, Responsibility (Fn. 2), S. 16.

81 *Kehrer*, Staatenverantwortlichkeit (Fn. 7), S. 261.

e) Rechtfertigung

Die internationale Verantwortlichkeit kann bei Vorliegen eines Rechtfertigungsgrundes dahinfallen. Die in Art. 20–27 ASR aufgezählten Rechtfertigungsgründe sind grundsätzlich als Völkergewohnheitsrecht anerkannt.[82] Die meisten Rechtfertigungsgründe spielen für die Staatenverantwortlichkeit im Klimarecht nur eine untergeordnete Rolle.[83] Die Rechtfertigungsgründe sind jeweils für den spezifisch vorgebrachten Fall zu beurteilen und werden aus diesem Grund vorliegend nicht weiter behandelt.

IV. Fazit und Ausblick

Es zeigt sich, dass heutzutage im Bereich der Staatenverantwortlichkeit für Klimaschäden noch viele Unklarheiten bestehen. Ein Hauptproblem ist die Kausalität in Bezug auf spezifische Schäden. Das Problem der spezifischen Kausalität kann gelöst werden, indem die Anforderung an die Beweispflicht mit Hilfe des Vorsorgeprinzips reduziert wird. Damit könnte wenigstens die Einhaltung des 2-Grad-Ziels gefordert werden. Weiter stellt sich die Frage der Zurechnung Handlungen Privater zum Staat. Ein allfälliger Ansatz wäre eine Zurechnung mit Hilfe des No Harm Prinzips zu konstruieren.

Trotz aller Unklarheite wäre eine gänzliche Abkehr vom Konstrukt der Staatenverantwortlichkeit für den Bereich des Klimarechts m.E. jedoch verfrüht. Entscheide wie der Urgenda Fall zeigen, dass sich die nationalen Gerichte der Klimaproblematik durchaus bewusst und bereit sind eine Vorreiterrolle einzunehmen. Die Staatenverantwortlichkeit hat dementsprechend vor allem im Bereich der Emissionseinhaltung Potenzial.

82 *Aust*, Handbook (Fn. 7), S. 383; *Crawford/Olleson*, Character (Fn. 4), S. 465; *Krajewski*, Völkerrecht (Fn. 4), § 6 Rn. 36; *Peters*, Völkerrecht (Fn. 4), Kap. 13 Rn. 25; *Stein/von Buttlar/Kotzur*, Völkerrecht (Fn. 11), Rn. 1142.

83 Dies sind v.a.: Einwilligung (Art. 20 ASR), Selbstverteidigung (Art. 21 ASR), Gegenmaßnahmen (Art. 22 ASR) oder persönlicher Notstand (Art. 24 ASR).

F. Nachhaltigkeit als Bewahrung von ökologischen Belastbarkeitsgrenzen – Überlegungen zur Konkretisierung der ökologischen Dimension von Nachhaltigkeit

*Alexander Stark**

I. Einleitung

Das Nachhaltigkeitsprinzip zählt zu den maßgebenden Prinzipien, um die kollidierenden Bedarfe menschlichen Lebens in einen intra- wie intergenerationell fairen Ausgleich zu bringen. Nachdem der Nachhaltigkeitsdiskurs im Anschluss an die Rio-Konferenz im Jahr 1992, deren Abschlussdokument „Nachhaltigkeit" auf der internationalen Bühne inhaltlich und symbolisch prägte, an Fahrt aufnahm, stellte sich vor wenigen Jahren gleichwohl eine kritische Distanz zum Nachhaltigkeitsbegriff ein. Ursächlich dürften insbesondere die Unbestimmtheit und die hochgradige Konkretisierungsbedürftigkeit von „Nachhaltigkeit" gewesen sein. In diesem Beitrag wird ein Vorschlag für die Konkretisierung der *ökologischen* Dimension von Nachhaltigkeit unterbreitet. Dieser Vorschlag sollte nicht so verstanden werden, dass er etablierte konkretisierte Grundsätze der ökologischen Dimension von Nachhaltigkeit ersetzen soll, vielmehr soll die hier vorgeschlagene Konkretisierung ergänzend hinzutreten. Zunächst gehe ich knapp auf das Nachhaltigkeitskonzept und dessen Konkretisierungsbedürftigkeit ein (II.). Im Anschluss erläutere ich den Vorschlag, die ökologische Dimension von Nachhaltigkeit im Kontext des Rechts ausgehend von Belastbarkeitsgrenzen zu verstehen, die nicht überschritten werden dürfen (III. 1. und 2.). Das Verständnis von Nachhaltigkeit als Bewahrung von Belastbarkeitsgrenzen wird sodann anhand des Klimaschutzrechts veranschaulicht (III. 3.). Der Beitrag endet mit einem knappen Fazit (IV.).

---

* Der Autor ist Akademischer Rat a.Z. an der Universität Hamburg.

II. Zwischen ganzheitlichem Anspruch und Konkretisierungsbedürftigkeit

1. Eckpfeiler der ökologischen Dimension des Nachhaltigkeitsprinzips

Vor fünfzig Jahren wurde im Auftrag des *Club of Rome* der Bericht „The Limits of Growth“ veröffentlicht. Ausgehend von der Annahme, dass in den kommenden 100 Jahren die Grenzen des Wachstums erreicht sein werden, optiert der Bericht dafür, „to establish a condition of ecological and economic stability that is sustainable far into the future.“[1] Nachhaltigkeit wird vorrangig mit dem Erfordernis, Ressourcen zu schonen, und einer verstärkten Beachtung ökologischer Belange skizziert. Die intergenerationelle Komponente, die hier ebenfalls deutlich zum Ausdruck kommt, findet seine pointierte Formulierung fünfzehn Jahre später im sog. Brundtland-Bericht. Nachhaltige Entwicklung wird hier als eine Entwicklung verstanden, „that meets the needs of the present without compromising the ability of future generations to meet their own needs.“[2] Im Brundtland-Bericht wird Nachhaltigkeit allerdings nicht auf die Beachtung ökologischer Belange und die intergenerationelle Verantwortung im Umweltkontext reduziert, vielmehr zeigt sich bereits hier der dreidimensionale Ansatz, der das Nachhaltigkeitsdenken heute dominiert.[3] Mit der Rio-Deklaration im Jahr 1992 und darauffolgenden internationalen Umweltkonferenzen wird die Dreidimensionalität von Nachhaltigkeit verfestigt und das Konzept der nachhaltigen Entwicklung zum Leitbild der internationalen Entwicklungs- und Umweltpolitik etabliert.[4] Im Jahr 2015 erfolgte mit der Erarbeitung von siebzehn globalen Nachhaltigkeitszielen im Rahmen der sog. Agenda 2030 ein weiterer Schritt zur Fortentwicklung und Konkretisierung des Nachhaltigkeitsbegriffs.[5]

Die konkrete Bedeutung „des“ Nachhaltigkeitsprinzips hängt von der Intention der Rechtserzeuger, der Bedeutung der rechtlichen Texte und dem Verwendungskontext ab. Das gilt neben dem Inhalt im engeren Sinne

1 *D. H. Meadows* u.a., The Limits of Growth, New York 1972, S. 24.

2 UNGA, Report of the World Commission on Environment and Development: Our Common Future, 04.08.1987, A/42/427, Annex, 54 u.ö.

3 Vgl. nur UNGA, Report of the World Commission on Environment and Development: Our Common Future, 04.08.1987, A/42/427, Annex, 51.

4 *W. Berg*, Nachhaltigkeit und Umweltstaat, in: W. Kahl (Hrsg.), Nachhaltigkeit als Verbundbegriff, Tübingen 2008, S. 425 (430 f.).

5 UNGA, Transforming our world: the 2030 Agenda for Sustainable Development, 25.09.2015, A/RES/70/1.

auch für die Frage, ob es sich bei „Nachhaltigkeit" – aus rechtstheoretischer Sicht – um ein Prinzip oder eine Regel handelt.[6] Spricht man vom Nachhaltigkeitsprinzip im Singular, bedarf es deshalb stets der Vergewisserung und Einschränkung, dass wir ggf. von einem bereichsspezifischen Nachhaltigkeitsprinzip sprechen, das nicht für alle Stufen des Rechts und für alle Rechtsbereiche gleichermaßen gilt. Je nachdem, ob wir uns auf das internationale Recht, das Europarecht, das nationale Recht, das Gesellschaftsrecht, das Wirtschaftsstrafrecht oder das Naturschutzrecht beziehen, korrespondiert dem ggf. ein unterschiedliches Verständnis von Nachhaltigkeit.[7] Diese Mehrdeutigkeit wird hier verengt auf die öffentlich-rechtliche Perspektive des Umweltrechts bzw. die ökologische Dimension von Nachhaltigkeit, wobei nicht näher zwischen dem nationalen, supranationalen und internationalen Recht differenziert wird. Dies erscheint deshalb unproblematisch, weil es vor allem um die Kerninhalte von Nachhaltigkeit geht, die sich auf allen drei Ebenen wiederfinden.

Nach überwiegender Einschätzung stellt Nachhaltigkeit ein dreidimensionales Prinzip dar, mit dem das Ziel verfolgt wird, Ökonomie, Ökologie und Soziales auf einem je nachhaltigen Niveau auszubalancieren.[8] Diese Dreidimensionalität überformt die nationale, europäische wie auch internationale Nachhaltigkeitsdiskussion. Mit dem allgemeinen Rechtsprinzip der Nachhaltigkeit soll die Entwicklung von Staaten und Gesellschaften

6 Dem Text liegt die Annahme zugrunde, dass „Nachhaltigkeit" im nationalen, europäischen wie auch internationalen Umweltrecht grundsätzlich als Rechtsprinzip einzuordnen ist, in Ausnahmefällen allerdings auch Regelcharakter haben kann. Vgl. zu dieser Diskussion für den Bereich des internationalen Umweltrechts mit weit. Nachw. *A. Proelß*, Prinzipien des internationalen Umweltrechts, in: ders. (Hrsg.), Internationales Umweltrecht, 2. Aufl., Berlin/Boston 2022, 3. Abschn. Rn. 61–63, der Nachhaltigkeit im internationalen Umweltrecht als Rechtsregel einordnet.

7 Bis vor wenigen Jahren wurden Fragen der Nachhaltigkeit – zumindest unter diesem Begriff – vor allem aus der öffentlich-rechtlichen Perspektive erörtert, während Nachhaltigkeit gegenwärtig auch vermehrt zum Gegenstand zivil- und strafrechtlicher Studien gemacht wird. Vgl. neben den Beiträgen dieses Tagungsbands für das Zivilrecht *A. Halfmeier*, Nachhaltiges Privatrecht, AcP 216 (2016), 717; *J.-E. Schirmer*, Nachhaltigkeit in den Privatrechten Europas, ZEuP 2021, 35; *J. Ekkenga/C. Schirrmacher/B. Schneider*, Offene Fragen zur rechtlichen Steuerung nachhaltigen Unternehmertums, NJW 2021, 1509.; für das Strafrecht *L. Sommerer*, Wirtschaftsstrafrechtliche Rahmenbedingungen einer nachhaltigen Gesellschaft?, Rechtswissenschaft 12 (2021), 119; *Böck*, Ökozid: Umweltschutz durch Völkerstrafrecht?, Bonner Rechtsjournal 2022, 32.

8 Für das europäische Umweltrecht *E. Scotford*, Environmental Principles and the Evolution of Environmental Law, Oxford 2017, S. 91 ff.; für das internationale Umweltrecht *Proelß*, Prinzipien (Fn. 6), S. 142 f.

unter ausgleichender Berücksichtigung der „drei Nachhaltigkeitsdimensionen Wirtschaft, Umwelt, Soziales“ erfolgen.[9] Bei der Frage, inwieweit das Prinzip der Nachhaltigkeit in spezifischen Konstellationen konkretisiert werden sollte, gilt es nach allgemeiner Ansicht, ökonomische, ökologische und soziale Aspekte zu würdigen, ohne dass ein allgemeiner Vorrang einer der drei Dimensionen bestehen würde.[10] Stellenweise wird ein relativer Vorrang der ökologischen Dimension vertreten, wobei insbesondere auf die existenziellen ökologischen Lebensbedingungen abgestellt wird.[11]

Ein weiteres Charakteristikum von Nachhaltigkeit ist deren Zukunftsbezug. Das Nachhaltigkeitsprinzip beinhaltet anlagenbedingt eine intergenerationelle Dimension.[12] Ungeachtet von Konkretisierungsschwierigkeiten nimmt das Nachhaltigkeitsprinzip die Akteure in die Verantwortung, die ausbalancierende Integration ökologischer, sozialer und ökonomischer Belange nicht nur unter Berücksichtigung gegenwärtiger, sondern auch künftiger Bedarfe vorzunehmen. In der für die Entwicklung und inhaltlichen Prägung des Nachhaltigkeitsprinzips bedeutsamen – rechtlich unverbindlichen – Rio-Deklaration heißt es in Grundsatz 3 in Anlehnung an den Brundtland-Bericht beispielsweise, dass das Recht auf Entwicklung so verwirklicht werden muss, dass den Entwicklungs- und Umweltbedürfnissen der heutigen Generation und der kommenden Generationen in gerechter Weise entsprochen wird.[13] Der auf nationaler Ebene in Art. 20a GG verankerte Auftrag an die staatlichen Gewalten, die natürlichen Lebensgrundlagen „auch in Verantwortung für die künftigen Generationen“ zu schützen,

9 Die Bundesregierung, Deutsche Nachhaltigkeitsstrategie, Berlin 2016, S. 25.

10 *A. Glaser*, Nachhaltige Entwicklung und Demokratie, Tübingen 2006, S. 47.

11 Vgl. zu dieser Diskussion mit zahlr. Nachw. *W. Kahl*, Juristisches Fachgutachten zur Aufnahme der Nachhaltigkeit in die Verfassung für das Land Nordrhein-Westfalen, Teilbericht zum Forschungsmodul A4 im Forschungsprojekt: „Umsetzungserfahrungen mit Landesnachhaltigkeitsstrategien – Fallstudie Landesnachhaltigkeitsstrategie NRW“, Wuppertal Institut für Klima, Umwelt, Energie (Hrsg.), Wuppertal 2020, S. 15 ff.

12 *I. Appel*, Staatliche Zukunfts- und Entwicklungsvorsorge, Tübingen 2005, insb. S. 329–331.

13 UNGA, Rio Declaration on Environment and Development, Report of the United Nations Conference on Environment and Development, 12.08.1992, A/Conf.151/26 (Vol. I) Annex I; näher dazu *U. Beyerlin*, Rio-Konferenz 1992: Beginn einer neuen globalen Umweltrechtsordnung?, ZaöRV 54 (1994), 124.

stellt insoweit eine – teilweise[14] – Konstitutionalisierung des Nachhaltigkeitsprinzips dar.[15]

2. Konkretisierungserfordernis und Durchsetzungsschwäche

Das Prinzip der Nachhaltigkeit bedarf sowohl hinsichtlich der bereichsspezifischen Nachhaltigkeitsziele als auch der Instrumente zur Erreichung dieser Ziele der Konkretisierung. Nicht ausreichend ist, die rechtliche Verwendung von Nachhaltigkeit darauf zu beschränken, als Ziel eines internationalen Abkommens und nationalen Umweltgesetzes vorangestellt zu werden, um idealerweise auslegungsleitend zu wirken.[16]

Die Dreidimensionalität des Nachhaltigkeitsprinzips erweist sich angesichts der Abstraktheit und partiellen Gegenläufigkeit der Ziele als Hemmnis für die argumentative Durchschlagskraft. Nachhaltigkeit bemüht sich um die Quadratur des Kreises, indem zugleich die ökonomische und die ökologische Entwicklung zum gleichberechtigten Ziel erklärt werden, ohne dass ein (beschränkter) Vorrang etabliert wird. Bedeutet Nachhaltigkeit, einen vernünftigen Ausgleich zwischen ökologischen, ökonomischen und sozialen Belangen herzustellen, gerät das Prinzip in Gefahr, uferlos und infolgedessen in seiner handlungsleitenden Dimension unterminiert zu werden. Das Austarieren von ökologischen, ökonomischen und sozialen Belangen dürfte nicht selten zu einem argumentativen Stillstand führen. Das dreidimensionale Nachhaltigkeitsprinzip unterscheidet sich der Sache nach nicht von einem allgemeinen Prinzip, das menschliche Zusammenleben vernünftig – und das heißt, unter Berücksichtigung der je gerechtfertigten Belange – zu regeln. Die Deckungsgleichheit der dreidimensionalen Nachhaltigkeit mit einem Gebot vernünftiger Politik lässt sich auch auf einer konkreteren Ebene veranschaulichen. Auf der Ebene der Bauleitplanung gilt das Gebot, dass die für den Erlass eines Bebauungsplans relevan-

---

14 Es handelt sich um eine teilweise Konstitutionalisierung des Nachhaltigkeitsprinzips, weil Art. 20a GG nur die ökologische, nicht die soziale und ökonomische Dimension von Nachhaltigkeit beinhaltet. Wie hier *G. Beaucamp*, Das Konzept der zukunftsfähigen Entwicklung im Recht, Tübingen 2002, S. 166 f.; *J. Monien*, Prinzipien als Wegbereiter eines globalen Umweltrechts?, 2014, S. 223.

15 *J. Caspar*, Ökologische Verteilungsgerechtigkeit und moderner Rechtsstaat am Beispiel des Klimaschutzes, ARSP 83 (1997), 338 (356 ff.); *Appel*, Entwicklungsvorsorge (Fn. 12), S. 295–298; *Monien*, Prinzipien (Fn. 14), S. 222.

16 *M. Kment*, Die Neujustierung des Nachhaltigkeitsprinzips im Verwaltungsrecht, Tübingen 2019, S. 44.

ten Belange gegeneinander und untereinander gerecht abzuwägen sind. Gegenstand einer gerechten Abwägung sind alle potenziell relevanten und damit in aller Regel sowohl ökologische, ökonomische als auch soziale Belange. Erhält der rechtliche Rahmen der bauleitplanerischen Abwägung einen Mehrwert, wenn zusätzlich die nachhaltige Entwicklung der Bebauungspläne als Ziel aufgenommen wird? Dass Nachhaltigkeit in bestimmten rechtlichen Kontexten gleichbedeutend mit vernünftiger Politik bzw. Rechtsetzung ist, spricht nicht ausschlaggebend gegen die Dreidimensionalität. Soll Nachhaltigkeit allerdings eine handlungsleitende Bedeutung entfalten, bedarf es einer bereichsspezifischen Erarbeitung von nachhaltigkeitsbezogenen Regeln, bei denen von der Dreidimensionalität erforderlichenfalls Abstand genommen wird.

Zudem zeichnet sich das Nachhaltigkeitsprinzip – wie sich nicht zuletzt auf der verfassungsrechtlichen und der unionsrechtlichen Ebene zeigt – durch eine schwache Auftragsdimension und eine vergleichsweise starke Rechtfertigungsdimension aus.[17] Diese Charakterisierung teilt das Nachhaltigkeitsprinzip mit Rechtsprinzipien im Allgemeinen. Gegenüber Rechtsregeln zeichnen sich Rechtsprinzipien dadurch aus, auf einen idealen Zustand gerichtet und insoweit graduell abstufbar und erfüllbar sowie abwägungsfähig und abwägungsbedürftig zu sein.[18] Ohne eine hinreichend konkrete, idealerweise in Regelform erfolgende Umsetzung fehlt es dem Nachhaltigkeitsprinzip demzufolge qua Prinzipiencharakter an argumentativer Durchschlagskraft.[19]

III. Nachhaltigkeit als Bewahrung von Belastbarkeitsgrenzen

Um die Anwendbarkeit des Nachhaltigkeitsprinzips zu fördern, wurden konkretisierte Nachhaltigkeitsziele – wie die siebzehn UN-Nachhaltigkeitsziele[20] – und verschiedene Grundsätze erarbeitet, die spezifische Aspekte des Prinzips zum Ausdruck bringen und konkretisieren. Zur näheren Ausgestaltung der ökologischen Dimension von Nachhaltigkeit zählen bei-

17 Siehe dazu *I. Appel*, Diskussionsbeitrag zu Panel 3: Recht und Nachhaltigkeit, in: J. P. Terhechte (Hrsg.), Rechtsgespräche, Baden-Baden 2022, S. 70.

18 Instruktiv *J. Rauber*, Strukturwandel als Prinzipienwandel, 2018, S. 153–191.

19 *Appel*, Entwicklungsvorsorge (Fn. 12), S. 414 f.

20 Die 17 Nachhaltigkeitsziele der UN werden durch 169 Zielvorgaben konkretisiert, vgl. UNGA, Transforming our world: the 2030 Agenda for Sustainable Development, 25.09.2015, A/RES/70/1, 14 ff.

spielsweise das – auf der europäischen Ebene in Art. 11 AEUV verankerte – Integrationsprinzip,[21] der im internationalen Umweltrecht entwickelte Grundsatz der angemessenen Mitnutzung grenzüberschreitender Ressourcen[22] und der Grundsatz des nachhaltigen Umgangs mit natürlichen Ressourcen.[23] Nachfolgend wird für einen ressourcenschutzorientierten Schwerpunkt des Nachhaltigkeitsprinzips argumentiert, dem zufolge die *ökologische* Dimension von Nachhaltigkeit insbesondere auf die Bewahrung von ökologischen Belastbarkeitsgrenzen gerichtet werden soll.

1. Bewahrung von Belastbarkeitsgrenzen: Überblick und Hintergrund

Nachhaltigkeit als Bewahrung von ökologischen Belastbarkeitsgrenzen zielt auf den Ressourcenschutz und den Schutz von Ökosystemen ab. Ökologische Ressourcen, Umweltmedien und Erdsystemprozesse weisen Belastbarkeitsgrenzen auf, deren Überschreitung irreversible und katastrophale Auswirkungen auf die Umwelt und die Lebensgrundlagen der Menschen haben kann. Die ökologische Dimension von Nachhaltigkeit bezweckt insoweit unter anderem, dass die Belastbarkeitsgrenzen eingehalten werden und die Stabilität der basalen Erdsystemprozesse und Ökosysteme erhalten bleibt. Ressourcenschützende Nachhaltigkeit zielt als Mindeststandard auf die Bewahrung der Belastbarkeitsgrenzen von Umweltmedien, Ökosystemen und deren Wechselwirkungen. Die tatsächlichen Belastbarkeitsgrenzen der Umwelt werden qua Recht zu Grenzen erlaubten menschlichen Handelns.[24]

Den Hintergrund für die Überlegung, die ökologische Dimension von Nachhaltigkeit als Bewahrung ökologischer Belastbarkeitsgrenzen zu verstehen, bilden erdsystemwissenschaftliche Modelle, die Belastbarkeitsgrenzen von Erd- bzw. Ökosystemen erforschen. Stellvertretend für diesen

---

21 *M. Montini*, The principle of integration, in: L. Krämer/E. Orlando (Hrsg.), Principles of Environmental Law, Cheltenham/Northampton 2018, S. 139 (142–146).

22 Dazu *G. Reichert*, in: A. Proelß (Hrsg.), Internationales Umweltrecht, 2. Aufl., 2022, 13. Abschn. Rn. 26 ff.

23 *S. Schlacke*, Nachhaltigkeit durch Umweltprüfungen, in: W. Kahl (Hrsg.), Nachhaltigkeit durch Organisation und Verfahren, Tübingen 2016, S. 335 (339); *Beaucamp*, Konzept (Fn. 14), S. 245 ff.

24 *R. E. Kim/L. J. Kotzé*, Planetary boundaries at the intersection of Earth system law, science and governance: A state-of-the-art review, Review of European, Comparative & International Environmental Law 30 (2021), 3 (13).

Zugriff[25] wird nachfolgend das 2009 veröffentlichte und kontinuierlich aktualisierte erdsystemwissenschaftliche Konzept der planetaren Belastbarkeitsgrenzen von *Rockström* u.a. dargestellt.[26] Mit diesem Konzept werden die Grenzen der ökologischen Belastbarkeit des Erdsystems und damit der Lebensgrundlagen der Menschheit definiert und quantifiziert. Ausgangspunkt für die Auswahl derjenigen Erdsystemprozesse, deren Belastbarkeitsgrenzen ermittelt werden, wie auch für die Festlegung der quantifizierten Belastbarkeitsgrenzen ist der Holozän-Zustand des Erdsystems, weil das Holozän als vergleichsweise sicherer Handlungsraum für die Entwicklung der menschlichen Zivilisation gilt.[27] Als planetare Belastbarkeitsgrenzen werden diejenigen ökologischen Grenzen bezeichnet, deren Überschreitung ein Risiko für die Stabilität der Ökosysteme der Erde und infolgedessen für die Lebensbedingungen der Menschheit darstellen. Neun Erdsystemprozesse wurden identifiziert, bei denen die Überschreitung von Belastbarkeitsgrenzen die Stabilität der Ökosysteme irreversibel schädigen und stabile Lebensgrundlagen dauerhaft gefährden würde. Dazu zählen neben dem Klimawandel, der Intaktheit der Biosphäre (Biodiversität) und dem Ozonverlust in der Stratosphäre beispielsweise auch biogeochemische Flüsse (Stickstoff und Phosphor) und die Versauerung der Meere.[28] Für die einzelnen Erdsystemprozesse werden Kontrollvariablen festgelegt – wie beispielsweise die atmosphärische CO_2-Konzentration für den Klimawandel –, die unter Beachtung des Vorsorgegedankens und unter Orientierung am Zustand im Holozän quantifiziert werden. Sowohl bei der Ermittlung der relevanten ökologischen Prozesse bzw. Systeme als auch bei der Quantifizierung der Belastbarkeitsgrenzen wird der Vorsorgegedanke angewendet, um einen hinreichend sicheren Abstand zur Verursachung irreversi-

---

25 Damit vergleichbar ist das Konzept der planetarischen Leitplanken des *Wissenschaftlichen Beirat der Bundesregierung Globale Umweltveränderungen* (WBGU), vgl. nur WBGU, Zivilisatorischer Fortschritt innerhalb planetarischer Leitplanken: Ein Beitrag zur SDG-Debatte, Politikpapier Nr. 8, 2014, 6.

26 Grundlegend *J. Rockström* u.a., Planetary Boundaries: Exploring the Safe Operating Space for Humanity, Ecology & Society 14 (2009), Art. 32; *ders.* u.a., A Safe Operating Space for Humanity, Nature 461 (2009), 472 ff.; *W. Steffen* u.a., Planetary boundaries: Guiding human development on a changing planet, Science 347 (2015), 736 ff.; siehe auch *W. Kahl*, Juristisches Fachgutachten (Fn. 11), 18.

27 *Rockström* u.a., Planetary Boundaries (Fn. 26), Abb. 1; *ders.* u.a., Safe Operating Space (Fn. 26), 472.

28 Im Übrigen: Aerosolgehalt der Atmosphäre; sog. Neue Substanzen und modifizierte Lebensformen; Landnutzungswandel; Süßwassernutzung.

bler, nicht-vorhersehbarer katastrophaler Auswirkungen zu haben.[29] Die ökologischen Belastbarkeitsgrenzen markieren zum einen eine Grenze für die Nutzung von Ressourcen und die Belastung von Erdsystemprozessen, deren Überschreitung nicht vorhersehbare negative Auswirkungen haben wird. Zum anderen umrahmen sie den menschlichen Handlungsraum, innerhalb dessen sich die Erde in einem für die Menschheit sicheren Zustand befindet.[30] Seit dem Jahr 2022 werden fünf der neun planetaren Belastbarkeitsgrenzen überschritten.[31]

Ein daran anknüpfendes Verständnis von Nachhaltigkeit, das Nachhaltigkeit insbesondere als Bewahrung von Belastbarkeitsgrenzen versteht, beschränkt sich nicht auf die ökologische Säule, vielmehr enthält es Implikationen für das Verhältnis der drei Säulen der Nachhaltigkeit zueinander. Sofern Nachhaltigkeit als Bewahrung von ökologischen Belastbarkeitsgrenzen verstanden wird, ist es – wenn auch nicht zwingend, so doch – konsequent, die Gleichrangigkeit der drei Säulen der Nachhaltigkeit aufzugeben und spezifischen ökologischen Belangen einen spezifischen Vorrang einzuräumen. Erforderlich ist nicht, dass ökologischen Belangen insgesamt ein Vorrang vor ökonomischen und sozialen Belangen eingeräumt wird. Erstens beschränkt sich der Vorrang der ökologischen Säule auf diejenigen ökologischen Prozesse bzw. Systeme, die für die Stabilität des Erdsystems und für die Lebensgrundlagen der Menschen von konstitutiver Bedeutung sind. Zweitens sollte hinsichtlich dieser zentralen ökologischen Prozesse bzw. Systeme nur insoweit ein Vorrang gegenüber ökonomischen und sozialen Belangen bestehen, als ein ernstzunehmendes Risiko besteht, dass die jeweiligen ökologischen Belastbarkeitsgrenzen überschritten werden. Sofern hinreichend Abstand zu den ökologischen Belastbarkeitsgrenzen einzelner ökologischer Prozesse bzw. Systeme besteht – also innerhalb des sicheren Handlungsraums –, bleibt es bei der Gleichrangigkeit der drei Säulen der Nachhaltigkeit. Dieser beschränkte Vorrang ist auch mit Blick auf das nationale Verfassungsrecht gerechtfertigt.[32] Verfassungsrechtliche Güter

---

29 *J. Rockström* u.a., Planetary Boundaries (Fn. 26); *E. F. Fernández/C. Malwé*, The emergence of the 'planetary boundaries' concept in international environmental law: A proposal for a framework convention, Review of European, Comparative & International Environmental Law 28 (2019), 48 (49).

30 Titelgebend bei *J. Rockström* u.a., Planetary Boundaries (Fn. 26).

31 Vgl. die aktuelle Studie zur Überschreitung der Belastbarkeitsgrenzen bei den sog. Neuen Substanzen *L. Persson*, Outside the Safe Operating Space of the Planetary Boundary for Novel Entities, Environmental Science & Technology 56 (2022), 1510.

32 Überzeugend *Kahl*, Juristisches Fachgutachten (Fn. 11), 17 f.

sind zwar grundsätzlich gleichrangig, womit ein Vorrang einzelner Verfassungsrechtsgüter nicht kompatibel zu sein scheint. Allerdings beschränkt sich der ökologische Vorrang, wie gesehen, auf die Einhaltung der Belastbarkeitsgrenzen derjenigen ökologischen Prozesse und Systeme, die für die Stabilität des Erdsystems und die Lebensgrundlagen von existenzieller Bedeutung sind. Dieses ökologische Mindestmaß ist notwendige Voraussetzung für jede Form von ökonomischer und sozialer Entwicklung und basale Existenzvoraussetzung für individuelle Rechtsgüter und deren Abwägung mit kollidierenden Gütern.[33] Die (potenziell gefährdeten) ökologischen Belastbarkeitsgrenzen stellen somit eine vorrangige Grundlage für ökonomische, soziale und sonstige ökologische Belange dar. Die ökologischen Belastbarkeitsgrenzen, deren Einhaltung eine basale Existenzvoraussetzung für individuelle Rechtsgüter bildet, sind nicht notwendigerweise diejenigen, die beispielsweise von *Rockström* u.a. identifiziert wurden.

Der Ansatz, ausgehend von ökologischen Belastbarkeitsgrenzen langfristig Umweltqualitätsziele zu erhalten, entspricht der Kernidee von Nachhaltigkeit. Ungeachtet der unterschiedlichen Bedeutungsverständnisse und bereichsspezifischen Unterschiede von „Nachhaltigkeit" besteht bereichs- und verständnisübergreifend Konsens darüber, dass das Prinzip der Nachhaltigkeit auch mit Blick auf künftige Generationen auf eine schonende Ressourcennutzung und eine Begrenzung der Belastung der Ökosysteme gerichtet ist, um einen Zusammenbruch der Ökosysteme zu vermeiden. Eine zentrale Botschaft des Berichts *The Limits of Growth* aus dem Jahr 1972, der den Nachhaltigkeitsdiskurs maßgeblich geprägt hat und nach wie vor prägt, besteht darin, vor einem Zusammenbruch der ökologischen und ökonomischen Systeme infolge eines unbegrenzten Wachstums zu warnen.[34] In vergleichbarer Weise spricht der Brundtland-Bericht von „thresholds that cannot be crossed without endangering the basic integrity of the system".[35] Der Schutz des Erdsystems und der zentralen ökologischen Systeme und Prozesse vor einem Zusammenbruch aufgrund unbegrenzter Ressourcennutzung und Umweltbelastung war in diesen Berichten bereits angelegt.[36] Das Konzept der planetaren Belastbarkeitsgrenzen markiert –

33 *K. F. Gärditz*, Umweltgesetzbuch und Umweltgesamtplanung, Die Verwaltung 40 (2007), 203 (234); *Kahl*, Juristisches Fachgutachten (Fn. 11), 17 f.

34 *Meadows* u.a., The Limits (Fn. 1), 158: Erforderlich sei eine Weltordnung, „that is sustainable without sudden and uncontrollable collapse".

35 UNGA, Report of the World Commission on Environment and Development: Our Common Future, 04.08.1987, A/42/427, Annex, 44.

36 Vgl. *Fernández/Malwé*, The emergence (Fn. 29), 49.

orientiert an einem holozän-artigen Zustand – die Grenzwerte für den Zusammenbruch des Erdsystems und der wesentlichen ökologischen Systeme und harmoniert insoweit mit der Idee der Nachhaltigkeit.

2. Bewahrung von Belastbarkeitsgrenzen: Rechtliche Perspektive

Das Konzept der planetaren bzw. ökologischen Belastbarkeitsgrenzen ist ein erdsystemwissenschaftliches, kein rechtliches Konzept. Es leistet einen wichtigen Beitrag, um die tatsächlichen Auswirkungen der Lebens- und Wirtschaftsweise der Menschheit und von politischen Entscheidungen einordnen und – unter dem Gesichtspunkt der ökologischen Belastbarkeit – beurteilen zu können, ersetzt jedoch nicht die politische Auseinandersetzung und Entscheidung. Erforderlich ist, das erdsystemwissenschaftliche Konzept der ökologischen Belastbarkeitsgrenzen mit sozial-, politik- und rechtswissenschaftlichen Perspektiven zu ergänzen.[37] Dass die Spielräume zur Handhabung des Nachhaltigkeitsprinzips dahingehend konkretisiert werden können, ökologische Belastbarkeitsgrenzen zu bewahren, macht das Erfordernis der rechtlichen Übersetzung dieses Nachhaltigkeitsverständnisses nicht entbehrlich. Die Verrechtlichung der Grundidee des Konzepts der planetaren bzw. ökologischen Belastbarkeitsgrenzen – oder eines vergleichbaren Konzepts – ist äußerst komplex und muss auf der globalen, nationalen und regionalen Ebene erfolgen, um erfolgversprechend zu sein.[38] Nachfolgend werden vereinzelte Aspekte dieser rechtlichen Perspektive hervorgehoben.

Ausgangsüberlegung für die rechtliche Umsetzung ist das Ziel, die ökologischen Belastbarkeitsgrenzen, soweit möglich, als Grenzen rechtlich erlaubten Handelns auszuweisen.[39] Grundbedingung ist, dass für die jeweiligen ökologischen Systeme bzw. Prozesse quantifizierbare Belastbarkeitsgrenzen angegeben werden können. Soweit dies der Fall ist, verfügt das Recht über die erforderlichen Instrumente, um die ökologischen Belast-

---

37 *L. J. Kotzé/D. French*, Staying within the planet's 'safe operating space'? Law and the planetary boundaries, in: dies. (Hrsg.), Research Handbook on Law, Governance and Planetary Boundaries, Cheltenham/Northampton 2021, 1 (7); *L. Collins*, Science, law and planetary uncertainty, in: ebd., 84 (93); vgl. auch *W. Steffen* u.a., Planetary Boundaries: Guiding Human Development on a Changing Planet, Science 347 (2015), 1259855.

38 *Kotzé/French*, Staying within (Fn. 37), 8.

39 *Kim/Kotzé*, Planetary boundaries (Fn. 24), 13.

barkeitsgrenzen in rechtliche Grenzen zu übersetzen. Ein maßgebendes Instrument dürfte darin zu sehen sein, ausgehend von einem planerischen Bewirtschaftungsansatz quantifizierte Grenzen festzulegen und diese Grenzen mit einem Verschlechterungsverbot zu verbinden. Zahlreiche bestehende Rechtssysteme verwenden im Bereich des Umweltrechts bereits heute quantifizierte Zielvorgaben und damit verbundene Verschlechterungsverbote.[40] Allen voran das europäische Umweltrecht und die europäisierten mitgliedstaatlichen Umwelt- und Planungsrechtssysteme zeichnen sich durch diese Regelungstechnik aus.[41] Hier zeigt sich die Tendenz, ökologische Zielvorgaben als zwingende, abwägungsresistente rechtliche Vorgaben festzulegen und die Zielvorgabe mit einem Verschlechterungsverbot zu verknüpfen. Dieser Ansatz zeigt sich beispielsweise im europäischen Gewässerschutzrecht, dessen Herzstück das wasserrechtliche Verschlechterungsverbot mit den Qualitätszielen darstellt, und im Luftqualitätsrecht, das zwingende und justiziable Grenzwertvorgaben in einen planungsrechtlichen Ansatz integriert.[42] Diese regulativen Ansätze müssten ausgeweitet und verstärkt auf der Grundlage der wissenschaftlich ermittelten ökologischen Belastbarkeit modelliert werden und darüber hinaus die Wechselwirkungen zu anderen ökologischen Systemen und Prozessen, die für die Erhaltung eines holozän-artigen Zustands der Erde wesentlich sind, einbeziehen.

Das Konzept der planetaren Belastbarkeitsgrenzen beinhaltet nicht, anhand welcher Instrumente und in welchen Verfahrensarrangements ökologische Belastbarkeitsgrenzen mit Mitteln des Rechts verfolgt werden sollen. Erforderlich sind hinreichend legitimierte Institutionen auf der globalen, nationalen und regionalen Ebene, die die wissenschaftlichen Festlegungen

40 Zum Verschlechterungsverbot im internationalen Umweltrecht *M. Prieur*, Non-regression in Environmental Law, SAPIENS 5 (2012), 53 ff.; *L. Collins*, Principle of non-regression, in: J.-F. Morin/A. Orsini (Hrsg.), Essential Concepts of Global Environmental Governance, 2. Aufl., Abingdon/New York 2020, S. 205 (205 f.); *M. Vordermayer-Riemer*, Non-Regression in International Environmental Law: Human Rights Doctrine and the Promises of Comparative International Law, Cambridge 2020, S. 277 ff., 463 ff.

41 *Appel*, Entwicklungsvorsorge (Fn. 12), S. 448 f.; *ders.*, Planungsrecht als Umsetzungsrecht: Zum Einfluss des Europäischen Unionsrechts auf das Planungsrecht, EurUP 19 (2021), 110 (insb. 120); *ders.*, Diskussionsbeitrag (Fn. 17), 71 f.

42 Zum europäischen Gewässerschutzrecht *Appel*, Entwicklungsvorsorge (Fn. 12), 467–469; zum europäischen Luftqualitätsrecht *ders./A. Stark*, Zwischen Unionsrechtswidrigkeit und Irrelevanz: Zur Bedeutung des neuen § 47 Abs. 4a BImSchG für die Luftreinhalteplanung, NVwZ 2019, 1552 (1553).

unter Berücksichtigung von weiteren Belangen – wie der Verteilungsgerechtigkeit – in rechtliche Regelungsansätze umsetzen. Zu berücksichtigen ist nicht zuletzt, dass die erdsystemwissenschaftlichen Ermittlungen auf Wertungen und Prognosen beruhen, die bei der rechtlichen Umsetzung zu reflektieren und ggf. zu modifizieren sind. Zu prüfen wäre beispielsweise, ob die Anwendung des Vorsorgegedankens, wie er dem Konzept der planetaren Belastbarkeitsgrenzen zugrunde liegt, mit dem Verständnis von Vorsorge im jeweiligen rechtlichen Kontext kompatibel ist. Das Belastungs- und damit korrespondierend das Erhaltungsniveau von Umweltmedien bemisst sich zudem unter anderem nach der künftigen Nutzbarkeit von Umweltmedien und allgemein danach, ob künftigen Generationen – im intergenerationellen Vergleich – faire Möglichkeiten hinterlassen werden, um künftige Bedarfe zu erfüllen. Auch diese Fragen erfordern politisch legitimierte Entscheidungen. Ökologische Belastbarkeitsgrenzen sollten hierfür den wissenschaftlichen Ausgangspunkt darstellen und einen Entscheidungsrahmen vorgeben, sie können und sollten die Entscheidung allerdings nicht vorwegnehmen. Nicht zuletzt bedarf es ggf. auch einer Berücksichtigung der sozialen und ökonomischen Belange im Rahmen der Quantifizierung der ökologischen Belastbarkeitsgrenzen, um näher zu definierende Niveaus der sozialen und ökonomischen Entwicklung zu sichern.

Die Orientierung an Belastbarkeitsgrenzen dürfte für die rechtliche Umsetzung des Nachhaltigkeitsgedankens erhebliche Vorteile aufweisen. Erstens trägt dieses Verständnis von Nachhaltigkeit dem Umstand Rechnung, dass Ressourcen ein knappes Gut darstellen und die Nutzung von Ressourcen eine Frage der Verteilungsgerechtigkeit darstellt. Sowohl intra- als auch intergenerationell stehen nicht allen Personen und Personengruppen gleichermaßen Ressourcen zur Verfügung, um Bedarfe und Interessen zu befriedigen. Ein Verständnis von ökologischer Nachhaltigkeit als Bewahrung von Belastbarkeitsgrenzen stellt einen tauglichen Ausgangspunkt für eine faire Verteilung der Nutzung von Ressourcen dar, weil dieser Ansatz eine Ermittlung der ökologisch zulässigen Belastungen voraussetzt, die für eine Verteilung zur Verfügung stehen. Zweitens erscheint es plausibel, dass das Instrument der Belastbarkeitsgrenzen in Kombination mit Verschlechterungsverboten eher geeignet ist, Langfristinteressen zu wahren als alternative Lösungsansätze. Einerseits werden künftige Interessen zumindest teilweise bereits bei der Festlegung der Belastbarkeitsgrenzen einbezogen, andererseits soll die Zuordnung von Nutzungsrechten innerhalb der ermittelten Belastbarkeitsgrenzen intragenerationell fair erfolgen. Mittels eines

Bewirtschaftungsansatzes erscheint es aussichtsreicher, Langfristinteressen kontinuierlich zu integrieren und nicht zulasten von Kurzfristinteressen[43] aufzuschieben, weil die zulässigen Belastungen innerhalb der Belastbarkeitsgrenzen über die Zeit verteilt werden. Drittens erleichtert eine bewirtschaftungsrechtliche Ausgestaltung von Nachhaltigkeit, staatliche Akteure für die Missachtung ökologischer Erfordernisse verantwortlich zu machen. Die durch die Festlegung von Belastbarkeitsgrenzen erfolgende Quantifizierung setzt eindeutige, anwendbare Kriterien fest, anhand derer staatliches Handeln beurteilt werden kann.

3. Klimawandel, CO_2-Budgets und Klimaschutzrecht

Der Klimawandel stellt einen der maßgeblichen Prozesse für die Stabilität des Erdsystems dar. Die planetare Belastbarkeitsgrenze wird von *Steffen u.a.* anhand zweier Kontrollvariablen festgelegt: der atmosphärischen CO_2-Konzentration und dem globalen Strahlungsantrieb.[44] Die CO_2-Belastbarkeitsgrenze wurde bei 350 ppm festgelegt und die Unsicherheitszone betrifft das Spektrum von 350 ppm bis 450 ppm. Gegenwärtig weist die atmosphärische CO_2-Konzentration einen Wert von ca. 418 ppm auf.[45] Die CO_2-Konzentration befindet sich in der sog. Unsicherheitszone und nimmt kontinuierlich zu. Der globale Strahlungsantrieb beschreibt die Energiebilanz der Erde, die durch die Änderung der Nettoeinstrahlung von Energie – Einstrahlung minus Ausstrahlung – an der Erdoberfläche infolge von externen Faktoren wie insbesondere dem Treibhausgaseffekt ermittelt wird.[46] Die Unsicherheitszone der Belastbarkeitsgrenze erstreckt sich auf einen Anstieg des globalen Strahlungsantriebs von +1,0 bis +1,5 Watt/m^2 an

---

43 *P. Saladin*, Probleme des langfristigen Umweltschutzes, KritV 4 (1989), 27 (33); *D. Ludwig/R. Hilborn/C. Walters*, Uncertainty, Resource Exploitation, and Conservation: Lessons from History, Science 260 (1993), 17 (35 f.); *Appel*, Entwicklungsvorsorge (Fn. 12), 85 ff.; vgl. auch *W. Kahl*, Nachhaltigkeit und Institutionen – eine rechtswissenschaftliche Sicht, in: ders. (Hrsg.), Nachhaltigkeit als Verbundbegriff, Tübingen 2008, 267 (275 ff.).

44 *W. Steffen* u.a., Planetary boundaries: Guiding human development on a changing planet, Science 347 (2015), 1259855–4.

45 *National Oceanic and Atmospheric Administration*, Carbon Cycle Greenhouse Gases, abrufbar unter: https://gml.noaa.gov/ccgg/ (Stand: 15. April 2023).

46 Vgl. IPCC, Climate Change 2007: Synthesis Report, Contribution of Working Groups I, II and III to the Fourth Assessment Report of the Intergovernmental Panel on Climate Change, 2008, 36 mit Fn. 4.

der Erdoberfläche im Vergleich zum vorindustriellen Niveau. Die Belastbarkeitsgrenze der Kontrollvariable des globalen Strahlungsantriebs wird seit Jahren überschritten; im Jahr 2021 betrug der globale Strahlungsantrieb ca. +3,22 Watt/m^2.[47]

In seiner Anfangsphase enthielt das internationale Klimaschutzrecht keine Ansätze, die die Grundidee der planetaren Belastbarkeitsgrenzen verkörperten. Die Klimarahmenkonvention formuliert in Art. 2 als Ziel des Übereinkommens zwar die „stabilization of greenhouse gas concentrations in the atmosphere at a level that would prevent dangerous anthropogenic interference with the climate system".[48] Sowohl die Klimarahmenkonvention als auch das Konzept der planetaren Belastbarkeitsgrenzen beinhalten somit zwar beide das Ziel, gefährliche Auswirkungen des Klimawandels durch eine Reduktion der atmosphärischen CO_2-Konzentration zu erreichen. Die Klimarahmenkonvention verwendet jedoch keine quantifizierten Zielvorgaben als Instrument für eine Reduktion der CO_2-Konzentration oder für eine Begrenzung des Temperaturanstiegs. Als einen wichtigen Zwischenschritt für die Entwicklung des internationalen Klimaschutzrechts und dessen Kompatibilität mit erdsystemwissenschaftlichen Modellen erweist sich das Kyoto Protokoll.[49] Mit dem Kyoto Protokoll verpflichteten sich die sog. Annex I-Parteien erstmalig zu einer Reduktion von Treibhausgasemissionen.[50] Auch wenn die Vertragsparteien kein globales Reduktionsziel, das für eine Bewahrung von Belastbarkeitsgrenzen eingehalten werden muss, vereinbart haben, stellt Kyoto eine wichtige Etappe für die Etablierung verbindlicher Reduktionsziele auf der internationalen Bühne dar. Im Jahr 2015 einigten sich die Vertragsparteien des Pariser Klimaabkommens nach mehreren erfolglosen Anläufen,[51] eine quantifizierte globale Zielvorgabe in das internationale Klimaschutzrecht aufzunehmen. Die

---

47 *National Oceanic and Atmospheric Administration*, The NOAA Annual Greenhouse Gas Index (AGGI), abrufbar unter: https://gml.noaa.gov/aggi/aggi.html.

48 United Nations Framework Convention on Climate Change, 09.05.1992, FCCC/INFORMAL/84 GE.05 – 62220 (E) 200705, in: International Legal Materials 31 (1992), 849 ff.

49 Zum Kyoto Protokoll *P.-T. Stoll/H. Krüger*, Klimawandel, in: A. Proelß (Hrsg.), Internationales Umweltrecht, 2. Aufl., Berlin/Boston 2022, 9. Absch. Rn. 54 ff.

50 Art. 3 Kyoto Protocol to the United Nations Framework Convention on Climate Change, verabschiedet am 11.12.1997, in Kraft getreten am 16.02.2005, 2303 UNTS 162.

51 *Y. Gaoa/X. Gaob/X. Zhang*, The 2°C Global Temperature Target and the Evolution of the Long-Term Goal of Addressing Climate Change – From the United Nations Framework Convention on Climate Change to the Paris Agreement, Engineering 3 (2017), 272.

Vertragsparteien verpflichteten sich, die Erderwärmung auf deutlich unter 2 Grad Celsius gegenüber dem vorindustriellen Niveau zu begrenzen und Anstrengungen zu unternehmen, um den globalen Temperaturanstieg auf möglichst 1,5 Grad Celsius zu begrenzen.[52] Das Pariser Klimaabkommen nimmt zwar nicht Bezug auf erdsystemwissenschaftliche Modelle bzw. das Konzept der planetaren Belastbarkeitsgrenzen. Der Ansatz des Abkommens ist allerdings strukturell geeignet, das Konzept der planetaren Belastbarkeitsgrenzen für den Klimawandel umzusetzen. In Übereinstimmung mit der Idee des Konzepts haben die Vertragsparteien mit dem Temperaturreduktionsziel eine globale Zielvorgabe festgesetzt, die als Belastbarkeitsgrenze fungiert, und diese Zielvorgabe mit der Verpflichtung verknüpft, nationale Minderungsziele zu erlassen, um das globale Ziel auf der nationalen und regionalen Ebene handhabbar zu machen. Maßgeblich für den Erfolg des Ansatzes ist jedoch, dass die nationalen Minderungsziele – was nach Ansicht des IPCC gegenwärtig nicht der Fall ist[53] – hinreichend anspruchsvoll festgelegt werden, um kumuliert das globale Ziel zu erreichen. Auch geeignete Regelungsansätze sind auf den politischen Umsetzungswillen angewiesen.

Die Entwicklungen des internationalen Klimaschutzrechts wurden sowohl auf der unionsrechtlichen als auch auf der nationalen Ebene aufgegriffen. Die EU verpflichtete sich mit dem sog. Europäischen Klimagesetz zur Klimaneutralität bis 2050 sowie zur Senkung der Nettotreibhausgasemissionen innerhalb der Union um mindestens 55 % bis 2030 im Vergleich zu 1990.[54] Das Ziel der Klimaneutralität dient ausdrücklich der Verwirklichung der Pariser Temperaturreduktionsziele. In vergleichbarer Weise verpflichtete sich der deutsche Gesetzgeber mit dem Bundes-Klimaschutzge-

---

52 Art. 2 Paris Agreement, verabschiedet am 12.12.2015, in Kraft getreten am 04.11.2016, 3156 UNTS; näher *Stoll/Krüger*, Klimawandel (Fn. 49), Rn. 74 ff.

53 IPCC, Sonderbericht über die Folgen einer globalen Erwärmung um 1,5 °C gegenüber vorindustriellem Niveau und die damit verbundenen globalen Treibhausgasemissionspfade im Zusammenhang mit einer Stärkung der weltweiten Reaktion auf die Bedrohung durch den Klimawandel, nachhaltiger Entwicklung und Anstrengungen zur Beseitigung von Armut, Zusammenfassung für politische Entscheidungsträger, 2018, 22.

54 Art. 2 Abs. 1 bzw. Art. 4 Abs. 1 Verordnung (EU) 2021/1119 des Europäischen Parlaments und des Rates vom 30. Juni 2021 zur Schaffung des Rahmens für die Verwirklichung der Klimaneutralität und zur Änderung der Verordnungen (EG) Nr. 401/2009 und (EU) 2018/1999 („Europäisches Klimagesetz"), ABl. 243/1; näher zu den Zielen *S. Schlacke/M. Köster/E.-M. Thierjung*, Das „Europäische Klimagesetz" und seine Konsequenzen, EuZW 2021, 620 (621 f.).

setz vor dem Hintergrund der Pariser Temperaturreduktionsziele zu einer schrittweisen Reduktion der Treibhausgasemissionen um mindestens 65 % bis 2030 gegenüber 1990 und um mindestens 88 % bis 2040.[55] Deutlich zeigt sich die Ausstrahlungswirkung der verbindlichen globalen Zielvorgabe, die auf der unionsrechtlichen Ebene und auf den nationalen Ebenen aufgegriffen und zugrunde gelegt wird.

Die Vorteile, die ein Verständnis von Nachhaltigkeit als Bewahrung von Belastbarkeitsgrenzen im Sinne des Konzepts der planetaren bzw. ökologischen Belastbarkeitsgrenzen hat, zeigen sich im Bereich des Klimaschutzrechts deutlich. Das lässt sich anhand des Klimaschutz-Beschlusses des Bundesverfassungsgerichts illustrieren, den es in dieser Form ohne den zielorientierten Regelungsansatz des internationalen und infolgedessen nationalen Klimaschutzrechts nicht gegeben hätte. Erwähnenswert ist insoweit zunächst, dass das Gericht auf die besondere Gefahr von Kipppunktprozessen für die ökologische Stabilität hingewiesen hat.[56] Zur Konkretisierung der normativen Anforderungen, die sich aus dem in Art. 20a GG enthaltenen Klimaschutzgebot ergeben, legt das Gericht seinen Ausführungen der Sache nach den Budgetansatz zugrunde. Der Budgetansatz dient dem Gericht dazu, das wissenschaftlich empfohlene und im Pariser Klimaabkommen verankerte Temperaturreduktionsziel in eine vertretbare normative Anforderung des verfassungsrechtlichen Klimaschutzgebots zu übersetzen.[57] Das globale Temperaturreduktionsziel wird zunächst in eine globale CO_2-Emissionsmenge umgerechnet, die sodann auf die einzelnen Staaten verteilt wird, sodass auf dieser Grundlage auch ein Restbudget für Deutschland ermittelbar ist. Mit diesem Vorgehen beschreibt das Gericht die Übersetzung einer planetaren Belastbarkeitsgrenze in die Sprache des Rechts. Aufgrund der Quantifizierung der festgelegten Belastbarkeitsgrenze und der erforderlichen Klimaschutzanforderungen werden Gerichte in die Lage versetzt, zu prüfen, ob die nationalen Klimaschutzmaßnahmen den festgelegten Anforderungen genügen. Dem Gesetzgeber wird es damit – auch für die Zukunft – schwieriger gemacht, sich auf Spielräume zu berufen und aus der Verantwortung zu ziehen.

---

55 § 3 Abs. 1 Bundes-Klimaschutzgesetz, zuletzt geändert am 18.08.2021, BGBl. I S. 3905.
56 BVerfG, Beschl. v. 24.03.2021, 1 BvR 2656/18 u.a., Rn. 21.
57 BVerfG, Beschl. v. 24.03.2021, 1 BvR 2656/18 u.a., Rn. 216.

IV. Fazit

Nachhaltigkeit hat Konjunktur. Nachdem das Nachhaltigkeitsprinzip zwischenzeitlich von anderen Prinzipien in den Schatten gestellt wurde, führen nicht zuletzt die Klimakrise und die Biodiversitätskrise wieder vor Augen, wie wichtig ein elaboriertes, anwendungstaugliches Verständnis von Nachhaltigkeit ist. In diesem Beitrag wurde der Versuch unternommen, die ökologische Dimension von Nachhaltigkeit insbesondere als Bewahrung von ökologischen Belastbarkeitsgrenzen zu verstehen. Die ökologische Dimension von Nachhaltigkeit bezweckt insoweit unter anderem, dass die Belastbarkeitsgrenzen eingehalten werden und die Stabilität der basalen Erdsystemprozesse und Ökosysteme erhalten bleibt. Diese Deutung von Nachhaltigkeit soll dabei helfen, Nachhaltigkeit zu konkretisieren, Anwendungsdefizite zu verringern und den Schutz ökologischer Systeme und Prozesse zu stärken. Die tatsächlichen Belastbarkeitsgrenzen der Umwelt sollten, soweit möglich, qua Recht in Grenzen erlaubten menschlichen Handelns übersetzt werden. Anhand des Klimaschutzrechts wurde gezeigt, dass dieses Verständnis von Nachhaltigkeit bereits gegenwärtig teilweise Inhalt des geltenden Rechts ist und insoweit Vorzüge gegenüber konkurrierenden Ansätzen aufweist. Das Klimaschutzrecht erweist sich als Paradebeispiel für ein Rechtsgebiet, das Nachhaltigkeit durch quantifizierte Zielvorgaben zu erreichen versucht. Dass auch andere Bereiche von diesem Ansatz profitieren dürften, legt das Konzept der planetaren Belastbarkeitsgrenzen nahe, das neben dem Klimawandel auch für andere Bereiche quantifizierte Belastbarkeitsgrenzen und Zielvorgaben festlegt. Ob und inwieweit das der Fall ist, dürfte ein lohnendes Unterfangen für eine wissenschaftliche Beschäftigung mit dem Nachhaltigkeitsrecht sein.

G. Konflikte, Konvergenzen & Synergien – UN-Nachhaltigkeitsziele in Rechtsetzungsprozessen im Welthandelsrecht am Beispiel der WTO-Fischereisubventionsverhandlungen

*Romy Klimke**

I. Problemaufriss: Schädliche Fischereisubventionen als Herausforderung für Recht & Politik

Wildfische gehören niemandem, bis sie gefangen werden. Sie sind klassische Allmende-Güter: Um ihren Fang besteht eine hohe Rivalität; zugleich können andere vom Fang nicht ausgeschlossen werden. Diesen Umstand hat *H. Scott Gordon* bereits 1954 pointiert zusammengefasst:

> *„[T]he fish in the sea are valueless to the fisherman, because there is no assurance that they will be there for him tomorrow if they are left behind today.*“[1]

Der einzelne Fischer zieht wirtschaftlich schlichtweg keinen Vorteil daraus, die Fischbestände zu schonen. Ohne regulierende Maßnahmen muss es unweigerlich früher oder später zu einer Übernutzung des Allmende-Gutes kommen.[2] Die gegenwärtigen Entwicklungen der Fischbestände belegen diese Annahme. Erhebungen aus dem Jahr 2017 zufolge sind 35 Prozent der marinen Bestände bereits überfischt; bei knapp 60 Prozent ist die maximale Befischungsgrenze erreicht.[3]

---

* Die Autorin ist Habilitandin und wissenschaftliche Mitarbeiterin am Lehrstuhl für Öffentliches Recht, Europarecht und Internationales Wirtschaftsrecht von Prof. Dr. Christian Tietje an der Universität Halle. Für wertvolle Hinweise sei Herrn Professor Tietje herzlich gedankt.

1 *H.S. Gordon*, The Economic Theory of a Common-Property Research: The Fishery, Journal of Political Economy 62 (1954), 124 (135).

2 Dieses Phänomen hat *Garret Hardin* bereits 1968 unter dem berühmt gewordenen Schlagwort der Tragik der Allmende erklärt, vgl. *G.Hardin*, The Tragedy of the Commons, Science 162 (1968), 1243ff.

3 *FAO*, The State of World Fisheries and Aquaculture, Rom 2020, S. 47ff.

Die nicht nachhaltige Nutzung der marinen Fischbestände wird durch schädliche Subventionen verstärkt. In der Fischereiwirtschaft handelt es sich hierbei vor allem um Subventionen, welche die Kapazitäten der Fangflotten steigern, die Betriebskosten senken oder zu der Modernisierung und dem Ausbau der Infrastruktur beitragen. Einen gewichtigen Anteil machen Treibstoffsubventionen aus, welche den Hochseeflotten erlauben, eigentlich unrentable Fischereiaktivitäten auch in den entlegensten Fischgründen der Ozeane fortzusetzen.[4] Auch die sog. illegale, undokumentierte und unregulierte (IUU-)Fischerei profitiert von diesen biodiversitätsschädigenden Subventionen.

Dabei sprechen sogar gewichtige ökonomische Gründe für eine Beseitigung der schädlichen Fischereisubventionen. Wie in umweltökonomischen Studien herausgearbeitet wurde, bleibt die gegenwärtige Fischereiwirtschaft gegenüber einem Szenario der marinen Fischerei, welches an Nachhaltigkeit orientiert ist, um schätzungsweise jährlich 50 Mrd. US-Dollar hinter ihren Möglichkeiten zurück.[5] Die Abschaffung schädlicher Fischereisubventionen würde dazu führen, dass sich die Fischbestände in einer Weise erholen, die bei nachhaltiger Bewirtschaftung dauerhaft höhere Fangmengen erlauben.

Diesen mittel- bis langfristig positiven wirtschaftlichen Auswirkungen der Abschaffung von schädlichen Fischereisubventionen stehen jedoch kurzfristig potentielle Rückgänge der Erträge und höhere Betriebskosten gegenüber. Politisch ist es daher für eine Regierung wenig opportun, der Fischereiwirtschaft Subventionen zu entziehen. Gerade in den gegenwärtigen Zeiten, die durch Pandemie und jüngst auch konfliktbedingten Preissteigerungen in Folge des Angriffskrieges Russlands gegen die Ukraine geprägt sind, zeigt sich die Abhängigkeit vieler Betriebe von den staatlichen

---

4 Vgl. die Informationen des WWF: https://www.wwf.de/themen-projekte/meere-kuesten/fischerei/ueberfischung.

5 So die Schätzung von *TEEB*, Die Ökonomie von Ökosystemen und Biodiversität: Die ökonomische Bedeutung der Natur in Entscheidungsprozesse integrieren, Ansatz, Schlussfolgerungen und Empfehlungen von TEEB – eine Synthese, 2010, S. 10, abrufbar unter: http://www.teebweb.org/wp-content/uploads/Study%20and%20Reports/Reports/Synthesis%20report/Synthesis_German.pdf; eine 2017 veröffentlichte Überarbeitung der Weltbank-Studie *The Sunken Billions* aus dem Jahr 2009 geht sogar von jährlichen Verlusten in Höhe von 83 Milliarden US-Dollar aus, vgl. *World Bank*, The Sunken Billions Revisited. Progress and Challenges in Global Marine Fisheries, The World Bank, Washington, D.C., 2017, S. 35.

Hilfen.[6] Umfassende unilaterale Abschaffungen von Fischereisubventionen sind daher wenig wahrscheinlich, weil sie sich zunächst nur nachteilig auf die eigene Fischereiwirtschaft eines Staates auswirken würde. Daher bedarf es einer multilateralen Lösung, die möglichst einheitliche Regelungen für alle Staaten aufstellt. Das Forum, welches ein solches Regelungswerk im Hinblick auf die große Zahl seiner Mitglieder und seine Kompetenz in der Regulierung von Subventionen am besten umsetzen kann, ist die Welthandelsorganisation (WTO). Doch ist die WTO auch dazu geeignet, soziale und ökologische Nachhaltigkeitsstandards zu integrieren? Jedenfalls historisch war die Regelungsarchitektur des Welthandelsrechts nicht dafür ausgelegt, die multidimensionalen Anliegen der SDGs zu verfolgen. In jüngerer Zeit ist jedoch immer weniger übersehbar, dass die Nachhaltigkeit in ihrer gesamten Drei-Säulen-Architektur bereits in Recht und Politik der WTO Einzug gehalten hat, wie im folgenden Abschnitt aufgezeigt werden soll.

II. Nachhaltige Entwicklung in der WTO-Rechtsordnung

Das Konzept der nachhaltigen Entwicklung ist seit dem *Brundtland*-Bericht[7] aus dem Jahr 1987 ein Ziel der internationalen Staatengemeinschaft. Seither wurde es graduell in verschiedene Bereiche des Völkerrechts integriert.[8] Sein Geist der gemeinsamen Lösung von globalen Umweltproblemen durch internationale Staatenkooperation prägte auch die Verhandlungen um das Übereinkommen zur Errichtung der Welthandelsorganisation, welches am 15. April 1994 in Marrakesch unterzeichnet wurde. Wohingegen in der Präambel des GATT 1947 noch von der „volle[n] Erschließung der Hilfsquellen der Welt“[9] die Rede ist, folgt das WTO-Übereinkommen laut

---

6 Vgl. beispielsweise NDR, Hohe Treibstoffstoffkosten: Fischer haben Aussicht auf Entlastung, 20.5.2022, abgerufen unter: https://www.ndr.de/nachrichten/niedersachsen/oldenburg_ostfriesland/Hohe-Treibstoffkosten-Fischer-haben-Aussicht-auf-Entlastung,fischerei230.html.

7 *UN*, Report of the World Commission on Environment and Development, UN-Doc. A/42/427, 4.8.1987, Annex ('Our Common Future').

8 Das Ziel der nachhaltigen Entwicklung ist heutzutage in mehr als 300 völkerrechtlichen Regelwerken verankert, vgl. *R.E. Kim,* The Nexus between International Law and the Sustainable Development Goals, RECIEL 25 2016, 15 (20) mwN.

9 Im authentischen englischen Text lautet dieser Auszug „developing the full use of the resources of the world", vgl. Allgemeines Zoll- und Handelsabkommen 1947 (GATT 1947), Präambel.

seiner Präambel dem Ziel der nachhaltigen Entwicklung insofern, als dass es abzielt auf die

> „*optimale Nutzung der Hilfsquellen der Welt im Einklang mit dem Ziel einer nachhaltigen Entwicklung [...], in dem Bestreben, den Schutz und die Erhaltung der Umwelt und gleichzeitig die Steigerung der dafür erforderlichen Mittel zu erreichen, und zwar in einer Weise, die mit den ihrem jeweiligen wirtschaftlichen Entwicklungsstand entsprechenden Bedürfnissen und Anliegen vereinbar ist*“.[10]

Praktisch „in letzter Minute“[11] hat dieser Belang, inspiriert vom Erdgipfel in Rio im Jahr 1992,[12] Eingang in das WTO-Übereinkommen gefunden.[13] Das Prinzip der nachhaltigen Nutzung taucht allerdings nur in der Präambel des WTO-Übereinkommens auf.[14] Die operativen Normen der WTO-Rechtsordnung weisen keine entsprechenden Bezüge zur Nachhaltigkeit auf. Gleichwohl wurde es insbesondere durch die evolutive Spruchpraxis des WTO-Streitbeilegungsorgans schrittweise zu einem relevanten Prinzip des WTO-Rechts weiterentwickelt.[15] Grundlegend hierfür dürfte neben dem Bekenntnis aus der Präambel die *Decision on Trade and Environment*

10 WTO-Übereinkommen v. 14.4.1994, Abs. 1 der Präambel.

11 *A. Diem*, Freihandel und Umweltschutz in GATT und WTO, Baden-Baden 1996, S. 53.

12 So betont die Agenda 21, welche auf dem Erdgipfel in Form einer UN-Resolution von 178 Staaten angenommen wurde, die Bedeutung einer offenen und diskriminierungsfreien Welthandelsordnung für die Verwirklichung von nachhaltiger Entwicklung und Wachstum, vgl. UN, Report of the United Nations Conference on Environment and Development, Rio de Janeiro, 3.–14. Juni 1992, Abs. 2.8.

13 Vgl. *M. Bungenberg*, Umweltschutz als Thema der Unionalen Gemeinsamen Handelspolitik, in: C. Nowak (Hrsg.), Konsolidierung und Entwicklungsperspektiven des Europäischen Umweltrechts, Baden-Baden 2015, S. 221 (224); *M. Gehring*, Nachhaltigkeit durch Verfahren im Welthandelsrecht, Berlin 2007, S. 24.

14 Auf das dadurch geringere Gewicht des Prinzips der nachhaltigen Entwicklung als auch auf sein Fehlen im Katalog der Rechtfertigungsgründe aus Art. XX GATT hinweisend *E. Lydgate*, Sustainable development in the WTO: from mutual supportiveness to balancing, World Trade Review 11 2012, 624.

15 Bahnbrechend war die Entscheidung des WTO-Appellate Body in *US-Shrimp*, wonach bei der Auslegung und Anwendung des WTO-Rechts der Grundsatz der nachhaltigen Entwicklung berücksichtigt werden muss vgl. WTO, US – Import of Shrimp, Appellate Body v. 12.10.1998, WT/DS58/AB/R, Abs. 12, 129ff.; sowie hierzu vertiefend z.B. *B. Braune*, Rechtsfragen der nachhaltigen Entwicklung im Völkerrecht, Frankfurt a.M. 2005, 113ff.

gewesen sein, welche die WTO-Minister ebenfalls 1994 in Marrakesch unterzeichnet haben.[16] Darin heißt es:

> *„[T]here should not be, nor need be, any policy contradiction between upholding and safeguarding an open, non-discriminatory and equitable multilateral trading system on the one hand, and acting for the protection of the environment, and the promotion of sustainable development on the other"*.[17]

Ein weiteres Einfallstor für die Einbeziehung von Umweltaspekten bildete die Ausnahmeklausel des Art. XX GATT, durch welche die Ziele des „Schutz[es] des Lebens und der Gesundheit von Menschen, Tieren und Pflanzen" (lit. b) und der „Erhaltung erschöpflicher Naturschätze" (lit. g) bereits in das GATT 1947 Eingang gefunden hatten.[18] Eine Beschränkung des Handels kann aus diesen Gründen gerechtfertigt werden. Gleichwohl bleibt die Rechtfertigung systematisch die Ausnahme und der Abbau handelsrestriktiver Maßnahmen die Regel.[19]

Das Bekenntnis zum Prinzip der nachhaltigen Entwicklung wurde 2001 in der Erklärung der Ministerkonferenz von Doha bekräftigt, wonach das multilaterale Handelssystem, der Schutz der Umwelt und die Förderung einer nachhaltigen Entwicklung „can and must be mutually supportive".[20] Um die angemessene Berücksichtigung entwicklungs- und umweltspezifischer Aspekte in den Verhandlungen der Doha-Runde zu gewährleisten, wurde in der Doha-Erklärung auch die Grundlage für eine Nachhaltigkeitsprüfung im Sinne eines prozeduralen Mechanismus gelegt.[21] Dass Nachhal-

---

16 *A. H. Lim,* History of the trade and environment debate at the WTO, in: P. Delimatsis /L. Reins (Hrsg.), Trade and Environmental Law, Encyclopedia of environmental law: vol. XI, 2021, S. 10.

17 WTO, The Ministerial Decision on Trade and Environment, 15.4.1994, Abs. 4 der Präambel.

18 Vgl. insgesamt zum Verhältnis von Handel und Umwelt im WTO-Recht *S. Charnovitz,* Trade and Environment, in: A. Lukauskas/R. M. Stern/G. Zanini (Hrsg.), Handbook of Trade Policy for Development, 2013, S. 893ff.

19 *P. Reinhold,* Neue Wege der Nachhaltigkeit – Völkerrechtliche Probleme und europarechtliche Perspektiven einer wertebasierten Handelspolitik, Beiträge zum Transnationalen Wirtschaftsrecht, Heft 176, Halle (Saale) 2022, S. 7.

20 WTO, Ministerial Declaration, WT/MIN(01)/DEC/1, 14.11.2001, Abs. 6.

21 So heißt es in Abs. 51 der Erklärung: „The Committee on Trade and Development and the Committee on Trade and Environment shall, within their respective mandates, each act as a forum to identify and debate developmental and environmental aspects of the negotiations, in order to help achieve the objective of having sustainable development appropriately reflected", vgl. WTO, Ministerial Declaration, WT/

tigkeit von da an Teil des Auftrages der WTO sein würde, stand somit fest. Lediglich Art und Ausmaß der Einbeziehung ökologischer und sozialer Aspekte in die welthandelsrechtliche Ordnung sind nicht festgelegt und abhängig von den jeweiligen Arbeits- und Verhandlungsprozessen.

Die UN-Agenda 2030 mit ihren 17 Nachhaltigkeitszielen hat die Nachhaltigkeitsorientierung der WTO durch mehrere konkrete Zielsetzungen kanalisiert und messbar gemacht. So legen neben SDG 14.6 fünf weitere Ziele Handlungsanweisungen für die WTO fest.[22] Obgleich die WTO nicht Teil des Systems der Vereinten Nationen ist, sieht sie sich der Umsetzung dieser Zielvorgaben verpflichtet.[23] Dieses Selbstverständnis zeigt sich u.a. darin, dass die WTO seit 2015 dem Hochrangigen Politischen Forum (*High-Level Political Forum* – HLPF), der zentralen institutionellen Plattform der Vereinten Nationen für die Überwachung des Fortschritts in der Umsetzung der SDGs,[24] Bericht erstattet und dabei – auch über die genannten Ziele hinaus – auf eine Vielzahl von SDGs Bezug nimmt.[25] Noch einen Schritt weiter ging die WTO jüngst im Rahmen der 12. Ministerkonferenz, welche vom 12. bis 17. Juni 2022 in Genf stattfand. In der Abschluss-

---

MIN(01)/DEC/1, 14.11.2001, Abs. 51; vgl. hierzu auch *Gehring*, Nachhaltigkeit (Fn. 13), S. 216.

22 So setzt SDG 2.B das Ziel „[to c]orrect and prevent trade restrictions and distortions in world agricultural markets, including through the parallel elimination of all forms of agricultural export subsidies and all export measures with equivalent effect, in accordance with the mandate of the Doha Development Round"; SDG 3.B fordert die WTO dazu auf „[to] provide access to affordable essential medicines and vaccines, in accordance with the Doha Declaration on the TRIPS Agreement and Public Health"; in SDG 10.A findet sich der Auftrag „[to i]mplement the principle of special and differential treatment for developing countries, in particular least developed countries"; SDG 17.10 stellt die Bedeutung eines „universal, rules-based, open, non-discriminatory and equitable" multilateralen Handelssystems heraus, und SDG 17.12 erinnert die Staaten an die „timely implementation of duty-free and quota-free market access on a lasting basis for all least developed countries, consistent with World Trade Organization decisions", vgl. auch *C. Gammage/T. Novitz,* Trade, Investment and Corporate Sustainability, in: B. Sjåfjell/C. Bruner (Hrsg.), Cambridge Handbook on Corporate Sustainability, Cambridge University Press 2019, S. 17.

23 Noch einschränkender insofern, dass Nachhaltigkeitsstandards im Welthandelsrecht jedenfalls keine eigenständige materielle Bedeutung haben: *Reinhold,* Neue Wege (Fn. 19), S. 8.

24 *S. Chaturvedi et al.* (Hrsg.), The Palgrave Handbook of Development Cooperation for Achieving the 2030 Agenda, 2021, S. 4; *Kim*, Nexus (Fn. 8), 19.

25 Vgl. z.B. WTO, Mainstreaming trade to attain the Sustainable Development Goals, Genf 2018, erhältlich im Internet unter: https://www.wto.org/english/res_e/publications_e/sdg_e.htm#:~:text="Mainstreaming%20trade%20to%20attain%20the,SDGs%2C%20just%20as%20it%20did.

erklärung hoben sie nicht nur die Bedeutung des Welthandelssystems für die Erreichung der UN-Nachhaltigkeitsziele hervor, sondern adressierten erstmalig auch die drei planetaren Krisen: Klimawandel, Biodiversitätsverlust und Umweltverschmutzung.[26]

Mit dem Übereinkommen über Fischereisubventionen, beschlossen von der 12. Ministerkonferenz, wurden erstmals materielle Nachhaltigkeitsaspekte in einem rechtsverbindlichen Regelwerk der WTO verankert.[27] Damit gelangte der erste multilaterale Verhandlungsprozess zu Handel und Nachhaltigkeit nach mehr als zwei Jahrzehnten zu einem – jedenfalls vorläufigen – Abschluss.

III. SDG 14.6 als Maßstab für die Disziplinierung von schädlichen Fischereisubventionen

Die schädlichen Auswirkungen von Fischereisubventionen auf die marine Biodiversität waren bereits seit den 1960er Jahren Untersuchungsgegenstand von internationalen Organisationen wie der FAO und der OECD.[28] In den 1990er Jahren rückte das Thema in den Fokus der Politik. Seit Beginn der *Doha Development*-Runde im Jahr 2001 beschäftigt die Frage der Fischereisubventionen die WTO. Sie wurde auf die Agenda gesetzt, nachdem man erkannt hatte, dass potentiell handelsverzerrende Fischereisubventionen offenbar durch das bestehende Subventionsregime nicht

---

26 Der entsprechende Absatz lautet: „We recognize global environmental challenges including climate change and related natural disasters, loss of biodiversity and pollution. We note the importance of the contribution of the multilateral trading system to promote the UN 2030 Agenda and its Sustainable Development Goals in its economic, social, and environmental dimensions, in so far as they relate to WTO mandates and in a manner consistent with the respective needs and concerns of Members at different levels of economic development. In this regard, we reaffirm the importance of providing relevant support to developing country Members, especially LDCs, to achieve sustainable development, including through technological innovations. We note the role of the Committee on Trade and Environment as a standing forum dedicated to dialogue among Members on the relationship between trade measures and environmental measures", WT/MIN(22)/W/16/Rev.1, Abs. 14.

27 Für einen eingehenden Überblick über das WTO-Fischereisubventionsabkommen vgl. *R. Klimke*, Welthandelsrecht auf dem Pfad der Nachhaltigkeit: Das WTO-Fischereisubventionsabkommen, EuZW 2022, (im Erscheinen).

28 Vgl. eingehend zur Genese der Fischereisubventionen als politischer Verhandlungsgegenstand *A. von Moltke*, Fisheries Subsidies, Sustainable Development and the WTO, 2012, S. 132ff.

erfasst werden.[29] Innerhalb der vergangenen zwei Jahrzehnte gerieten die Verhandlungen wiederholt ins Stocken, da die Fischerei für viele Mitgliedstaaten ein politisch sensibler Wirtschaftssektor ist. Die Annahme der UN-Nachhaltigkeitsziele (SDGs) verlieh den stagnierenden Verhandlungen neuen Schwung und setzte zudem einen neuen Schwerpunkt: Nicht Handelsverzerrungen, sondern Ökosystemschutz und Artenerhalt bildeten nunmehr den Rahmen für den Verhandlungsprozess. Hierzu richtet SDG 14, welches dem „Leben unter Wasser" gewidmet ist, einen konkreten Auftrag an die WTO:

> "*[to] prohibit certain forms of fisheries subsidies which contribute to overcapacity and overfishing, and eliminate subsidies that contribute to IUU fishing, and refrain from introducing new such subsidies, recognizing that appropriate and effective special and differential treatment for developing and least developed countries should be an integral part of the WTO fisheries subsidies negotiation*" (Target 14.6).

Die Vereinten Nationen erachteten dieses Ziel als so dringlich, dass es schon bis 2020 erreicht sein sollte – eine Dekade früher als die meisten anderen Zielsetzungen der UN-SDGs.

1. SDG 14.6 als ein multidimensionales Nachhaltigkeitsziel

Wie aus dem übergeordneten Ziel des Schutzes des „Lebens unter Wasser" hervorgeht, verfolgt SDG 14.6 primär eine ökologische Stoßrichtung. Die Abschaffung schädlicher Fischereisubventionen würde hingegen über die Erfüllung des SDG 14.6 hinaus auch anderen Nachhaltigkeitszielen zu Gute kommen. Denn gegenwärtig tragen derartige Subventionen dazu bei, nicht nachhaltige Konsummuster von Verbraucher*innen zu perpetuieren, und stehen damit im Widerspruch zu SDG 12.8 (Nachhaltiger Konsum und Produktion).[30] Die finanzielle Förderung von fossilen Treibstoffen,

29 Im Einzelnen hierzu *R. Klimke*, Im selben Boot: Das Potential eines WTO-Fischereisubventionsabkommens für den Erhalt der marinen Biodiversität, VerfBlog, 2021/7/05, https://verfassungsblog.de/im-selben-boot/, DOI: 10.17176/20210705–140057–0.

30 *D. Le Blanc/ C. Freire/ M. Vierros*, Mapping the linkages between oceans and other Sustainable Development Goals: A preliminary exploration, DESA Working Paper No. 149, ST/ESA/2017, DWP/149, New York 2017, S. 9f., im Internet erhältlich unter: https://www.un.org/esa/desa/papers/2017/wp149_2017.pdf.

welche schätzungsweise 22 Prozent aller globalen Fischereisubventionen ausmacht,[31] läuft den Zielen der Bekämpfung des Klimawandels (SDG 13)[32] und der allmählichen Beendigung der Subventionierung fossiler Brennstoffe (SDG 12.c) zuwider. Die Abkehr von der schädlichen Subventionspraxis wäre in Anbetracht dessen, dass die Lebensgrundlage von vielen Millionen Menschen weltweit unmittelbar von der Fischerei abhängt, förderlich für die Ziele der Ernährungssicherheit (SDG 2) und der Armutsbekämpfung (SDG 1). Damit spiegelt sich in SDG 14.6 in besonderem Maße die inhärente Verknüpfung der drei Nachhaltigkeitssäulen, welche eine voneinander isolierte Abwägung der Säulen gegeneinander letztlich verbietet.

2. Interpretationsbedürftigkeit und -spielräume des SDG 14.6

Zugleich ist SDG 14.6 zwar vordergründig in eindeutiger Weise formuliert, praktisch aber in hohem Maße interpretationsbedürftig und eröffnet im Detail mehrere Auslegungsspielräume. So ist bereits der Begriff der Fischereisubventionen als solcher für verschiedene Interpretationen offen. Ein enger Auslegungsansatz beschränkt den Begriff auf vertikale, d.h. fischereiwirtschaftsspezifische Subventionen, welche direkt in die Fischereiindustrie fließen. Weiter ausgelegt, könnten aber auch horizontale Subventionen, wie beispielsweise branchenübergreifende Treibstoffsubventionen, als auch Zahlungen im Rahmen von zwischenstaatlichen Fischereipartnerschaftsabkommen, welche im Gegenzug für den Zugang zu den AWZs geleistet werden, erfasst werden. Je weiter der Subventionsbegriff ausgelegt wird, desto stärker ist der Eingriff in die wirtschaftliche Regulierungsfreiheit der WTO-Mitgliedstaaten. Auch die Frage, ab wann Fischbestände konkret als überfischt gelten müssen, ist klärungsbedürftig. Muss die Überfischung beispielsweise positiv festgestellt werden oder sollte sie auch dann – im Sinne des Vorsorgeprinzips – angenommen werden, wenn der Zustand des Fischbestandes unbekannt ist? Welcher Maßstab soll für die Feststellung

31 *U. R. Sumaila/N. Ebrahim/A. Schuhbauer/*u.a., Updated estimates and analysis of global fisheries subsidies, Marine Policy 109 (2019), 103695, S. 2.

32 Zum Nexus zwischen Klimawandel und Überfischung vgl. *U.R. Sumaila/T.C. Tai*, Ending overfishing can mitigate impacts of climate change, The University of British Columbia, Institute for the Oceans and Fisheries, Working Paper Series #2019-05, 2019, abrufbar unter: https://fisheries.sites.olt.ubc.ca/files/2019/11/2019-05-Sumaila_Ending_overfishing.pdf [abgerufen am 24.7.2022].

der Überfischung angelegt werden?[33] Diese, vorliegend nur exemplarisch aufgeführten, Interpretationsspielräume verdeutlichen, dass die WTO-Mitglieder zwischen dem Ziel des längerfristigem Biodiversitätsschutzes und kurzfristigen wirtschaftlichen Interessen höchst divergierende Abwägungen treffen können. Hierbei wird ein grundlegendes Problem des Nachhaltigkeitsprinzip offenbar, weil es als solches keine Kriterien aufstellt, „wie der geforderte Ausgleich zwischen ökologischem Erhalt und ökonomisch-sozialer Entwicklung herzustellen ist“[34], wenngleich es mit der Zeit durch eine schrittweise Ausdifferenzierung materiell und prozedural greifbarer geworden ist. Wie wurde aber SDG 14.6 nun konkret umgesetzt?

IV. Die unzureichende Umsetzung von SDG 14.6 im gegenwärtigen Abkommenstext und ihre Ursachen

Das FSÜ, wie es im Juni 2022 von der 12. Ministerkonferenz beschlossen wurde, errichtet im Wesentlichen drei Verbotssäulen: Die erste Säule beinhaltet das Verbot von Subventionen für IUU-Fischerei (Art. 3 FSÜ). Die zweite Säule reglementiert Subventionen für Fischereiaktivitäten in überfischten Beständen (Art. 4 FSÜ). Die dritte Säule betrifft den Fischfang in Gebieten der Hohen See (Art. 5 Abs. 1 FSÜ), d.h. außerhalb der Hoheitsgebiete der Küstenmitgliedstaaten und außerhalb der Zuständigkeitsbereiche von regionalen Fischereimanagementorganisationen (*Regional Fisheries Management Organizations* – RFMO). Mit dieser Regelungsarchitektur erfüllt das FSÜ die Vorgabe des SDG 14.6 indes nur partiell. Was noch fehlt – und in den Entwurfstexten zum Abkommen auch bis zuletzt vorgesehen war – ist das Verbot von Subventionen, die zur Überfischung und Überkapazität beitragen.[35] Die vorgesehene Verbotsnorm beinhaltete insbesondere eine Positivliste bestimmter schädlicher Subventionstypen, von welchen übereinstimmend angenommen wird, dass diese Überfischung und Überkapazität begünstigen. Hiervon wären beispielsweise Subventionen für Schiffbau und -reparatur, den Kauf von Ausrüstung, Personalkosten oder

33 Hierbei lassen sich beispielsweise der Maßstab des Maximal nachhaltigen Ertrags (Maximum sustainable yield – MSY), des Maximal wirtschaftlichen Ertrag (Maximum economic yield – MEY) und des Optimal biologischen Ertrags (Optimum biological yield – OBY) unterscheiden, vgl. *C.D. Stone*, Should Trees Have Standing? Law, Morality, and the Environment, 3. Aufl., 2010, S. 91.

34 *K.F. Gärditz*, Nachhaltigkeit und Völkerrecht, in: W. Kahl (Hrsg.), Nachhaltigkeit als Verbundbegriff, Tübingen 2008, S. 170.

35 Vgl. hierzu auch *R. Klimke*, WTO-Fischereisubventionsabkommen (Fn. 27).

spezifische Treibstoffbeihilfen umfasst gewesen. In der Praxis hätte dieses Subventionsverbot wohl die größten Auswirkungen gehabt.

Es bleibt die Frage, woran die Einigung auf diese Verbotssäule, die für den Schutz der marinen Biodiversität so wichtig ist, gescheitert ist. Ihre Beantwortung ist nicht lediglich von akademischem Interesse. Denn der Verhandlungsprozess um die rechtliche Einhegung von Fischereisubventionen ist noch nicht abgeschlossen, sondern soll im Rahmen der kommenden Ministerkonferenzen fortgesetzt werden. Um den Einigungsdruck zu erhöhen, wurde sogar ein spezieller Mechanismus in das Abkommen eingebaut. Gemäß Art. 12 FSÜ wird das Abkommen vier Jahre nach Inkrafttreten von selbst unwirksam, wenn es nicht in der Zwischenzeit um die fehlenden Subventionsdisziplinen ergänzt wurde. Die Diversen um das dritte Verbot sind somit nicht *ad acta* gelegt, sondern harren weiterhin einer Klärung. Bei der Suche nach den entscheidenden Verhandlungshürden liegt die Annahme nahe, dass es die potentiellen wirtschaftlichen Auswirkungen des Subventionsverbotes gewesen sein werden, die einzelne WTO-Mitglieder von der Übereinkunft abgehalten haben. Derartige Erwägungen stehen im Einklang mit Untersuchungen aus der Nachhaltigkeitsforschung zu den Interdependenzen der drei Nachhaltigkeitssäulen.[36] So ist vorliegend nicht auszuschließen, dass die Umsetzung von SDG 14.6 mit negativen Auswirkungen (*trade-offs*) auf andere UN-Nachhaltigkeitsziele, insbesondere SDG 8 zu „Menschenwürdige Arbeit und Wirtschaftswachstum“[37], z.B. im Hinblick auf die Unterziele der produktiven Vollbeschäftigung (SDG 8.5) und die Verringerung der Jugendarbeitslosigkeit (SDG 8.6), einhergeht. Tatsächlich ist nicht konkret absehbar, wie sich eine Einstellung der kapazitätssteigernden Subventionen kurzfristig auf die Fischereiwirtschaft, die Angebotslage und die Preisentwicklung auswirkt.[38] Doch ist diese Transformationsphase letztlich unvermeidlich, wenn SDG 14.6 umfassend umgesetzt werden soll. Entsprechende (entwicklungs-)politische Begleitmaßnahmen können helfen, Negativbelastungen abzufedern. Mittel- bis langfristig werden sich die Subventionsverbote für die Fischereiwirtschaften als wirt-

---

36 Zu dieser Frage z.B. https://www.sciencedirect.com/science/article/abs/pii/S1877343517300933.

37 *G. G. Singh/A.M. Cisneros-Montemayor/W. Swarzt*/u.a., A rapid assessment of co-benefits and trade-offs among Sustainable Development Goals, Marine Policy 93 (2018), S. 226, 229.

38 *P. Allgeier/M. Punke*, The World Can't Keep Fishing Like This, New York Times 12.6.2022, aufrufbar unter: https://www.nytimes.com/2022/06/12/opinion/fishing-subsidies.html?smid=tw-share.

schaftlicher Gewinn erweisen, wenn sich die Fischbestände – wie bereits erwähnt – in einem Maße erholt haben, dass ihre Biomasse das gegenwärtige Level um ein Vielfaches übersteigt. Vieles deutet demnach darauf hin, dass in der vorliegenden Konstellation weniger von einem *trade-off* zwischen ökologischen und wirtschaftlichen Nachhaltigkeitszielen ausgegangen werden muss, sondern vielmehr von einer echten *win-win*-Situation.[39] Noch dazu trägt die Reglementierung von Fischereisubventionen zum Kernziel der WTO – der Marktliberalisierung durch einen weitgehenden Abbau von Handelshemmnissen und die Verhinderung von Marktverzerrungen – bei.[40]

Konfligierende wirtschaftliche Interessen dürften daher allenfalls auf einem Nebenschauplatz der Verhandlungen eine Rolle gespielt haben. Die fehlende Einigungsbereitschaft liegt wohl eher in der Frage begründet, inwieweit Entwicklungsländer gegenüber den industrialisierten WTO-Mitgliedstaaten unter dem neuen Subventionsregime privilegiert werden sollen.

V. Konvergenz und potentielle Synergieeffekte zwischen UN-Nachhaltigkeitsagenda und Welthandelsrecht im Hinblick auf die Behandlung von Entwicklungsländern

Wie aus SDG 14.6 hervorgeht, soll die Sonder- und Vorzugsbehandlung von weniger und am wenigsten entwickelten Ländern ein „integraler Bestandteil der WTO-Fischereisubventionsverhandlungen“ sein. Damit greift die UN-Nachhaltigkeitsagenda ein Prinzip auf, welches der Welthandelsrechtsordnung schon unter dem GATT 1947 vertraut war und namentlich in der wegweisenden *Enabling Clause* aus dem Jahr 1979[41] zum Ausdruck

---

39 Allgemein zur Frage der sog. *trade-offs* zwischen einzelnen SDGs vgl. *E.B. Barbier/ J.C. Burgess*, Sustainable development goal indicators: Analyzing trade-offs and complementarities, World Development 122 2019, 295–305.

40 *K. Kennedy*, Special and Differential Treatment of Developing Countries, in: P.F.J. Macrory/A.E. Appleton/M.G. Plummer (Hrsg.), The World Trade Organization: Legal, Economic and Political Analysis, Band I, 2005, S. 1525:
"The intellectual keystone of the GATT-WTO multilateral trade system is that economic development is best achieved through non-discriminatory trade patterns, the progressive reduction of tariffs, and the elimination of nontariff barriers that block trade flows".

41 GATT Contracting Parties, Differential and More Favourable Treatment, Reciprocity and Fuller Participation of Developing Countries ('Enabling Clause'), Entscheidung

kommt.[42] Der Gedanke der Sonder- und Vorzugsbehandlung (*Special and Differential Treatment* – SDT) prägt auch die noch immer andauernde *Doha Development Round*, welche im Jahr 2001 gerade mit dem Ziel eingeleitet wurde, den besonderen Bedürfnissen der Entwicklungsländer innerhalb des Welthandelssystems größeres Gewicht zu geben.[43]

In dem Prinzip der Sonder- und Vorzugsbehandlung von Entwicklungsländern kristallisiert sich der Gedanke der Intragenerationengerechtigkeit.[44] Im Kern geht es darum, den „Ungleichzeitigkeiten der wirtschaftlichen Entwicklung"[45] zwischen Entwicklungs-, Schwellen- und Industrieländern, deren Komplexität durch den Verweis auf das „Nord-Süd-Gefälle" nicht annähernd hinreichend widergespiegelt wird, Rechnung zu tragen. Insofern lassen sich auch Interdependenzen mit dem Prinzip der gemeinsamen, aber unterschiedlichen Verantwortung (*common but differentiated responsibility*) erkennen. Hinsichtlich beider ist weitgehend anerkannt, dass sie Elemente des Prinzips der nachhaltigen Entwicklung bilden.[46] Das Welthandelsrecht und das Prinzip der Nachhaltigkeit verhalten sich somit dahingehend konvergent, als dass sie jeweils die Berücksichtigung der besonderen Situation von Entwicklungsländern einfordern. Abweichungen gibt es bisher jedoch zwischen Anspruch und Wirklichkeit der Verpflichtungsgrade von Entwicklungsländern.

---

vom 28.11.1979, L/4903, BISD 26S/203, abrufbar unter: https://www.wto.org/english/docs_e/legal_e/enabling1979_e.htm.

42 Vgl. grundlegend *H. Jessen*, „Special and Differential Treatment for Developing Countries" im multidimensionalen Wandel des Wirtschaftsvölkerrechts, 2006.

43 Vgl. die Erklärung der WTO-Ministerkonferenz, wonach die Bedürfnisse und Interessen von Entwicklungsländern „at the heart" der neuen Verhandlungsrunde platziert werden sollten: WTO, Ministerial Declaration, 14.11.2001, WT/MIN(01)/DEC/1, Abs. 2.

44 *K. Gehne*, Nachhaltige Entwicklung als Rechtsprinzip, Tübingen 2011, S. 37.

45 *W. Berg*, Nachhaltigkeit und Umweltstaat, in: W. Kahl (Hrsg.), Nachhaltigkeit als Verbundbegriff, Tübingen 2008, S. 434.

46 Siehe z.B. die Prinzipien 6 und 7 der sog. Rio-Erklärung über Umwelt und Entwicklung aus dem Jahr 1992, vgl. Vereinte Nationen, Report of the United Nations Conference on Environment and Development, Annex I, Declaration on Environment and Development, 12.8.1992, UN-Doc. A/CONF.151/26 (Vol. I); auch die *New Delhi Declaration of Principles of International Law Relating to Sustainable Development* der UN-Völkerrechtskommission hat die „special needs and interests of developing countries and of countries with economies in transition" als einen Bestandteil der insgersamt sieben völkerrechtlichen Prinzipien der nachhaltigen Entwicklung identifiziert, vgl. UN, ILA New Delhi Declaration on Principles of International Law Relating to Sustainable Development, UN-Doc. A/CONF.199/8, Annex, 6.4.2002, Abs. 3.3; vgl. Hierzu auch *Gehne*, Entwicklung (Fn. 44), S. 37.

1. Auf dem Weg zu einer *angemessenen und effektiven* Sonder- und Vorzugsbehandlung von Entwicklungsländern?

In der Praxis ist die Frage der Behandlung von Entwicklungsländern hochrelevant, denn der gegenwärtige Anteil der Entwicklungsländer an den WTO-Mitgliedstaaten liegt bei 75 Prozent.[47] Problematisch ist aber, dass der Begriff des Entwicklungslandes an keiner Stelle des Völkerrechts definiert ist. Nur für die Gruppe der am wenigsten entwickelten Länder (*Least Developed Countries* – LDCs) folgt aus Art. XI:2 WTO-Übereinkommen, dass sich ihre Zuordnung nach der entsprechenden Klassifizierung durch die Vereinten Nationen richtet.[48] Die daneben existierende, große Gruppe der Entwicklungsländer bestimmt ihren Status im Wege der Selbstdesignation.[49] Mittels einer sehr groben Typologie lässt sich daher – unter Heranziehung von Art. XVIII:1 GATT – nur feststellen, dass Entwicklungsländer jedenfalls typischerweise einen niedrigeren Lebensstandard als die Industriestaaten aufweisen. Jenseits dieser profanen Generalisierung ist die Gruppe der Entwicklungsländer vor allem durch ihre immense Heterogenität gekennzeichnet. Selbst das wirtschaftsmächtige China ordnet sich selbst noch als Entwicklungsland ein. Um dieser Heterogenität rechtlich zu begegnen, wird in der Theorie seit geraumer Zeit diskutiert, die welthandelsrechtlichen Rechte und Pflichten der Entwicklungsländer in Abhängigkeit von ihrem Entwicklungsstand graduell an den Status der entwickelten Staaten anzupassen.[50] Einen normativen Anknüpfungspunkt für eine derartige Differenzierung bildet die *Enabling Clause*, welche in Abs. 7 Folgendes vorsieht:

> "*Less-developed contracting parties expect that their capacity to make contributions or negotiated concessions or take other mutually agreed action under the provisions and procedures of the General Agreement would improve with the progressive development of their economies and improvement in their trade situation and they would accordingly expect to*

---

47 *W. Weiß*, in: W. Weiß/C. Ohler/M. Bungenberg (Hrsg.), Welthandelsrecht, 3. Aufl., München 2022, § 20 Rdn. 987.

48 Die Liste der aktuell 46 LDCs ist abrufbar unter: https://unctad.org/topic/least-developed-countries/list.

49 *Weiß*, in: Weiß et al (Hrsg.), Welthandelsrecht (Fn. 47), § 20 Rdn. 989.

50 Vgl. z.B. *M. Irish*, Special and Differential Treatment, Trade and Sustainable Development, The Law and Development Review 4 2011, S. 77; *Weiß*, in: Weiß et al (Hrsg.), Welthandelsrecht (Fn. 47), § 20 Rdn. 988.

participate more fully in the framework of rights and obligations under the General Agreement."[51]

Zwar ist in der *Enabling Clause* nicht *in haec verba* von einer differenzierten Anwendung des SDT-Prinzips die Rede. Deutlich ausgedrückt wird aber die Erwartungshaltung, dass die Verbesserung der ökonomischen Situation eines Entwicklungslandes mit einer proportionalen Zunahme der Rechte *und* Pflichten einhergeht.[52] Für entsprechende Abstufungen zwischen den einzelnen Entwicklungsländern wären verschiedene Ansatzpunkte denkbar: So könnte die Berechtigung des SDT-Anspruches von länderspezifischen Kriterien abhängig gemacht werden, aber auch von sektorspezifischen Kriterien im Hinblick auf bestimmte Wirtschaftsbereiche.[53] Entscheidend ist, dass die gewählten Kriterien objektiv und eindeutig („clear") sind.[54]

Die gegenwärtige WTO-Rechtsordnung differenziert gleichwohl im Wesentlichen nur zwischen Entwicklungsländern und LDCs. Praktisch umgesetzt wurde die Idee der Differenzierung bislang nur höchst vereinzelt.[55] Auch hat bisher kein Entwicklungsland jemals freiwillig auf seinen Status verzichtet,[56] was zu der merkwürdigen Situation führt, dass mächtige Schwellenländer wie Indien und China grundsätzlich dieselben welthandelsrechtlichen Privilegien genießen wie Ruanda, Vanuatu und Afghanistan. Bei der Frage der Fischereisubventionen würde eine derartige Gleichbehandlung zu dem unbefriedigenden Ergebnis führen, dass drei der gegenwärtig größten Fischereinationen – China, Peru und Indonesien[57] – von der Sonder- und Vorzugsbehandlung profitieren. Nicht nur die Industriestaaten, sondern auch die wirtschaftlich schwächeren Entwicklungsländer sperrten sich gegen eine derartige Privilegierung. Stattdessen forderten sie eine abgestufte Behandlung in Abhängigkeit von der wirtschaftlichen

51 WTO, Decision of 28 November 1979 (L/4903), Abs. 7.

52 Vgl. *Jessen*, Developing Countries (Fn. 42), S. 339.

53 Ausführlich hierzu *Jessen*, Developing Countries (Fn. 42), S. 678ff.

54 WTO, European Communities – Conditions for the Granting of Tariff Preferences to Developing Countries, Report of the Appellate Body v. 7.4.2004, WT/DS246/AB/R, Abs. 183.

55 Ein Beispiel ist Art. 27 SCM-Übereinkommen, vgl. *Jessen*, Developing Countries (Fn. 42), S. 681.

56 *Kennedy*, Special and Differential Treatment of Developing Countries, in: Macrory et al (Hrsg.), WTO (Fn. 40), S. 1544f.

57 https://www.europarl.europa.eu/RegData/etudes/BRIE/2021/698842/EPRS_BRI(2021)698842_EN.pdf, S. 9.

Entwicklung, als auch vom Beitrag zum gegenwärtigen Zustand der Überfischung der Weltmeere.[58]

Für diese Forderung finden die Befürworter*innen einer abgestuften Sonder- und Vorzugsbehandlung in SDG 14.6 ein schlagkräftiges Argument. Denn der Wortlaut des SDG 14.6 gibt vor, dass die Sonder- und Vorzugsbehandlung von Entwicklungsländern in *angemessener und effektiver* Weise ausgestaltet werden soll. Diese Vorgabe wäre mit einer pauschalen Anwendung des SDT-Prinzips auf alle Entwicklungsländer, welche insbesondere einige der größten Fischereinationen aus der Verantwortung entlässt, nicht vereinbar.

2. Potentielle Differenzierungsmechanismen

Den Verfasser*innen der Entwurfstexte, die dem finalen FSÜ vorangegangen sind, war diese Tatsache bewusst. Wie ein genauerer Blick in die letzte Entwurfsfassung vom 10. Juni 2022 zeigt, wurde durch eine überaus differenzierte Kombination aus verschiedenen Differenzierungsmechanismen versucht, dem Anspruch des SDG 14.6 gerecht zu werden. Dazu gehörten (1) dauerhafte Ausnahmeregelungen für die sog. handwerkliche Kleinfischerei (*artisanal fisheries*), (2) dauerhafte *de-minimis*-Ausnahmen, und (3) zeitlich beschränkte Übergangsregelungen:

(1) Dauerhafte Ausnahmeregelungen für die handwerkliche Kleinfischerei (*artisanal fisheries*) sollten innerhalb eines Küstenstreifens von 12 Seemeilen Anwendung finden. Der Begriff der handwerklichen Fischerei wird in der Regel zur Beschreibung von Fischereiaktivitäten, die mit kleinen Booten in Küstennähe zum Fang geringer Mengen von Fisch betrieben werden, verwendet. Neun von zehn Fischern weltweit arbeiten in diesem Bereich, wo sie schätzungsweise ein Drittel der globalen Gesamtfangmenge zusammentragen.[59] Die Überfischung der Weltmeere durch die stark subventionierten Fangflotten haben sie am stärksten zu spüren bekommen – von den Fischereisubventionen, die zu mehr als 80 Prozent großen Industriefischereien zu Gute kommen,

58 Vgl. *Klimke*, WTO-Fischereisubventionsabkommen (Fn. 27).

59 UNCTAD, Advancing Sustainable Development Goal 14: Sustainable fish, seafood value chains, trade and climate, UNCTAD/DITC/TED/2019/3, 2019, S. 22, abrufbar unter: https://unctad.org/system/files/official-document/ditcted2019d3_en.pdf.

aber am wenigsten profitiert.[60] Die Abschaffung kapazitätserhöhender Fischereisubventionen dürfte daher keine signifikanten Implikationen für Kleinfischer haben.[61]

(2) Im Sinne einer *de-minimis*-Ausnahme sollten auch Entwicklungsländer dauerhaft ausgenommen werden, deren Fangmengen weniger als 0,7 Prozent der globalen Fangmenge betragen.[62] Dieser Vorschlag ist vergleichbar mit Art. 27 SCM-Übereinkommen, einem der wenigen Graduationsmechanismen, welche das WTO-Recht gegenwärtig vorsieht.[63] Das Überschreiten der Wirtschaftsleistung in diesem spezifischen Sektor würde automatisch zu einer Verpflichtung des betreffenden WTO-Mitgliedstaates durch das geltende Subventionsverbotsregime führen.

(3) Neben diesen permanenten Ausnahmeklauseln sollten zeitlich beschränkte Ausnahmen allen Entwicklungsländern eine Übergangszeit zur Anpassung an die neue Rechtslage gewähren. Eine spezielle Rückausnahme sollte Entwicklungsländer mit einer stabilen Fischereibranche, deren jährlicher Anteil an der globalen Fischereiwirtschaft eine bestimmte Schwelle überschreitet, von dieser Sonder- und Vorzugsbehandlung ausschließen.[64] Bislang konnten sich die WTO-Mitglieder jedoch über die Frage, wie lang diese Übergangszeit sein sollte, nicht einigen. Vorschlägen von wenigen Jahren standen zuletzt Forderungen nach Übergangsperioden von bis zu 25 Jahren für alle Entwicklungsländer gegenüber.[65]

---

60 *A. Schuhbauer/R. Chuenpagdee/W.W.L. Cheung/u.a.*, How Subsidies affect the economic viability of small-scale fisheries, Marine Policy 82 2017, S. 114.

61 Ibid.

62 *von Moltke*, Fisheries Subsidies (Fn. 28), S. 158f.

63 *A. Tipping*, A ‚Clean Sheet' Approach to Fisheries Subsidies Disciplines, International Centre for Trade and Sustainable Development (ICTSD), 2015, S. 13.

64 Vgl. hierzu F. 14 im Entwurf vom 10.6.2022, WT/MIN(22)/W/20; von einer derartigen Ausnahme könnte beispielsweise China erfasst werden, dessen Gesamtmenge an Fischereiprodukten 35 Prozent der globalen Produktionsmenge ausmacht, vgl. *FAO*, World Fisheries (Fn. 3), S. 2.

65 Die Forderung nach einer 25-jährigen Übergangsphase wurde von Indien besonders nachdrücklich geltend gemacht, vgl. https://economictimes.indiatimes.com/news/economy/agriculture/india-for-25-years-exemption-from-subsidy-cuts-for-developing-nations-not-into-distant-water-fishing/articleshow/91772050.cms; siehe hierzu auch *Klimke*, WTO-Fischereisubventionsabkommen (Fn. 27).

Diese Differenzierungsmechanismen, die vorliegend allenfalls kursorisch dargestellt werden können, hätten – so die Einschätzung von Expert*innen für marine Biodiversität[66] – eine ausgewogene Balance zwischen dem ökologischen Kernziel des SDG 14.6 und den wirtschaftlichen und sozialen Interessen schwächerer Entwicklungsländer hergestellt. Dass diese Ausdifferenzierung der Sonder- und Vorzugsbehandlung der Entwicklungsländer nicht in das Abkommen aufgenommen wurde, ist zuvörderst Ausdruck der mangelnden Bereitschaft der wirtschaftsstarken Entwicklungsländer, auf vermeintlich angestammte Privilegien zu verzichten. Denn die angestrengte Neuausrichtung der Sonder- und Vorzugsbehandlung hätte im FSÜ nur einen ersten Niederschlag gefunden. Einmal im Welthandelsrecht verankert, würde die Differenzierungsfrage auch in sämtlichen nachfolgenden Verhandlungsprozessen zu beantworten sein. Der Widerstand seitens einiger Staaten richtete sich somit im Kern auch gegen die generelle Art und Weise der Rechtsfortbildung im Welthandelsrecht. Die Sonder- und Vorzugsbehandlung von Entwicklungsländern ist jedoch kein politisches Vorrecht, sondern ein „rule-specific instrument to support development in particular policy areas".[67] Auf dieser Definitionsbasis sollte eine gemeinsame Suche nach zeitgemäßen Antworten auf den Reformbedarf der WTO stattfinden und eine Politisierung des SDT-Prinzips vermieden werden. Damit sich die wirtschaftsmächtigeren Entwicklungsländer auf eine Ausdifferenzierung der Sonder- und Vorzugsbehandlung einlassen, müssen ihnen die Industriestaaten jedoch entgegenkommen und ihrerseits Zugeständnisse machen. Dazu wird im Rahmen der Fischereisubventionsverhandlungen auch gehören, breit angelegte Ausnahmeklauseln, welche unter bestimmten Voraussetzungen eine Fortsetzung der bestehenden Subventionspraxis erlauben, zu überdenken.[68]

66 So lautete eine Empfehlung in einem offenen Brief, welcher von fast 300 Wissenschaftler*innen unterzeichnet wurde: "Exceptions to the rules—known as special and differential treatment—should be considered for small-scale fishers that use low-impact gears or that fish for subsistence, but only if decoupled from incentivizing overfishing", vgl. *U.R. Sumaila* u.a., WTO must ban harmful fisheries subsidies, Science Vol. 374, Issue 6567, 28.10.2021, abrufbar unter: https://www.science.org/doi/10.1126/science.abm1680; mit Verweis auf: *A.M. Cisneros-Montemayor/E. Sanjurjo/G. Munro/et al.,* Strategies and rationale for fisheries subsidy reform, Marine Policy 69 2016, S. 229ff.

67 *M. Kao,* WTO Reform: Old Debate ... New Realities, CUTS International Geneva/Friedrich-Ebert-Stiftung (FES), Genf 2019, S. 7.

68 Vgl. hierzu *Klimke*, Marine Biodiversität (Fn. 29).

VI. Abschließende Bemerkungen

Das FSÜ belegt anschaulich, dass sich Nachhaltigkeitsfragen aus dem Prozess der Weiterentwicklung der Welthandelsordnung nicht mehr wegdenken lassen. Es geht nicht mehr allein um die Umweltauswirkungen des globalen Wirtschaftens, sondern um seine Grundlage, wie der Vorsitzende der Fischereisubventionsverhandlungen, der kolumbianische WTO-Botschafter Santiago Wills eindrücklich zusammengefasst hat: „The longer we wait, the more the fish lose. And the more the fish lose, the more we all lose".[69]

Parallel zu den Verhandlungen um das FSÜ wurden weitere nachhaltigkeitsorientierte Initiativen und Rechtssetzungsprozesse innerhalb der WTO auf den Weg gebracht, die zu einer ökologischeren Ausgestaltung des Welthandels beitragen sollen: Die strukturierten Gespräche über Handel und ökologische Nachhaltigkeit (TESSD), der informelle Dialog über Kunststoffverschmutzung und ökologisch nachhaltigen Kunststoffhandel (IDP) und die Reform der Subventionen für fossile Brennstoffe (FFSR).[70] Für diese Vorhaben entfaltet die Art und Weise, wie Nachhaltigkeitsfragen im FSÜ adressiert werden, unweigerlich Vorbildwirkung. Das Wissen um die Beschreitung neuer Wege in ihren Rechtsetzungsprozessen ist für die WTO aber auch eine Erschwernis. Denn den WTO-Mitgliedern ist bewusst, dass die Regelungsmuster, die sie gegenwärtig gestalten, auch die Weichen für anschließende Verhandlungen zu anderen Nachhaltigkeitsfragen stellen. Die Differenzen, die die Verhandlungen um das FSÜ begleiteten, sind dabei weniger auf etwaige *trade-offs* zwischen den wirtschaftlichen Interessen der WTO-Mitgliedstaaten und SDG 14.6 zurückzuführen, als vielmehr auf die mangelnde rechtliche Differenzierung innerhalb der großen Gruppe der Entwicklungsländer durch das Welthandelsrecht. Erst, wenn die Heterogenität der WTO-Mitgliedstaaten sich in ihren Rechten und Pflichten hinreichend widerspiegelt, kann die WTO den Beitrag zur Erreichung der Nachhaltigkeitsziele leisten, welchen die UN-Agenda 2030 von ihr verlangt.

---

69 Vgl. die Pressemitteilung vom 10.6.2022, abrufbar unter: https://www.wto.org/english/news_e/news22_e/fish_10jun22_e.htm.

70 Vgl. die Pressemitteilung vom 8.6.2022, abrufbar unter https://www.wto.org/english/news_e/news22_e/sdgs_08jun22_e.htm; vgl. zu einem eigenständigen Regelwerk zu fossilen Treibstoffsubventionen *H. Pereira,* How the WTO can help tackle climate change through fossil fuel subsidy reform, ICTSD Issue Paper, 2017, S. 1, abrufbar unter: https://www.greengrowthknowledge.org/sites/default/files/downloads/resource/How%20the%20WTO%20Can%20Help%20Tackle%20Climate%20Change%20through%20Fossil%20Fuel%20Subsidy%20Reform.pdf.

SDG 14.6 könnte in diesem Wandlungsprozess ein entscheidender Katalysatoreffekt zukommen.

H. Licht am Ende des Tunnels? – Aktuelle Chancen im Umgang mit klimawandelbedingter Migration

Katia Hamann[*]

I. Einleitung

Mit sich verschärfender Klimakrise nehmen auch die Auswirkungen auf menschliche Lebensräume zu. Dazu gehören ein ansteigender Meeresspiegel, zunehmende Extremwetterereignisse oder immer länger währende Dürreperioden. So erlebte etwa Somalia kürzlich aufgrund der vierten ausbleibenden Regenzeit in Folge eine Dürrekatastrophe, die bereits mehr als 700.000 Menschen gezwungen hat, ihre Heimat für die Suche nach Wasser, Nahrung und Weideland zu verlassen.[1] Dieses Beispiel unter vielen zeigt: Auf Dauer werden viele Menschen an bestimmten Orten nicht mehr leben können – sei es aufgrund von plötzlichen Naturkatastrophen und extremen Wetterereignissen oder aufgrund sich langsam, aber stetig verschlechternder Umweltbedingungen. Dieses Phänomen, dass Menschen in Reaktion auf Klima- und Umweltveränderungen ihre Heimat verlassen müssen, wird hier als Klimamigration bezeichnet und stellt durch seine mannigfaltigen Erscheinungsformen, komplexen Kausalzusammenhänge und globale Natur eine zunehmende Herausforderung für die internationale Staatengemeinschaft dar (II.). Dabei ist der Zusammenhang zwischen menschengemachten Umweltveränderungen und Migration nicht unbekannt, sondern wird bereits seit Mitte der 1980er Jahre lebhaft diskutiert.[2] Dennoch können die bestehenden rechtlichen Rahmenbedingungen und Institutionen dem Phänomen bis heute nicht angemessen begegnen (III.). Seit einigen Jahren bilden sich auf globaler Ebene allerdings zwei vielversprechende Ansätze

---

* Die Autorin ist Doktorandin und Wissenschaftliche Mitarbeiterin bei Prof. Dr. Mehrdad Payandeh, LL.M. (Yale) an der Bucerius Law School.

1 Amt der Vereinten Nationen für die Koordinierung humanitärer Angelegenheiten (UNOCHA), Somalia: Drought Response and Famine Prevention Situation Report No. 7 v. 20.5.2022.

2 Auslöser war vor allem ein 1985 vom Umweltprogramm der Vereinten Nationen (UNEP) veröffentlichter Bericht mit dem eingängigen Titel „Environmental Refugees“, vgl. *E. El-Hinnawi*, Environmental Refugees, UNEP, 1985.

im Umgang mit Klimamigration heraus (IV.). Die Potenziale und Grenzen dieser beiden Ansätze sollen in diesem Beitrag näher beleuchtet werden.

II. Komplexe Zusammenhänge

Ein Grund für das derzeit bestehende „rechtliche Vakuum"[3] ist die Komplexität des Themas, die politische Entscheidungsträger und andere Stakeholder vor vielfältige Herausforderungen stellt:

Erstens ist Migration selten bis nie monokausal. Vielmehr wird eine Migrationsentscheidung durch ein Zusammenspiel ökonomischer, politischer, historischer und gesellschaftlicher Faktoren bestimmt.[4] Der Klimawandel stellt damit selten die einzige Migrationsursache dar, sondern verstärkt schon bestehende Vulnerabilitäten. Der genaue Anteil der Effekte von Umwelt- und Klimaveränderungen auf die Migrationsentscheidung wird daher nur selten konkret bestimmbar sein. Dies stellt das Recht vor Probleme unzureichender Kausalitätszusammenhänge und kaum sinnvoll vorzunehmenden Abgrenzungen.

Zweitens kann Migration in Reaktion auf Umwelt- und Klimaveränderungen verschiedene Ausprägungen haben. Sie kann innerhalb eines Staates oder unter Überschreitung internationaler Grenzen geschehen, sie kann temporär oder dauerhaft sein oder sie kann in Reaktion auf langsame, aber stetige oder auf plötzliche und extreme Veränderungen erfolgen. In der hier pauschal als Klimamigrierende zusammengefassten Gruppe gibt es somit in der Realität unterschiedliche (Schutz-)Bedürfnisse, je nachdem etwa, welche Hoheitsträger im Einzelfall zuständig oder welche Regelungsregime anwendbar sind.

Drittens fehlt es an verlässlichen Zahlen und Prognosen über die Anzahl derzeitiger und zukünftiger Klimamigrierender. In den Medien finden sich Schlagzeilen, in denen von mehreren Hundert Millionen bis zu einer Milliarde „Klimaflüchtlingen" gesprochen wird.[5] Obwohl diese Zahlen mit Vor-

3 *S. Atapattu*, Migration with Dignity, in: S. Behrman/A. Kent (Hrsg.), Climate Refugees, Cambridge: Cambridge University Press 2022, S. 127 (132).

4 Internal Displacement Monitoring Centre (IDMC), Global Report on Internal Displacement – Internal displacement in a changing climate, 2021, S. 88; *R. Black* u.a., Foresight: Migration and Global Environmental Change, Final Project Report, 2011, S. 30 ff.

5 *J. Henley*, Climate crisis could displace 1.2bn people by 2050, report warns, TheGuardian.com v. 9.9.2020; dpa, Weltbank: Über 200 Millionen Klimaflüchtlinge bis 2050,

sicht zu genießen sind,[6] lässt sich damit eine ungefähre Größenordnung erahnen. Eine genaue Bestimmung ist hingegen nahezu unmöglich.[7] Zu den oben geschilderten Herausforderungen, die sich auch in der Quantifizierung bemerkbar machen, kommt, dass es bis heute keine einheitliche Terminologie für Menschen, die ihre Heimat infolge von Umwelt- und Klimaveränderungen verlassen, gibt. Es kursieren unterschiedlichste Begriffe – „Klima- bzw. Umweltflüchtlinge“[8], „Klimavertriebene“[9], „Umweltmigrant:innen“[10] –, die zudem jeweils verschieden definiert werden. Je nach zugrunde gelegter Definition fallen auch Statistiken und Prognosen unterschiedlich aus. Überdies hängt das zukünftige Ausmaß der Klimamigration auch von den ergriffenen Maßnahmen zur Bekämpfung und Abmilderung des Klimawandels und seiner Folgen ab.[11]

Viertens müssen im Umgang mit Klimamigration der Klimakrise immanente Besonderheiten berücksichtigt werden. Dazu gehören insbesondere Fragen einer gerechten Lastenverteilung innerhalb der internationalen Gemeinschaft. Die Auswirkungen der globalen Klimakrise zeigen sich verstärkt im Globalen Süden, während die Staaten des Globalen Nordens, die

---

ZeitOnline v. 14.9.2021; *T. Pohl,* Eine Milliarde Klima-Flüchtlinge? Wie ein besonderes Projekt in Afrika helfen kann, focus.de v. 24.8.2021.

6 Insbesondere extreme Zahlen werden häufig pauschal von Medien und Politik mit verschiedenen Intentionen reproduziert. Die einen wollen auf die Schutzbedürftigkeit der Betroffenen oder des Weltklimas (oder beider) aufmerksam machen und legitimieren durch die Zahlen ihre Forderung nach unmittelbarem Handeln; die anderen schüren Angst vor „Massenmigration“ und framen Klimamigration als ein Sicherheitsrisiko (vgl. hierzu *G. Bettini,* Climate Barbarians at the Gate? A critique of apocalyptic narratives on ‘climate refugees’, Geoforum 45 (2013), 63; *I. Boas,* Climate Migration and Security, New York: Routledge 2015).

7 *Black* u.a., Foresight (Fn. 4), S. 11.

8 Stellvertretend *El-Hinnawi,* Environmental Refugees (Fn. 2); *N. Myers,* Environmental Refugees in a Globally Warmed World, Bioscience 43 (1993), 752; *B. Docherty/T. Giannini,* Confronting a rising tide: A proposal for a Convention on Climate Change Refugees, Harvard Environmental Law Review 33 (2009), 349.

9 Siehe etwa *M. Prieur* u.a., Draft Convention on the international status of environmentally-displaced persons, Revue Européenne de Droit de l’Environnement 12 (2008), 395; *K. Hassine,* Handling Climate Displacement, Cambridge: Cambridge University Press, 2019.

10 Z.B. bei *U. Beyerlin,* Environmental Migration and International Law, in: H. Hestermeyer/D. König/N. Matz-Lück/V. Röben/A. Seibert-Fohr/P.-T. Stoll/S. Vöneky (Hrsg.), Coexistence, Cooperation and Solidarity – Liber Amicorum Rüdiger Wolfrum, Volume I, Leiden: Martinus Nijhoff 2012, S. 319; *B. Mayer,* The concept of Climate Migration, Cheltenham: Edward Elgar Publishing 2016.

11 IDMC, GRID 2021 (Fn. 4), S. 92.

primär für ihre Verursachung verantwortlich sind, zunächst von den extremen Auswirkungen verschont bleiben werden – oder zumindest aufgrund ihrer Ressourcen deutlich widerstandsfähiger sind.[12] Auch innerhalb von Gesellschaften sind die Auswirkungen des Klimawandels ungleich verteilt und daher soziale Gruppen in ohnehin schon vulnerablen Situationen besonders betroffen.[13]

Nicht zuletzt ist zu betonen, dass Migration nicht nur unerwünschte Folge von Umweltkatastrophen sein, sondern in Form geplanter Umsiedlungen auch selbst als Anpassungsstrategie an die Folgen des Klimawandels dienen kann. Damit ist Klimamigration weder *per se* als gut oder schlecht einzuordnen, vielmehr kann sie die Lage der Migrierenden auch verbessern, wenn Migration geplant und in Gebiete mit einer besseren (z.B. medizinischen oder schulischen) Versorgung erfolgt.[14]

Ein umfassender und nachhaltiger Ansatz im Umgang mit Klimamigration müsste all diesen Zusammenhängen gerecht werden.

III. Fehlende rechtliche Antworten

Nach der derzeitigen Rechtslage genießen Menschen, die infolge klimawandelbedingter Umweltveränderungen ihre Heimat verlassen, allerdings nur sehr eingeschränkten Schutz. So fallen sie – trotz der lange vorherrschenden Bezeichnung als „Klimaflüchtlinge" – grundsätzlich nicht unter die *Genfer Flüchtlingskonvention* (GFK).[15] Zum einen fehlt es in der Regel bereits an einer Verfolgung i.S.d. Art. 1 A. 2. GFK.[16] Zum anderen müsste die

12 *A. Kraler/C. Katsiaficas/M. Wagner*, Climate Change and Migration, Studie für den Ausschuss für bürgerliche Freiheiten, Justiz und Inneres des Europäischen Parlaments, Juli 2020, S. 28; Intergovernmental Panel on Climate Change (IPCC), Climate Change 2022: Impacts, Adaptation and Vulnerability, Summary for Policymakers, 2022, S. 14 ff.

13 *K. K. Rigaud* u.a., Groundswell: Preparing for Internal Climate Migration, World Bank, 2018, S. 35; IPCC, 2022 (Fn. 12), S. 14 f.

14 *Rigaud* u.a., Groundswell (Fn. 13), S. 32 f.

15 Ausführlich *M. Scott*, Climate refugees and the 1951 Convention, in: S. Juss (Hrsg.), Research Handbook on International Refugee Law, Cheltenham/Northampton: Edward Elgar Publishing 2019, S. 343; *J. McAdam*, Climate Change, Forced Migration, and International Law, Oxford: Oxford University Press 2012, S. 42 ff.

16 Die Verfolgung muss in irgendeiner Form dem Heimatstaat der betroffenen Person zuzurechnen sein. Dies wird bei klimawandelbedingten Umweltveränderungen und Naturkatastrophen nur selten der Fall sein. Im Gegenteil sind die meisten Staaten eher gewillt, ihre Bevölkerung im Rahmen ihrer Möglichkeiten zu schützen.

betroffene Person solche Verfolgung „wegen ihrer Rasse, Religion, Nationalität, Zugehörigkeit zu einer bestimmten sozialen Gruppe oder wegen ihrer politischen Überzeugung“ fürchten. Keine dieser Kategorien passt ohne Weiteres auf eine Person, die infolge von Klimafolgen ihren Heimatstaat verlässt.[17] Sofern daher keine zusätzlichen Umstände vorliegen, die darauf hinweisen, dass die schutzsuchende Person aus den aufgelisteten Gründen diskriminiert wird, qualifiziert sie sich nicht als „Flüchtling“ im Sinne der Konvention.

Um dieser „Schutzlücke“ zu begegnen, wurden in der Literatur verschiedene Vorschläge für eine *neue Konvention* erarbeitet, je mit ganz unterschiedlichen Ansätzen. Dazu gehörten sowohl neue, eigenständige Konventionen mit globalem Umfang[18] als auch Protokolle oder regionale Abkommen unter dem Dach der Klimarahmenkonvention[19]. Viele dieser Vorschläge zählen mittlerweile 15 Jahre oder mehr, trotzdem gab es bisher keine ernsthaften Initiativen eine neue Konvention in Form eines bindenden völkerrechtlichen Vertrags zu erarbeiten. Es fehlt hier an staatlicher Initiative – sei es aufgrund der hochpolitischen Materie oder der insgesamt zunehmenden Tendenz einer „Entnormativierung“[20] des Völkerrechts. Zudem gibt es in Anbetracht der Vielgestaltigkeit des Phänomens Klimamigration Bedenken gegenüber einer solchen „Universallösung“.[21]

---

17 Am ehesten könnte man noch eine gemeinsame soziale Gruppe von „Klimamigrant:innen“ konstruieren, jedoch muss eine solche Gruppe mehr Gemeinsamkeiten aufweisen als nur das Risiko einer Verfolgung, vgl. UNHCR, Handbook on Procedures and Criteria for Determining Refugee Status under the 1951 Convention and the 1967 Protocol relating to the Status of Refugees, 2019, UN Dok. HCR/1P/4/ENG/REV.4, Rn. 77 f.

18 *D. Falstrom*, Stemming the Flow of Environmental Displacement: Creating a Convention to protect persons and preserve the environment, Colorado Journal of International Environmental Law and Policy Yearbook 2001, 1; *Prieur* u.a., Draft Convention (Fn. 9) (vgl. auch die im April 2018 aktualisierte vierte Version: https://cidce.org/en/environmentally-displaced-persons/); *Docherty/Giannini*, Proposal (Fn. 8); *D. Hodgkinson/T. Burton/H. Anderson/L. Young*, The Hour When the Ship Comes In: A Convention for Persons Displaced by Climate Change, Monash University Law Review 36 (2010), 69.

19 *F. Biermann/I. Boas*, Preparing for a Warmer World: Towards a Global Governance System to Protect Climate Refugees, Global Environmental Politics 10 (2010), 60 (76 f.); *A. Williams*, Turning the Tide: Recognizing Climate Change Refugees in International Law, Law and Policy 30 (2008), 502.

20 *A. Zimmermann/F. Herrmann*, 70 Jahre Genfer Flüchtlingskonvention, InfAuslR 2021, 221 (227).

21 Vgl. *J. McAdam*, Swimming Against the Tide: Why a Climate Change Displacement Treaty is Not the Answer, International Journal of Refugee Law 23 (2011), 2.

Statt einer neuen Konvention mit globalem Anwendungsbereich gibt es vermehrt *Lösungsansätze auf nationaler oder regionaler Ebene.* Vor allem letztere bieten die Chance, stärker auf regionale Besonderheiten und Bedürfnisse eingehen zu können. Zudem kann regional oft auf engere, zum Teil institutionalisierte Kooperationen zurückgegriffen werden.[22] Es gibt bereits einige Beispiele für regionale Instrumente, die sich zwar nicht immer ausschließlich mit dem Phänomen Klimamigration beschäftigen, aber auch Personen, die ihre Heimat aufgrund klimawandelbedingter Umweltveränderungen verlassen, zugutekommen sollen. Dazu gehören einerseits die *Kampala Konvention* der Afrikanischen Union zum Schutz Binnenvertriebener von 2009[23], die explizit auch Personen erfasst, die infolge natürlicher oder menschengemachter Katastrophen binnenstaatlich vertrieben wurden, andererseits verschiedene regionale *Freizügigkeitsabkommen*[24]. Diese regionalen Instrumente variieren allerdings stark in ihrer Herangehensweise, ihrer Effizienz und der Anzahl der beteiligten Staaten. Auch haben verschiedene Nationalstaaten legale Migrationswege (etwa im Wege der Arbeitsmigration[25] oder eines das internationale Flüchtlingsrecht ergänzenden Schutzes[26]) geschaffen. Diese kommen jedoch nur einem ein-

---

22 *Williams*, Refugees (Fn. 19), S. 518; *S. Kagan/M. Byrne/M. Leighton*, Organizational Perspectives from the International Labour Organization, in B. Mayer/F. Crépeau (Hrsg.), Research Handbook on Climate Change, Migration and the Law, Cheltenham/Northampton: Edward Elgar Publishing 2017, S. 316 (328 f.).

23 Afrikanische Union, Convention for the Protection and Assistance of Internally Displaced Persons in Africa v. 23.10.2009. Bisher haben 31 der 55 Mitgliedstaaten der Afrikanischen Union die Kampala Konvention ratifiziert, zuletzt Somalia 2020 (Stand: 18.6.2020).

24 So haben unter anderem die ostafrikanische *Intergovernmental Authority on Development*, die *Organization of East Caribbean States* und weitere Organisationen Abkommen über die Freizügigkeit von Personen zwischen den beteiligten Staaten initiiert, vgl. *T. Wood*, The Role of Free Movement of Persons Agreement in addressing Disaster Displacement – A Study of Africa, May 2019, S. 19 ff. sowie IDMC, GRID 2021 (Fn. 4), S. 103.

25 Dazu gehören Neuseeland und Australien, die jeweils eine eigene Visumskategorie für Arbeiter:innen und ihre Angehörigen aus bestimmten pazifischen Inselstaaten geschaffen haben (vgl. in Neuseeland das *Pacific Access Category Resident Visa* bzw. in Australien das *Pacific Australia Labour Mobility Scheme*).

26 Das nationale Migrationsrecht z.B. in den USA, Schweden und Finnland ermöglicht unter gewissen Voraussetzungen einen temporären Schutz, der über den des Flüchtlingsrechts hinausgeht. Allerdings haben die beiden letztgenannten Staaten diese Möglichkeit infolge der sogenannten „Flüchtlingskrise" 2016 suspendiert, vgl. *E. Hush*, Developing a European Model of International Protection for Environmentally-Displaced Persons: Lessons from Finland and Sweden, Preliminary Reference

geschränkten Personenkreis zugute, haben hohe Voraussetzungen oder sind stark abhängig von der Bereitschaft der einzelnen Staaten. Vor allem die Staaten, die grundsätzlich eine besonders liberale Migrationspolitik praktizieren, laufen langfristig Gefahr, den größten Teil der „Last" zu tragen. Dies kann dann auf Dauer wieder zu einer stärkeren Abschottung führen.[27]

IV. Aktuelle Entwicklungen

Die bestehenden Rechtsinstrumente reichen somit noch nicht aus, um den Schutz Klimamigrierender zu gewährleisten. Neue Entwicklungen der letzten Jahre geben allerdings Hoffnung, dass sich dies ändern könnte. Zum einen lässt sich beobachten, dass globale Governance-Strukturen in den Bereichen der internationalen Klimaschutz- und Migrationspolitik vermehrt mit klimawandelbedingter Migration befasst sind (I.). Zum anderen erlangen die Menschenrechte zunehmende Bedeutung (II.).

1. Entwicklung einer Global Climate Migration Governance?

Auf globaler Ebene, etwa unter dem Dach der Vereinten Nationen, gab es lange keine nennenswerten Bestrebungen, sich dem Thema Klimamigration anzunehmen. Die internationalen Klimaschutzverhandlungen ließen Migration und Vertreibung als Auswirkung klimawandelbedingter Umweltveränderungen zunächst links liegen; ein koordiniertes Vorgehen im Bereich Migration auf internationaler Ebene gab es jenseits des Flüchtlingsrechts – trotz entsprechender Forderungen – gar nicht. Erst in den vergangenen zehn Jahren erlangte Klimamigration in den entsprechenden Gremien nach und nach an Bedeutung und es entwickelt sich langsam eine kohärentere Architektur, die hier unter dem Begriff einer *Global Climate Migration Governance* beschrieben werden soll.

Blog of Columbia Journal of European Law v. 7.9.2017. Vgl. für die USA: The White House, Report on the impacts of Climate Change on Migration, Oktober 2021, S. 18 f.

27 Vgl. das Beispiel in Fn. 26.

a) Der UN-Migrationspakt als Grundstein einer kohärenteren Migrationspolitik

Während sich nach den beiden Weltkriegen ein vergleichsweise übersichtliches rechtliches Regime zum Schutz von Geflüchteten herausbildete, fehlt es dem internationalen Migrationsrecht darüber hinaus an Kohärenz und Struktur.[28] Normen mit Migrationsbezug finden sich in Instrumenten aus verschiedensten Rechtsgebieten (Flüchtlingsrecht, Menschenrechte, Arbeitsrecht usf.), völkerrechtliche Abkommen über Migration gibt es auf bilateraler, regionaler und globaler Ebene und verschiedene Institutionen (Internationale Organisation für Migration (IOM), Internationale Arbeitsorganisation, Organisation für wirtschaftliche Zusammenarbeit und Entwicklung, UNHCR und weitere) haben zum Teil überlappende Mandate. Daher wurden seit der Jahrtausendwende Rufe nach einer kohärenteren und dadurch effizienteren internationalen Migrationssteuerung lauter.[29] Der 2018 vorgestellte *UN-Migrationspakt*[30] wird als bisheriger Höhepunkt dieser langjährigen Bemühungen angesehen.[31]

Bei dem UN-Migrationspakt handelt es sich um ein rechtlich nicht bindendes Dokument,[32] das alle Ausprägungen internationaler Migration abdecken soll. Er erlegt Staaten damit also weder Pflichten auf noch verleiht er individuelle Rechte. Stattdessen formuliert er 23 Ziele für eine sichere, geordnete und reguläre Migration, die in mehreren Unterpunkten weiter ausgeführt werden. Dabei geht der Pakt explizit auch auf die Herausforderungen von Migration im Kontext von Naturkatastrophen und den Folgen des Klimawandels ein und benennt konkrete Maßnahmen.[33] So

28 *B. Opeskin/R. Perruchoud/J. Redpath-Cross*, Conceptualising international migration law, in: dies. (Hrsg.), Foundations of International Migration Law, Cambridge: Cambridge University Press 2012, S. 1 (7 ff.).

29 *I. Omelaniuk*, Global migration institutions and processes, in: B. Opeskin/R. Perruchoud/J. Redpath-Cross (Hrsg.), Foundations of International Migration Law, S. 336 (338 ff.). Vgl. auch B. Ghosh (Hrsg.), Managing Migration – Time for a New International Regime?, Oxford: Oxford University Press 2000; A. Betts (Hrsg.), Global Migration Governance, New York: Oxford University Press 2011.

30 Global Compact for Safe, Orderly and Regular Migration v. 10.12.2018, UN Dok. A/73/195, Annex.

31 *M. Griesbeck*, Von der New Yorker Erklärung über den Sutherland-Report zum Global Compact for Migration — Zur Vorgeschichte des Migrationspaktes und den Erkenntnissen für die Diskussion, ZAR 2019, 85.

32 So auch das Bundesverfassungsgericht, Beschl. v. 7.12.2018, 2 BvQ 105/18, Rn. 14 ff.

33 Global Compact for Safe, Orderly and Regular Migration, Rn. 18 lit. h–l.

sollen beispielsweise die gemeinsame Informationsgewinnung sowie deren Austausch verstärkt, Maßnahmen zur Anpassung und Stärkung der Resilienz entwickelt und kohärente Ansätze zur Bewältigung von Migrationsbewegungen im Kontext von Umweltveränderungen gefunden werden[34]. Darüber hinaus sind Staaten aufgerufen, legale Migrations- und Bleibeperspektiven für Menschen zu schaffen, „die aufgrund plötzlicher Naturkatastrophen und anderer prekärer Situationen gezwungen sind, ihr Herkunftsland zu verlassen".[35]

b) Bestrebungen im internationalen Klimaschutzrecht

Gleichzeitig zeichnet sich auch im Bereich des Internationalen Klimaschutzrechts ab, dass Migration darin eine größere Bedeutung erlangt. Obwohl das *Klimarahmenabkommen* (UNFCCC)[36] der Vereinten Nationen bereits 1992 verabschiedet wurde, findet sich erstmals im *Cancún Adaptation Framework*[37] von 2010 ein Hinweis auf klimawandelbedingte Migration.[38] Auf der COP21 wurde 2015 dann nicht nur in der Präambel des *Pariser Klimaabkommens*[39] auf die Notwendigkeit des Schutzes von Migrierenden verwiesen, sondern auch unter dem zwei Jahre zuvor ins Leben gerufenen Internationalen Mechanismus von Warschau für Verluste und

---

34 Im Rahmen dieser letzten Empfehlung (Rn. 18 lit. l) verweist der Pakt zudem explizit auf die von der *Nansen Initiative* entwickelte, nicht verbindliche *Agenda for the Protection of Cross-border Displaced Persons in the Context of Disasters and Climate Change* (2015). Die 2011 initiierte Nansen Initiative war ein staatengetriebener Konsultationsprozess mit dem Ziel, ein Schutzprogramm für Menschen, die grenzüberschreitend infolge von Naturkatastrophen und der Auswirkungen des Klimawandels migrieren, zu erarbeiten. Aus der Initiative ging die *Platform on Disaster Displacement* (PDD) hervor, die die Umsetzung der Agenda unterstützt. Die PDD hatte maßgeblichen Einfluss auf die Aufnahme von Klimamigrationsaspekten in den UN-Migrationspakt. Vgl *W. Kälin*, The Nansen Initiative: building consensus on displacement in disaster contexts, Forced Migration Review 49 (2015), 5.

35 Global Compact for Safe, Orderly and Regular Migration, Rn. 21 lit. g–h.

36 Rahmenübereinkommen der Vereinten Nationen über Klimaänderungen v. 9.5.1992, 1771 U.N.T.S. 107.

37 UNFCCC, The Cancún Agreements: Outcome of the work of the Ad Hoc Working Group on the Long-term Cooperative Action under the Convention, Decision 1/CP.16, 15.3.2011, UN Dok. FCCC/CP/2010/7/Add.1.

38 Rn. 14(f) lädt die Parteien dazu ein, Maßnahmen zu unternehmen, die das Verständnis, die Koordination und die Kooperation hinsichtlich klimawandelbedingter Vertreibung, Migration und geplanter Umsiedelung verbessern.

39 Übereinkommen von Paris v. 12.12.2015, BGBl. II 2016, S. 1083.

Schäden eine *Task Force on Displacement* (TFD) eingerichtet.[40] Dieses Expertengremium sollte in einer ersten Phase Empfehlungen für den Umgang mit und die Reduktion von Vertreibung im Kontext negativer Auswirkungen des Klimawandels erstellen. Ebendiese Empfehlungen[41] nahmen die Vertragsstaaten der Klimarahmenkonvention 2018 an und verlängerten die Laufzeit der Task Force[42]. Daneben ist auch der bereits vor der Klimakonferenz in Paris im Arbeitsprogramm des Warschauer Mechanismus verankerte Tätigkeitsbereich zu Migration mittlerweile dauerhafter Bestandteil der jeweils mehrjährigen Arbeitspläne des Mechanismus.[43] Migration nimmt damit inzwischen einen festen Platz in internationalen Klimaverhandlungen ein.

In ihrer aktuellen zweiten Arbeitsphase fokussiert sich die Task Force auch zunehmend darauf, Klimaschutz- und Migrationspolitik zu verknüpfen.[44] Zudem haben die Empfehlungen der TFD die Verhandlungen um den UN-Migrationspakt wesentlich beeinflusst.[45] Letzterer nimmt wiederum in seiner Präambel ausdrücklich Bezug auf das Pariser Abkommen, die UNFCCC sowie die Agenda 2030 für nachhaltige Entwicklung[46].[47] Es lässt sich also eine zunehmende Verschränkung der beiden Säulen des Internationalen Klimaschutzrechts einerseits und des Migrationsregimes andererseits beobachten.

---

40 UNFCCC, Report of the Conference of the Parties on its 21st session, Decision 1/CP.21, 20.1.2016, UN Dok. FCCC/CP/2015/10/Add.1, Rn. 49.

41 Enthalten in UNFCCC, Report of the Conference of the Parties on its 24th session, 19.3.2019, UN Dok. FCCC/CP/2018/10/Add. 1, Annex.

42 Zunächst wurde die Laufzeit bis 2021 verlängert, es scheint aber, als sollte die Task Force on Displacement ihre Arbeit auch in Zukunft fortsetzen, vgl. Executive Committee of the Warsaw International Mechanism for Loss and Damage, Decision points adopted at the 15th meeting (ExCom 15), 8.4.2022.

43 UNFCCC, Five-year rolling workplan Executive Committee of the Warsaw International Mechanism for Loss and Damage associated with Climate Change Impacts, 2.11.2017, UN Dok. FCCC/SB/2017/1/Add. 1, Annex, Rn. 2 (strategic workstream (d)); sowie zuvor UNFCCC, Initial two-year workplan Executive Committee of the Warsaw International Mechanism for Loss and Damage associated with Climate Change Impacts, 24.10.2014, UN Dok. FCCC/SB/2014/4, Annex II (action area 6).

44 *M. Chazalnoël/D. Ionesco*, Perspectives from the International Organization for Migration, in: S. Behrman/A. Kent (Hrsg.), Climate Refugees, S. 41 (45).

45 *Chazalnoël/Ionesco*, Perspectives (Fn. 44), S. 46.

46 Transformation unserer Welt: Die Agenda 2030 für eine nachhaltige Entwicklung, 25.9.2015, UN Dok. A/RES/70/1.

47 Global Compact for Safe, Orderly and Regular Migration, Rn. 2.

c) Chancen einer im Werden begriffenen Climate Migration Governance

Diese zunehmende Verschränkung, die als zaghafter Ansatz einer Global Climate Migration Governance-Struktur interpretiert werden kann, bietet verschiedene Chancen im Umgang mit Klimamigration. Zum einen erhöht eine zunehmende Implementierung von Klimamigrationsaspekten in die einschlägigen Verhandlungsprozesse insgesamt die *Legitimität* und *Sichtbarkeit* des Themas im allgemeinen Diskurs.[48] Zum anderen fördert sie die *Kohärenz* zwischen den beiden im UN-System mit Klimamigration befassten Foren. Dazu kann bereits die Etablierung einer einheitlichen Terminologie, aber auch die Schaffung institutioneller Strukturen, die das Thema regelmäßig auf die Tagesordnung setzen, beitragen.[49] Erste konkrete Fortschritte unter der gemeinsamen Governance-Struktur könnten beispielsweise die Pflicht zur Einbettung von Migrationsaspekten in die national festgelegten Beiträge unter dem Pariser Klimaabkommen[50] bzw. in die Nationalen Adaptionspläne unter dem Cancún Adaptation Framework[51] sowie Anreize zur besseren Koordinierung von Klimaschutz- und Migrationspolitik auch auf nationaler Ebene sein.[52]

Durch die zunehmende Kooperation können außerdem *Synergien* zwischen den bereits mit Klimamigration befassten Akteuren geschaffen werden, etwa indem Expert:innen aus unterschiedlichsten Bereichen (z.B. Migrations- und Krisenmanagement, Sicherheitspolitik, Menschenrechte) an einen Tisch gebracht oder Projekte verschiedener Organisationen gemeinsam durchgeführt werden. So können die begrenzten Ressourcen der beteiligten Organisationen effektiver genutzt und inhaltliche Dopplungen vermieden werden.[53] Eine wesentliche koordinierende Funktion könnte dabei zum einen IOM (seit 2016 Teil der UN-Architektur) einnehmen, die sich für mehr Kohärenz hinsichtlich des Umgangs mit Klimamigration zwi-

48 Vgl. *Chazalnoël/Ionesco*, Perspectives (Fn. 44), S. 45.

49 *E. Jakobsson*, Lessons from the Past Momentum Going Forward: Norm Dynamics and the Process of Protection for Climate-Induced Displacement, in: S. Behrman/A. Kent (Hrsg.), Climate Refugees, S. 85 (103 ff.).

50 Art. 4 Abs. 2 Pariser Klimaschutzabkommen.

51 UNFCCC, Cancún Agreements (Fn. 37), Rn. 15. Vgl. auch *K. Warner/W. Kälin/S. Martin/Y. Nassef*, National Adaptation Plans and human mobility, Forced Migration Review 49 (2015), 8.

52 *Chazalnoël/Ionesco* Perspectives (Fn. 44), S. 50, 55 f.; IOM, Mapping Human Mobility and Climate Change in Relevant National Policies and Institutional Frameworks, 2018, S. 14 f.

53 *Chazalnoël/Ionesco*, Perspectives (Fn. 44), S. 51 f.

schen den maßgebenden Politikbereichen einsetzt.[54] Sie unterstützt bereits jetzt Regierungen darin, nationale Strategien und Gesetze unter Beteiligung aller relevanten innerstaatlichen Stakeholder zu entwickeln.[55] Zum anderen könnte die TFD mit ihrem gestärkten Mandat in der zweiten Arbeitsphase zukünftig eine wichtigere Rolle im Umgang mit Klimamigration spielen, vor allem indem sie die dringend benötigte Finanzierung für Anpassungsmaßnahmen mit Migrationsbezug unter dem Dach der UNFCCC koordiniert und weiterentwickelt.[56]

Trotz der Chancen einer kohärenteren Klimamigrationspolitik verbleibt die Frage ihrer *praktischen Wirksamkeit.* Obgleich eine große Zahl von Staaten sich grundsätzlich zu den Zielen des UN-Migrationspaktes und den Empfehlungen der TFD bekannt hat, ist keines der genannten Ziele rechtlich verbindlich. Noch weniger folgen daraus konkrete rechtliche Pflichten der Staaten, Rechte der betroffenen Individuen oder auch nur Vorschläge zur konkreten Umsetzung, etwa bezüglich der Frage wie eine dauerhafte Bleibeperspektive für Klimamigrant:innen im Zielstaat konkret geschaffen werden könnte[57].[58] Auch die Finanzierung der empfohlenen Maßnahmen ist nicht verbindlich festgelegt. Daher wird der Erfolg der gemeinsamen Climate Migration Governance weiterhin wesentlich vom politischen Willen der beteiligten Staaten abhängen. Es bleibt also abzuwarten, inwieweit die bisherigen Bemühungen tatsächlich Früchte tragen werden.

54 IOM, International Strategy on Migration, Environment and Climate Change 2021–2030, S. 14.

55 IOM, Mapping Human Mobility (Fn. 52), S. 8 f.

56 *G. Dawson/R. Laut*, Humans on the Move — Integrating an Adaptive Approach with a Rights-Based Approach to Climate Change Mobility, Leiden: Brill Nijhoff 2022, S. 212.

57 *J. van der Vliet/F. Biermann*, Global Governance of Climate Migrants: A Critical Evaluation of the Global Compacts, in: S. Behrman/A. Kent (Hrsg.), Climate Refugees, S. 60 (71).

58 Aufgrund dieser Abkehr von durchsetzbaren Rechten des Individuums hin zu einem stärker kooperativ getriebenen Prozess, der sich vor allem auf langfristige und migrationsvorbeugende Maßnahmen konzentriert, sprechen *Dawson* und *Laut* hier von einer tendenziellen Abkehr von einem rechtebasierten Ansatz hin zu einem adaptiven Ansatz im Umgang mit Klimamigration, vgl. *G. Dawson/R. Laut*, Adaptive Approach (Fn. 56).

2. Stärkere Fokussierung auf die Menschenrechte

Parallel sind auch die Menschenrechte im Kontext von Klimawandel und Migration stärker in den Fokus gerückt. Insbesondere die Entscheidung des UN-Menschenrechtsausschusses (MRA) in der Sache *Ioane Teitiota gegen Neuseeland*[59] aus dem Jahr 2020 erregte in diesem Kontext Aufsehen. In dem Verfahren ging es um einen Staatsangehörigen des pazifischen Inselstaates Kiribati, der bereits seit einigen Jahren mit seiner Familie in Neuseeland lebte. Nach Ablauf ihrer Aufenthaltstitel sollte die Familie nach Kiribati abgeschoben werden. Herr Teitiota beantragte daraufhin unter Verweis auf die starken Auswirkungen des Klimawandels (vor allem des Meeresspiegelanstiegs)[60] auf Kiribati Flüchtlingsstatus in Neuseeland. Dies lehnten die neuseeländischen Gerichte jedoch mit Verweis auf eine fehlende Verfolgung i.S.d. GFK ab.[61] Auch ein mögliches Abschiebehindernis aufgrund einer Verletzung des Rechts auf Leben aus Art. 6 des *Internationalen Pakts über bürgerliche und politische Rechte*[62] (IPbpR) wurde zurückgewiesen.[63]

Infolgedessen wandte sich der Betroffene im Wege des Individualbeschwerdeverfahrens an den MRA. Herr Teitiota brachte vor, Neuseeland habe sein Recht auf Leben durch die mittlerweile erfolgte Abschiebung nach Kiribati verletzt, da die Abschiebung ihn einem realen Risiko einer unumkehrbaren Beeinträchtigung seines Rechts auf Leben ausgesetzt habe. Der Ausschuss lehnte zwar schlussendlich ab, dass ein Abschiebeverbot aufgrund einer drohenden Verletzung von Art. 6 IPbpR im konkreten Fall

59 UN-Menschenrechtsausschuss, Entsch. v. 23.9.2020, Communication No. 2827/2016, UN Dok. CCPR/C/127/D/2728/2016, *Ioane Teitiota v. Neuseeland.*

60 Konkret benannte der Beschwerdeführer den Trinkwassermangel auf Kiribati, die zunehmende Erosion, Überflutungen sowie Überbevölkerung und daraus resultierende Streitigkeiten über die Landverteilung, vgl. *Ioane Teitiota v. Neuseeland* (Fn. 59), Rn. 2.1.

61 Court of Appeal of New Zealand, Urt. v. 8.5.2014, CA50/2014, [2014] NZCA 173, *Ioane Teitiota v. The Chief Executive of the Ministry of Business, Innovation and Employment*, Rn. 25, 28; Supreme Court of New Zealand, Urt. v. 20.6.2015, SC 7/2015, [2015] NZSC 107, *Ioane Teitiota v. The Chief Executive of the Ministry of Business, Innovation and Employment*, Rn. 12.

62 V. 19.12.1966, BGBl. 1973 II, S. 1534.

63 Court of Appeal of New Zealand, Urt. v. 8.5.2014, CA50/2014, [2014] NZCA 173, *Ioane Teitiota v. The Chief Executive of the Ministry of Business, Innovation and Employment*, Rn. 25; Supreme Court of New Zealand, Urt. v. 20.6.2015, SC 7/2015, [2015] NZSC 107, *Ioane Teitiota v. The Chief Executive of the Ministry of Business, Innovation and Employment*, Rn. 12.

Teitiotas bestehe.[64] Gleichzeitig hielt er aber fest, dass die Auswirkungen des Klimawandels Individuen einer Verletzung ihrer Rechte aus Art. 6 bzw. 7 IPbpR (Verbot der unmenschlichen oder erniedrigenden Behandlung) aussetzen und dadurch grundsätzlich sogenannte *Non Refoulement*-Verpflichtungen eines rücksendenden Staates bestehen können.[65]

Dabei griff der MRA auf die bereits etablierten, strengen Maßstäbe zur Bestimmung eines solchen Abschiebeverbots zurück. Ihre Anwendung im Fall von Teitiota stieß jedoch auf Kritik, da sie als zu strikt empfunden wurde.[66] Somit ist noch ungewiss, ob ein Entscheidungsgremium die hohen Voraussetzungen für Abschiebeverbote in ein vom Klimawandel stark betroffenes Land tatsächlich einmal als erfüllt ansehen wird.[67] Trotzdem hat die Entscheidung die Funktion der Menschenrechte im Kontext von Klimamigration gestärkt. Insbesondere könnte die Aussicht, dass Staaten Klimamigrierende langfristig nicht mehr in ihre Heimatstaaten zurückschicken dürfen, die internationale Gemeinschaft zu einem schnelleren und effektiveren Handeln bewegen.[68]

Flankiert wird die Entscheidung *Teitiota* ferner von zahlreichen Verfahren, die zumeist unter dem Begriff *Klimaklagen* zusammengefasst werden. Diese sind oft darauf gerichtet, Staaten zu einer ehrgeizigeren Klimapolitik zu verpflichten,[69] und werden in der Regel auf die Pflicht zum Schutz von Menschen-, Grund- und Bürgerrechten, etwa des Rechts auf Leben

---

64 *Ioane Teitiota v. Neuseeland* (Fn. 59), Rn. 9.12 ff.

65 *Ioane Teitiota v. Neuseeland* (Fn. 59), Rn. 9.11.

66 Vgl. das Sondervotum des Ausschussmitglieds *Duncan Laki Muhumuza* in *Ioane Teitiota v. Neuseeland* (Fn. 61), Annex I; *J. McAdam*, Protecting People Displaced by the Impacts of Climate Change: The UN Human Rights Committee and the Principle of Non-refoulement, American Journal of International Law 114 (2020), 708. Zur Frage der zeitlichen Nähe als geeignetem Kriterium für Bestimmung eines persönlichen Risikos, vgl. *A. Anderson/M. Foster/H. Lambert/J. McAdam*, Imminence in Refugee and Human Rights Law: A misplaced notion for International Protection, International and Comparative Law Quarterly 68 (2019), 111.

67 Diesbezüglich wenig optimistisch: *Atapattu*, Dignity (Fn. 3), S. 140 ff. Etwas positiver *K. Hassine*, Coping with Climate Change: A Critical Review of the Link between the Human Rights System and Climate Displacement, in: S. Behrman/A. Kent (Hrsg.), Climate Refugees, S. 320 (329).

68 *B. Behlert*, A significant opening, Völkerrechtsblog v. 30.1.2020; *J. McAdam*, Non-refoulement (Fn. 66), 710; *A. Prechtl/Q. Qistauri/R. Uerpmann-Wittzack*, Klimamigration an den Grenzen des Individualrechtsschutzes, AVR 58 (2020), 349 (364 f.). Vgl. auch *M. Scott*, A role for strategic litigation, Forced Migration Review 49 (2015), 47.

69 Vgl. in den Niederlanden: Hoge Raad, Urt. v. 20.12.2019, ECLI:NL:HR:2019:2006, *Urgenda* sowie die Vorinstanzen Rechtbank Den Haag, Urt. v. 24.6.2015, ECLI:NL:RBDHA:2015:7145 und Gerechtshof Den Haag, Urt. v. 9.10.2018, ECLI:NL:GHDHA:

oder des Rechts auf Achtung des Privat- und Familienlebens, gestützt.[70] Auch wenn diese Klimaklagen nicht immer einen unmittelbaren Bezug zu (Klima-)Migrationsfragen aufweisen, so haben sie doch das Potenzial als Erkenntnisquelle für zukünftige *Refoulement*-Verfahren zu dienen, da auch hier menschenrechtliche Verpflichtungen mit Bezug auf den Klimawandel und seine Auswirkungen ausgelegt und konkretisiert werden. Denkbar sind zudem Verfahren, in denen Staaten auf Grundlage ihrer menschenrechtlichen Schutzpflichten zu bestimmten Schutz- oder Anpassungsmaßnahmen für von klimawandelbedingter Vertreibung bedrohten Personen oder Gruppen zu verpflichten versucht werden. Eine entsprechende Beschwerde wurde kürzlich vom MRA entschieden.[71] Menschenrechte erlangen mithin also zunehmende Bedeutung in Fragen des Umgangs mit den Folgen des Klimawandels – auch in Bezug auf Migration und Vertreibung.

3. Potenziale und Grenzen der vorgestellten Ansätze

Wie aufgezeigt wurde, gibt es derzeit zwei Entwicklungstrends zum Umgang mit Klimamigration auf globaler Ebene – einen Governance-basierten

2018:2591. In Deutschland: BVerfGE 157, 30. In Frankreich: Conseil d'Etat, Entscheidung v. 19.11.2020, Nr. 427301.

70 Vgl. die vor dem Europäischen Gerichtshof für Menschenrechte anhängigen Verfahren *Duarte Agostinho u.a. v. Portugal u.a.*, Beschwerde-Nr. 39371/20, *Carême v. Frankreich*, Beschwerde-Nr. 7189/21 und *Verein KlimaSeniorinnen Schweiz u.a. v. Schweiz*, Beschwerde-Nr. 53600/20. Siehe außerdem *T. Gross*, Climate change and duties to protect with regard to fundamental rights, in: W. Kahl/ M.-P. Weller (Hrsg.), Climate Change Litigation – A Handbook, München 2021, S. 81.

71 UN-Menschenrechtsausschuss, Entsch. v. 22.9.2022, Communication No. 3624/2019, UN Dok. CCPR/C/135/D/3624/2019, *Daniel Billy et al. v. Australien*. In dem Fall hat eine Gruppe von Bewohnern der niedrig liegenden *Torres Strait*-Inseln in Australien sich im Wege des Individualbeschwerdeverfahrens an den Ausschuss gewandt. Sie machte geltend, Australien verletze sie in ihren Rechten aus Art. 6 (Recht auf Leben), 27 (Recht auf kulturelles Leben) und 17 (Recht auf Achtung des Privat- und Familienlebens) IPbpR, weil der Staat weder seine CO_2-Emissionsziele eingehalten noch ausreichende Maßnahmen zum Küstenschutz und zur allgemeinen Verbesserung der Widerstandsfähigkeit ergriffen habe. Der MRA bejahte eine Verletzung der Rechte aus Art. 27 und 17, nicht aber eine Verletzung von Art. 6 IPbpR. Für eine detailliertere Auseinandersetzung mit der Entscheidung, vgl. etwa *M. Feria-Tinta*, Torres Strait Islanders: United Nations Human Rights Committee Delivers Ground-Breaking Decision on Climate Change Impacts on Human Rights, EJIL:Talk! v. 27.9.2022. Eine ähnlich gerichtete, dem *Urgenda*-Fall (Fn. 69) nachgebildete Klage ist außerdem vor dem Federal Court of Australia anhängig (Az. VID622/2021, *Pabai Pabai and Anor v Commonwealth of Australia*).

Ansatz und einen eher menschenrechtsbasierten Ansatz. Beide weisen unterschiedliche Strukturen auf.

Der Governance-basierte Ansatz agiert primär zukunftsgerichtet und nimmt ganze Gemeinschaften in den Blick. Er versucht Migration durch Anpassungs- und Minderungsmaßnahmen zu verhindern (oder zumindest zu verringern) und baut, wenn Anpassung vor Ort nicht mehr möglich ist, auf geplante Umsiedlungen oder die Einrichtung geregelter Migrationswege. Deshalb wird er teils auch als adaptiver Ansatz („*adaptive approach*") bezeichnet.[72] Die Governance-Struktur enthält allerdings nahezu keine rechtlichen Verpflichtungen, sondern ist von Kooperation auf globaler Ebene geprägt. Eine verbindliche Umsetzung der global formulierten Leitlinien und *best practices* findet in der Regel erst durch die Nationalstaaten statt.

Im Gegensatz zu der Governance-Struktur kann der menschenrechtsbasierte Ansatz in der hier beschriebenen Form – selbst unter Einbeziehung kollektiver oder gruppenbezogener Menschenrechte – nur auf individuelle Verletzungen eingehen.[73] Hinzukommt der begrenzte Anwendungsbereich internationaler menschenrechtlicher Verpflichtungen, der sich grundsätzlich im Verhältnis Staat zu Bürger erschöpft.[74] Gegenüber Nicht-Staatsangehörigen erstrecken sich die Pflichten eines Staates dann vorrangig auf die Einhaltung einzelner Rechte, wie *Non-Refoulement*, sowie die Pflicht zur Gleichbehandlung und Nichtdiskriminierung.[75]

Diese Ausführungen treffen allerdings nur auf einen begrenzten menschenrechtlichen Ansatz zu. Denn das Potenzial der Menschenrechte im Kontext von klimawandelbedingter Migration erschöpft sich nicht in ihrer Schutzfunktion vor Abschiebung. Sie müssen ferner zwingend bei allen adaptiven Maßnahmen mitgedacht werden und geben Mindeststandards vor, die bei der Planung und Implementierung von Minderungs- und Anpassungsmaßnahmen zu beachten sind.[76] Dies erkennen auch einem Governance-Ansatz zugeordnete Instrumente, wie das Pariser Klimaschutz-

72 *Dawson/Laut*, Adaptive Approach (Fn. 56), S. 49.

73 *S. McInerney-Lankford*, Climate change, human rights and migration: a legal analysis of challenges and opportunities, in: B. Mayer/F. Crépeau (Hrsg.), Research Handbook (Fn. 22), S. 131 (165) 165.

74 *McInerney-Lankford*, Analysis (Fn. 73), S. 165 f.

75 *McInerney-Lankford*, Analysis (Fn. 73), S. 142 f.

76 *S. Jodoin/K. Hansen/C. Hong*, Displacement due to responses to climate change: the role of a rights-based approach, in: B. Mayer/F. Crépeau (Hrsg.), Research Handbook, S. 205 (230); *McInerney-Lankford*, Analysis (Fn. 73), S. 141; *Dawson/Laut*, Adaptive Approach (Fn. 56), S. 50 m.w.N.

abkommen, das Cancún Adaptation Framework und die TFD explizit an.[77] Ferner könnten Staaten verpflichtet sein, Maßnahmen zu ergreifen, um klimawandelbedingte Migration zu verhindern bzw. geregelte Migration als Anpassungsmaßnahme zu ermöglichen. Solche Maßnahmen könnten die eigene Emissionsreduktion, strengere Emissionsgrenzen für Private oder auch das Hinwirken auf und Mitwirken an internationalen Klimaabkommen beinhalten.[78] Die Reichweite dieser Verpflichtungen ist bisher nicht geklärt. Fraglich ist in diesem Kontext zudem, welche Rolle ein neues Recht auf eine gesunde Umwelt[79] in Zukunft möglicherweise einnehmen könnte.

Eine strikte Trennung zwischen den beiden vorgestellten Ansätzen ist ohnehin weder möglich noch wünschenswert. Der Governance-basierte Ansatz erscheint auf den ersten Blick nachhaltiger und umfassender. Er ist auf frühzeitiges und vorausschauendes Handeln ausgelegt. Mithilfe von Anpassungsmaßnahmen soll es Personen ermöglicht werden, so lange wie möglich in ihrer Heimat verbleiben zu können. Wird dies unmöglich, sollen geregelte Wege zur Umsiedlung ganzer Gemeinschaften oder Migration einzelner Individuen oder Familien geschaffen werden. Die Einbettung in globale Foren ermöglicht außerdem ein kohärenteres Vorgehen, das es zudem erlaubt, Fragen der Lastenteilung, das Prinzip der gemeinsamen, aber unterschiedlichen Verantwortlichkeiten und Solidaritätsaspekte zu berücksichtigen. Die Umsetzung der global formulierten Leitlinien erfolgt auf nationaler Ebene und belässt so genügend Spielräume, um auf regionale Bedürfnisse und Besonderheiten einzugehen.

Trotzdem hat der Governance-basierte Ansatz einen entscheidenden Haken: Sein Erfolg ist allein abhängig vom Willen der beteiligten Staaten. Gerade in Bezug auf hochpolitische Themen wie Klimawandel und Migration kann dieser Wille allerdings schnell umschwenken. Und da weder geplant ist, individuelle Rechte zum Schutz der betroffenen Personen verbindlich entweder unter dem UN-Migrationspakt oder im Internationalen Klimaschutzregime zu verankern, sind betroffene Individuen auf anderweitigen

---

77 Vgl. Präambel des Pariser Klimaschutzabkommens (Fn. 39); Rn. 2 b) der Präambel des Cancún Adaptation Frameworks (Fn. 37); Empfehlungen der TFD (Fn. 41), Rn. 1 (i).

78 *McInerney-Lankford*, Analysis (Fn. 73), S. 145 ff.

79 Ein solches wurde am 28.7.2022 von der UN-Generalversammlung (mit 161 Für- und 0 Gegenstimmen) anerkannt, vgl. UN Dok. A/RES/76/300. Siehe außerdem: *A. Savaresi*, The UN HRC recognizes the right to a healthy environment and appoints a new Special Rapporteur on Human Rights and Climate Change. What does it all mean?, EJIL:Talk! v. 12.10.2021.

Schutz angewiesen. Hier kann ein menschenrechtsbasierter Ansatz ins Spiel kommen. Die Möglichkeit, die Beachtung von Menschenrechten vor unabhängigen Gerichten einzuklagen, kann Staaten an ihre Pflichten erinnern und als Katalysator für eine schnellere Entwicklung auf politischer und legislativer Ebene dienen. Zudem erlaubt ein menschenrechtsbasierter Ansatz es den betroffenen Individuen, ihre Rechte selbstbestimmt gegenüber den Staaten einzufordern und macht sie damit ein Stück weit weniger zum passiven Regelungsobjekt ihrer oder fremder Regierungen.[80] Somit kann ein menschenrechtsbasierter Ansatz, der kumulativ zu anderen Bestrebungen (Anpassungs- und Verminderungsmaßnahmen, Evaluation der Möglichkeiten geplanter Umsiedlungen etc.) hinzutritt, eine wichtige zusätzliche Rolle einnehmen.

V. Ausblick

Klimamigration ist – ebenso wie die Klimakrise selbst – ein globales Problem, das nicht von einzelnen Staaten gelöst werden kann. Daher ist es erfreulich, dass sich globale Foren zunehmend dieses Phänomens annehmen und eine langfristige Strategie verfolgen. Es ist jedoch noch offen, wohin dieses weitestgehend „freiwillige" Engagement der Staaten führen wird. Im besten Fall bildet sich aus der Kooperation der verschiedenen Fora ein umfassendes und kohärentes Schutzkonzept für Klimamigrierende heraus, das möglicherweise durch die gerichtliche Durchsetzung menschenrechtlicher Verpflichtungen verstärkt wird oder irgendwann unter Umständen sogar selbst zur (verbindlichen) Normbildung auf internationaler Ebene führt.[81] Im schlechtesten Fall bleibt es bei hehren Zielen auf dem Papier, während mögliche Zielstaaten (abermals) ihren Grenzschutz verschärfen.[82] In welche Richtung dieses Pendel ausschlagen wird, wird wohl auch von den beteiligten Akteuren unterhalb oder neben der Regierungsebene abhängen. Denn bereits einzelne Ereignisse (sei es eine Naturkatastrophe oder ein prominentes Gerichtsurteil) können zu Schlüsselmomenten im Normbildungsprozess werden, wenn sie dazu genutzt werden – und wenn eine entsprechende Infrastruktur (klare Definitionen sowie feste Diskus-

---

80 *Hassine*, Review (Fn. 67), S. 331.

81 *Dawson/Laut*, Adaptive Approach (Fn. 56), S. 213; *Jakobsson*, Momentum (Fn. 49), S. 106.

82 *Prechtl/Qistauri/Uerpmann-Wittzack*, Klimamigration (Fn. 68), 363 f.

sions- und Verhandlungsforen) vorhanden ist.[83] Zumindest zum Aufbau dieser Infrastruktur trägt die sich noch entwickelnde Climate Migration Governance aber bereits jetzt bei.

83 *Jakobsson*, Momentum (Fn. 49), S. 100 ff., 106.

I. Praxis-Impuls: Nachhaltigkeitsziele und Gesetzgebung

*Timo Vogler**

I. Die Ziele der Agenda 2030 für nachhaltige Entwicklung als Referenzrahmen für gute Gesetzgebung

Die Agenda 2030 für nachhaltige Entwicklung wurde im Jahr 2015 einstimmig von der Generalversammlung der Vereinten Nationen verabschiedet.[1] Sie beschreibt mit deutlichen Worten existenzielle soziale, ökologische und ökonomische Krisen, die „das Überleben vieler Gesellschaften und der biologischen Unterstützungssysteme der Erde" gefährden, falls die Transformation zu einer nachhaltigen Entwicklung scheitert.[2] Die Botschaft der Agenda 2030 ist klar: „Wir können die erste Generation sein, der es gelingt, Armut zu beseitigen, und gleichzeitig vielleicht die letzte Generation, die noch die Chance hat, unseren Planeten zu retten."[3]

Aus dieser Situationsbeschreibung leiten sich 17 Ziele und 169 Zielvorgaben ab, die als integriert und unteilbar verstanden und binnen einer kurzen Frist, nämlich bis zum Jahr 2030, umgesetzt werden sollen.[4] Mit diesen Zielen für nachhaltige Entwicklung (Sustainable Development Goals, SDGs) stellt die Agenda 2030 Wegmarken auf, an denen sich entscheidet, ob ihr Anspruch erfüllt werden kann – nämlich „die Welt auf den Pfad der Nachhaltigkeit und Widerstandsfähigkeit zu bringen" und auf dieser gemeinsamen Reise niemanden zurückzulassen.[5]

Ihr Anspruch auf Erreichung konkreter Ziele binnen einer kurzen Frist sowie die möglicherweise existenziellen Folgen ihres Scheiterns machen die Agenda 2030 und die SDGs zum entscheidenden Prüfstein der Nachhaltigkeitspolitik. Politisches Handeln muss sich aus nachhaltigkeitspolitischer

---

* Der Verfasser ist Referent im Bundesministerium der Justiz. Der Beitrag gibt ausschließlich seine persönliche Auffassung wieder.

1 Generalversammlung der Vereinte Nationen, Transformation unserer Welt: die Agenda 2030 für nachhaltige Entwicklung, A/70/L.1 (https://www.un.org/depts/german/gv-70/band1/ar70001.pdf).

2 Agenda 2030 (Fn. 1), S. 5.

3 Agenda 2030 (Fn. 1), S. 13.

4 Agenda 2030 (Fn. 1), S. 3.

5 Agenda 2030 (Fn. 1), S. 1.

Perspektive der Frage stellen, welchen Beitrag es zur fristgemäßen Zielerreichung leistet – und ob dieser Beitrag hinreichend ist, um die multiplen Nachhaltigkeitskrisen zu bewältigen und das Mensch-Erde-System zu stabilisieren.

Dieser Frage richtet sich auch und gerade an die Gesetzgebung – also an den Prozess der Gestaltung von Recht als einem zentralen Steuerungsinstrument in einem demokratischen Rechtsstaat. Sowohl die Organisations- und Verfahrensregeln, die diesen Prozess prägen, als auch einzelne Rechtssetzungsvorhaben, die an seinem Ende stehen, sind aus Perspektive der Nachhaltigkeit am Maßstab der Erreichung der SDGs zu messen. Eine Orientierung an diesem Maßstab stellt zugleich einen Beitrag zu guter Gesetzgebung dar.

Der Fokus dieses Beitrags liegt auf der Frage, was dieser Anspruch für den Prozess der Rechtssetzung bedeutet – angefangen bei der Vorbereitung von Regelungsentwürfen innerhalb der Bundesregierung. Zunächst beleuchtet er den Status quo der Einbeziehung von Nachhaltigkeitsfragen in den Gesetzgebungsprozess (II). Aus einer Perspektive der Zielerreichung lassen sich gewisse Schwachstellen dieses Ansatzes identifizieren (III). Daher sollen Ideen vorgestellt werden, wie der Gesetzgebungsprozess noch stärker als Hebel zur Erreichung von Nachhaltigkeitszielen wirken kann (IV).

II. Status quo

1. Deutsche Nachhaltigkeitsstrategie

Die Deutsche Nachhaltigkeitsstrategie (DNS) bildet den konzeptionellen Kern der Nachhaltigkeitspolitik der Bundesregierung. Eine erste Nationale Nachhaltigkeitsstrategie, die Managementregeln, Ziele und Indikatoren definierte, legte die Bundesregierung bereits im Jahr 2002 vor.[6] Im Jahr 2016 wurde die Deutsche Nachhaltigkeitsstrategie umfassend weiterentwickelt

6 Bundesregierung, Perspektiven für Deutschland: Unsere Strategie für eine nachhaltige Entwicklung (https://www.bundesregierung.de/resource/blob/974430/418646/a9a177234880a228ae90b08106175dce/perspektiven-fuer-deutschland-langfassung-data.pdf?download=1).

und an die zuvor verabschiedete Agenda 2030 angepasst.[7] In ihrer aktuellen Fassung, der Weiterentwicklung 2021, umfasst die Deutsche Nachhaltigkeitsstrategie insgesamt 391 Seiten, auf denen die Strukturen der Nachhaltigkeitspolitik und der deutsche Beitrag zu den 17 SDGs umfassend berichtet werden.[8]

In ihren Nachhaltigkeitsprinzipien legt die DNS unter anderem fest, dass die Ressorts „Nachhaltige Entwicklung als Leitprinzip konsequent in allen Bereichen und bei allen Entscheidungen anwenden" sollen.[9] Dieser allgemeine Grundsatz gilt auch für die Erarbeitung von Regelungsentwürfen, wird aber in der DNS selbst nicht weiter konkretisiert.

2. Nachhaltigkeitsfolgenabschätzung gem. § 44 Absatz 1 Satz 4 GGO

Hinsichtlich der Einbeziehung von Nachhaltigkeitszielen in die Gesetzgebungsarbeit ist die „Nachhaltigkeitsfolgenabschätzung" oder „Gesetzesfolgenabschätzung für nachhaltige Entwicklung" für die DNS das Instrument der Wahl. Die Nachhaltigkeitsfolgenabschätzung ist in der Gemeinsamen Geschäftsordnung der Bundesministerien (GGO) verankert. § 44 Absatz 1 Satz 4 GGO verlangt, dass unter den Gesetzesfolgen, die in der Begründung jedes Gesetzentwurfs enthalten sind, auch darzustellen ist, „ob die Wirkungen des Vorhabens einer nachhaltigen Entwicklung entsprechen, insbesondere welche langfristigen Wirkungen das Vorhaben hat".

Maßstab für die Prüfung sind laut DNS die darin enthaltenen Ziele und Indikatoren die Prinzipien für nachhaltige Entwicklung sowie sonstige Bezüge zu den einzelnen SDGs.[10] Darüber hinaus wird auf die Nutzung eines IT-gestützten Prüftools verwiesen, der sog. „elektronischen Nachhaltigkeitsprüfung" (eNAP).[11]

---

7 Bundesregierung, Deutsche Nachhaltigkeitsstrategie – Neuauflage 2016 (https://www.bundesregierung.de/resource/blob/974430/318676/3d30c6c2875a9a08d364620ab7916af6/2017-01-11-nachhaltigkeitsstrategie-data.pdf?download=1).

8 Bundesregierung, Deutsche Nachhaltigkeitsstrategie – Weiterentwicklung 2021 (https://www.bundesregierung.de/resource/blob/998006/1873516/7c0614aff0f2c847f51c4d8e9646e610/2021-03-10-dns-2021-finale-langfassung-barrierefrei-data.pdf?download=1).

9 DNS 2021 (Fn. 8), S. 15.

10 DNS 2021 (Fn. 8), S. 19.

11 DNS 2021 (Fn. 8), S. 19.

3. Parlamentarischer Beirat für nachhaltige Entwicklung

Im parlamentarischen Verfahren wird die Einbeziehung von Nachhaltigkeitszielen bei der Gesetzgebung durch den Parlamentarischen Beirat für nachhaltige Entwicklung (PBnE) begleitet. Der Bundestag hat dieses Gremium seit dem Jahr 2004 regelmäßig in jeder Legislaturperiode neu eingesetzt, um die Nachhaltigkeitsstrategie der Bundesregierung zu begleiten.[12]

Der PBnE hat nicht den Status eines Ausschusses und ist folglich auch nicht nach den Regeln der Geschäftsordnung des Bundestags in die Beratung von Gesetzentwürfen und anderen Vorlagen eingebunden. Stattdessen hat der Bundestag dem PBnE im Einsetzungsbeschluss die Aufgabe übertragen, Beratungen in anderen Parlamentsgremien, die eine nachhaltige Entwicklung betreffen, durch gutachtliche Stellungnahmen und Empfehlungen zu begleiten.[13] Insbesondere hat der PBnE die Aufgabe, die von der Bundesregierung durchgeführte Nachhaltigkeitsprüfung gem. § 44 Absatz 1 Satz 4 GGO zu bewerten und dem jeweils federführenden Ausschuss das Ergebnis als Stellungnahme vorzulegen.[14] Für diese Bewertung hat sich der PBnE eine Verfahrensordnung gegeben.[15]

III. Schwachstellen

Aktuell bildet die Nachhaltigkeitsfolgenabschätzung gem. § 44 Absatz 1 Satz 4 GGO den normativen Kern der Einbeziehung von Nachhaltigkeitszielen in die Gesetzgebung. Aus einer Perspektive der Zielerreichung der Agenda 2030 betrachtet weist diese Regelung aber gewisse Schwachstellen auf, die für eine optimale Einbeziehung der SDGs kritisch beleuchtet werden sollten.

---

12 BT-Drs. 15/2441, 16/1131, 17/245, 18/559, 19/1837 und 20/696.

13 BT-Drs. 20/696, S, 1.

14 BT-Drs. 20/696, S. 2.

15 PBnE, Verfahrensordnung für die parlamentarische Bewertung der Nachhaltigkeitsprüfung im Rahmen der Gesetzesfolgenabschätzung, A-Drs. 20(26)2 (https://www.bundestag.de/resource/blob/891724/282c449c2d96b534f962e58ebbe2af8c/verfahrensordnung-data.pdf).

1. Wortlaut

§ 44 Absatz 1 Satz 4 GGO verlangt eine Darstellung, „ob“ die Wirkungen des jeweiligen Gesetzgebungsvorhabens einer nachhaltigen Entwicklung entsprechen. Denklogisch kann eine Frage nach dem „ob“ nur binär mit ja oder nein beantwortet werden. Einige (wenige) Gesetzentwürfe beschränken sich dann auch darauf, die Frage schlicht zu bejahen.[16]

Praktisch betrachtet ist in dieser Formulierung von § 44 Absatz 1 Satz 4 GGO ein gewisser Leerlauf der Nachhaltigkeitsfolgenabschätzung angelegt. Denn eine Bundesregierung, die ihrer eigenen Nachhaltigkeitsstrategie zufolge nachhaltige Entwicklung als Leitprinzip konsequent anwenden will, wird kaum zum Ergebnis kommen können, dass einer ihrer Vorschläge nicht einer nachhaltigen Entwicklung entspricht. Andernfalls dürfte sie ihn in dieser Form nicht vorlegen.

In der Praxis verlangt § 44 Absatz 1 Satz 4 GGO also vor allem eine Darstellung, aus welchen Gründen die Wirkungen eines Vorhabens einer nachhaltigen Entwicklung entsprechen.

2. Systematik

Bemerkenswert ist auch, dass die Nachhaltigkeitsprüfung systematisch als Bestandteil der Gesetzesfolgendarstellung in § 44 GGO angesiedelt ist.

Dass die Gesetzesfolgen in der Begründung eines Gesetzentwurfes darzustellen sind, ergibt sich aus § 43 Absatz 1 Nummer 5 GGO. § 44 GGO enthält eine Legaldefinition des Begriffs der Gesetzesfolgen und spezifiziert einzelne Bestandteile, die in diesem Rahmen darzustellen sind – namentlich die Auswirkungen auf die Einnahmen und Ausgaben der öffentlichen Haushalte, der Erfüllungsaufwand, die sonstigen Kosten für die Wirtschaft sowie Auswirkungen auf die Einzelpreise und das Preisniveau. Diese Darstellung erfolgt regelmäßig – zusammen mit der gem. § 43 Absatz 1 Nummer 7 GGO erforderlichen Darstellung zu Rechts- und Verwaltungsvereinfachungen – in Abschnitt VI. „Gesetzesfolgen“ des Allgemeinen Teils der Begründung eines Gesetzentwurfs.

Im Vergleich zu den übrigen in § 44 GGO genannten Gesetzesfolgen fällt auf, dass der Beitrag eines Vorhabens zur Erreichung von Nachhaltigkeits-

16 So der Entwurf eines Zweiten Gesetzes zur Änderung des Gesetzes zur Einsetzung eines Nationalen Normenkontrollrates, BT-Drs. 20/737, S. 3.

zielen nur schwer zu quantifizieren und durch standardisierte Methoden zu ermitteln ist. Anders als der Erfüllungsaufwand und die sonstigen Kosten für die Wirtschaft unterliegt die Nachhaltigkeitsprüfung auch nicht dem in §§ 1 Absatz 3, 4 Absatz 2 NKRG geregelten Prüfungsrecht des Normenkontrollrats.

Aus Sicht der Agenda 2030 – also aus der Perspektive der Zielerreichung innerhalb einer eng bemessenen Frist – ist die systematische Stellung der Nachhaltigkeitsprüfung aber vor allem aus einem anderen Grund unbefriedigend: Durch die Einordnung der Nachhaltigkeitsprüfung als Bestandteil der Gesetzesfolgenabschätzung wird die Frage, welchen Beitrag der Entwurf zur fristgemäßen Erreichung der SDGs leistet, von den Zielen und der Notwendigkeit des Entwurfs abgekoppelt, die gemäß § 43 Absatz 1 Nr. 1 GGO ebenfalls in der Begründung darzustellen sind.

Nachhaltigkeit wird durch diese systematische Trennung nicht als integrierter Bestandteil der Zieldefinition von Gesetzentwürfen behandelt, sondern als Annex, der von den „eigentlichen" Zielen des jeweiligen Vorhabens getrennt werden kann. Das fördert ein Silodenken, bei dem nachhaltigkeitspolitische und fachliche Erwägungen unverbunden nebeneinander stehen.

3. Entstehungsgeschichte

Warum die GGO diesem Ansatz folgt, erschließt sich mit einem Blick auf die Entstehung der aktuellen Regelung.

§ 44 Absatz 1 Satz 4 ist im Jahr 2009 in die GGO eingefügt worden. Zuvor hatte sich der PBnE für eine entsprechende Ergänzung der Gesetzesfolgenabschätzung ausgesprochen.[17] Die Vorgeschichte der Änderung hat Dr. Günter Krings, MdB, damals Vorsitzender des Parlamentarischen Beirats für nachhaltige Entwicklung und später Parlamentarischer Staatsekretär im Bundesministerium des Innern, in einem Aufsatz für die Zeitschrift für Gesetzgebung nachgezeichnet.[18]

Aus einer SDG-Perspektive ist zentral, dass die Nachhaltigkeitsfolgenabschätzung mehrere Jahre vor Verabschiedung der Agenda 2030 im Jahr 2015

17 Parlamentarischer Beirat für nachhaltige Entwicklung, Beschlussvorlage Nachhaltigkeitsprüfung in der GGO (http://webarchiv.bundestag.de/archive/2010/0304/bundestag/ausschuesse/gremien/beirat_nachhaltigkeit/berichte/beschlussvorlage.pdf).

18 *G. Krings*, Die Nachhaltigkeitsprüfung in der Gesetzesfolgenabschätzung, ZG 2009, 237.

konzipiert wurde. Die Nachhaltigkeitsprüfung folgt damit einem anderen Konzept von Nachhaltigkeit. Ihr Fokus liegt auf langfristigen Auswirkungen eines bestimmten Vorhabens – nicht, wie bei der Agenda 2030, auf der Erreichung konkreter Ziele, die Voraussetzung für die Bewältigung multipler Nachhaltigkeitskrisen und den Erhalt des Mensch-Planeten-Systems sind.

4. Sinn und Zweck

Die Zielvorstellung, die hinter § 44 Absatz 1 Satz 4 GGO steht, wird im Fazit des erwähnten Aufsatzes von Dr. Günter Krings, MdB besonders deutlich. Er schreibt: „Verfahrenshürden im Gesetzgebungsverfahren sollen den Bürger (...) im Idealfall von nicht-zielführenden bzw. „un-nachhaltigen", unnötigen oder auch zu bürokratischen Gesetzen bewahren. Nachhaltigkeitsprüfungen sollen die langfristige Folgenbetrachtung von Gesetzen sichern und dadurch die Bürger und den Gesetzgeber vor kurzfristigen Dummheiten sowie langfristigen „Zeitbomben" in Gesetzesform schützen."[19]

Die Nachhaltigkeitsprüfung wird also nicht als Element der Zieldefinition, sondern als Verfahrenshürde verstanden. Zeitbomben zu entschärfen, die nicht in Gesetzesform auftreten, sondern – wie die Abmilderung und die Anpassung an den fortschreitenden Klimawandel, der dramatische Rückgang der biologischen Vielfalt oder die destabilisierenden globalen Ungleichheitsentwicklungen – zu ihrer Bewältigung aktive gesetzliche Maßnahmen erfordern, ist gerade nicht das Ziel der Nachhaltigkeitsprüfung in ihrer gegenwärtigen Form.

Darin liegt ein grundlegender Unterschied zum Konzept der Agenda 2030, die durch die Erreichung konkreter Ziele, eine „Transformation unserer Welt" erreichen will, um sie auf den Pfad einer nachhaltigen Entwicklung zu bewegen.

IV. Verbesserungspotential

Angesichts der erörterten Schwachstellen stellt sich die Frage, welche Optionen bestehen, um Gesetzgebung als Hebel zur Erreichung der SDGs noch effektiver einzusetzen und die Nachhaltigkeitskonzeption der Agenda 2030 zu integrieren.

---

19 *Krings*, Nachhaltigkeitsprüfung (Fn. 18), 244.

1. Nachhaltigkeitsziele und Gesetzesziele verknüpfen

Insbesondere wäre zu prüfen, ob die Nachhaltigkeitsprüfung von der Gesetzesfolgenabschätzung getrennt und Nachhaltigkeitsziele bereits bei der Bestimmung von Ziel und Notwendigkeit eines konkreten Vorhabens integrieren werden sollten. Durch eine solche systematische Anbindung könnten die Gesetzesziele stärker als bisher auf die Erreichung von Nachhaltigkeitszielen ausgerichtet und die Kohärenz durch einen gemeinsamen Bezugsrahmen gesteigert werden.

In der Praxis würde dies bedeuten, die Nachhaltigkeitsprüfung vom Ende an den Anfang des Allgemeinen Teils der Begründung zu ziehen – nämlich von Abschnitt IV. „Gesetzesfolgen“ zu Abschnitt I. „Zielsetzung und Notwendigkeit der Regelungen“.

Im Bundesministerium der Justiz wird seit einiger Zeit ein Ansatz erprobt, um den Zusammenhang eines Vorhabens mit den SDGs auch über die verbindlichen Vorgaben von § 44 GGO hinaus darzustellen. Die internen Leitlinien zur Umsetzung der Agenda 2030 im BMJ sehen vor, dass die 17 SDGs bei der Konzeption und Ausarbeitung von Gesetzes- und Verordnungsentwürfen in der Federführung des BMJ in allen Prozessschritten zu Grunde gelegt werden und diese umfassende Berücksichtigung der SDGs angemessen dargestellt wird – insbesondere im Vorblatt unter der Überschrift „Problem und Ziel“ und im Allgemeinen Teil der Begründung. In mehreren Gesetzentwürfen, die im BMJ federführend erarbeitet wurden, sind daher auf den ersten Seiten Verweise auf relevante SDGs enthalten.[20]

20 Vgl. etwa Entwurf eines Gesetzes zur Änderung des Strafgesetzbuchs – effektivere Bekämpfung von Nachstellungen und bessere Erfassung des Cyberstalkings, BT-Drs. 19/28679, S. 1; Entwurf eines Gesetzes zur Änderung des Strafgesetzbuchs – Aufhebung des Verbots der Werbung für den Schwangerschaftsabbruch (§ 219a StGB), zur Änderung des Heilmittelwerbegesetzes und zur Änderung des Einführungsgesetzes zum Strafgesetzbuch, BT-Drs. 20/1635, S. 3; Entwurf eines Gesetzes zur Durchführung des Haager Übereinkommens vom 2. Juli 2019 über die Anerkennung und Vollstreckung ausländischer Entscheidungen in Zivil- und Handelssachen sowie zur Änderung der Zivilprozessordnung, BT-Drs. 20/2164, S. 2; Referentenentwurf des Bundesministeriums der Justiz – Entwurf eines Gesetzes zur Überarbeitung des Sanktionenrechts – Ersatzfreiheitsstrafe, Strafzumessung, Auflagen und Weisungen sowie Unterbringung in einer Entziehungsanstalt (https://www.bmj.de/SharedDocs/Gesetzgebungsverfahren/Dokumente/RefE_Ueberarbeitung_Sanktionsrecht.pdf?__blob=publicationFile&v=2), S. 2; Referentenentwurf des Bundesministeriums der Justiz – Entwurf eines Gesetzes zur Beschleunigung von verwaltungsgerichtlichen Verfahren im Infrastrukturbereich (https://www.bmj.de/SharedDocs/Gesetzgebung

Unter Verweis auf die Vereinbarung im Koalitionsvertrag für die 20. Wahlperiode, die Verbindlichkeit von Nachhaltigkeitszielen im konkreten Regierungshandeln und insbesondere bei der Erstellung von Gesetzen zu erhöhen, haben Bundeskanzleramt und Bundesministerium der Justiz diesen Ansatz in gemeinsamen Empfehlungen zur Stärkung der Verbindlichkeit der Nachhaltigkeitsziele bei der Erstellung von Gesetzen und Verordnungen aufgenommen.[21] Es bleibt abzuwarten, in welcher Form diese Empfehlungen in der praktischen Arbeit in den Bundesministerien umgesetzt werden.

2. Nachhaltigkeit strategisch denken

Ein einzelnes Gesetzgebungsvorhaben hat naturgemäß nur begrenzte Wirkung und kann nicht allein die notwendige Transformation bewirken, um die Ziele der Agenda 2030 zu erreichen. Umso wichtiger ist es, die Verbindung zwischen dem Wirkungskreis des einzelnen Vorhabens und der Erreichung der SDGs darzulegen und in ein strategisches Konzept einzubetten.

Vorhaben und Zielerreichung können durch eine ganze Reihe von Zwischenschritten und aufeinander aufbauenden Zwischenzielen miteinander verbunden sein. So könnte zum Beispiel die Einführung lauterkeitsrechtlicher Regelungen zur Nutzung von Nachhaltigkeitslabeln, wie sie jüngst von der EU-Kommission vorgeschlagen wurde[22], grundsätzlich einen Beitrag dazu leisten, dass Verbraucherinnen und Verbraucher die Aussagekraft von Nachhaltigkeitslabeln besser einschätzen können und nachhaltige Produkte leichter erkennen. Dies könnte dazu führen, dass die Verbraucherinnen und Verbraucher entsprechende Produkte häufiger kaufen und Hersteller aufgrund der steigenden Nachfrage ihre Produktion so anpassen, dass diese Nachhaltigkeitsstandards gerecht werden, was wiederum Auswirkungen auf

---

sverfahren/Dokumente/RefE_Beschl_Verfahren.pdf?__blob=publicationFile&v=1), S. 1.

21 Bundeskanzleramt/Bundesministerium der Justiz, Empfehlungen zur Stärkung der Verbindlichkeit der Nachhaltigkeitsziele bei der Erstellung von Gesetzen und Verordnungen (https://www.bundesregierung.de/resource/blob/974430/2153864/31146fb668d4df2c935768055e0f4855/2022-12-14-empfehlung-einbeziehung-nachhaltigkeitsziele-data.pdf?download=1).

22 EU-Kommission, Vorschlag für eine Richtlinie des Europäischen Parlaments und des Rates zur Änderung der Richtlinien 2005/29/EG und 2011/83/EU hinsichtlich der Stärkung der Verbraucher für den ökologischen Wandel durch besseren Schutz gegen unlautere Praktiken und bessere Informationen, COM (2022) 143 final.

soziale und umweltbezogene Auswirkungen der Produktionsmuster hätte und damit zur Erreichung der betroffenen Nachhaltigkeitsziele beitragen könnte.

Wie diese – stark vereinfachte – Aufschlüsselung der Wirkungskette eines einzelnen Vorhabens zeigt, stellt die konkret angestrebte Regelung mit ihren unmittelbaren Auswirkungen nur einen ersten Schritt auf dem Weg zur Erreichung des angestrebten Nachhaltigkeitsziels dar – in diesem Fall SDG 10 „Nachhaltige Konsum- und Produktionsmuster sicherstellen". Um ihren Beitrag zur Zielerreichung einzuschätzen, ist es aber erforderlich, die Regelung in Verbindung mit den anderen notwendigen Zwischenschritten und möglicherweise relevanten anderen Einflussfaktoren betrachtet werden. Bezogen auf das oben genannte Beispiel: Falls der Nachfragedruck ausbleibt oder die gewünschte Anpassung auf Angebotsseite nicht erfolgen, kann die lauterkeitsrechtliche Regelung den gewünschten Beitrag zu Zielerreichung nicht leisten.

Nachhaltige Gesetzgebung müsste an dieser Stelle den Anspruch erheben, die Kontextbedingungen eines Vorhabens transparent zu machen und seine Ziele und voraussichtlichen Wirkungen in einem Gesamtkonzept zu verorten, das zur Zielerreichung führen kann. Bildlich gesprochen sollte nachhaltige Gesetzgebung eine „Roadmap" zeichnen, auf der nachvollziehbar wird, durch welche Schritte die Ziele der Agenda 2030 erreicht werden können – und welche Gefahren oder andere relevante Faktoren auf dem Weg zur Zielerreichung lauern.

Indem nachhaltige Gesetzgebung in diesem Sinne die Erfolgsbedingungen eines Vorhabens beschreibt, ermöglicht sie es auch, ergänzenden Handlungsbedarf zu ermitteln und es rechtzeitig zu erkennen, falls das bei der Konzeption des Gesetzes angenommene Szenario nicht eintrifft. Dies gibt dem Gesetzgeber die Möglichkeit, nachzusteuern oder alternative Instrumente zur Kompensation der drohenden Zielverfehlung zu erwägen.

Das strategische Denken in Roadmaps zeigt zugleich, dass es auf die Frage nach der Nachhaltigkeit eines Vorhabens nicht die eine richtige Antwort gibt: In aller Regel führen mehrere Wege zum Ziel. Abhängig von den begleitenden Maßnahmen können zwei gegensätzliche Konzeptionen zum Erfolg führen – oder eben nicht zum Erfolg führen, wenn die begleitenden Maßnahmen ausbleiben.

Für nachhaltige Gesetzgebung ist es deshalb wesentlich, den Kontext und die Bedingungen für den Erfolg eines Vorhabens transparent zu machen. So können verschiedene Wege zum Ziel, ihre Erfolgsbedingungen und Nebenfolgen gegeneinander abgewogen werden. Die Auswahl zwischen verschiedenen möglichen Wegen und die dabei erforderliche Abwägung und Priorisierung von Interessen ist dabei eine genuin politische Aufgabe. Organisations- und Verfahrensregeln für eine nachhaltige Gesetzgebung können hier im Zweifel keine klaren Antworten geben – aber sie können helfen, gute Fragen zu formulieren.

3. Nachhaltigkeit in die Verwaltungskultur integrieren

Nachhaltige Gesetzgebung wird sich nicht allein durch Verfahrensregeln erreichen lassen, sondern sie muss praktisch gelebt werden. Eine Art „Nachhaltigkeits-Check", der bei der Ausarbeitung von Entwürfen schematisch abgearbeitet werden muss, wäre vermutlich kein Gewinn für nachhaltige Gesetzgebung, sondern primär eine zusätzliche Belastung für die zuständigen Mitarbeiterinnen und Mitarbeiter in den Bundesministerien – und damit im Ergebnis ein Hindernis bei der anspruchsvollen Aufgabe, einen Gesetzentwurf unter den Bedingungen der Komplexität, Unsicherheit und Volatilität so zu gestalten, dass er die intendierten Folgen bewirken kann.

Damit die 17 SDGs von Beginn an Eingang in die Konzeption und Ausarbeitung von Regelungsentwürfen finden und Gesetzgebung zu einem wirksamen Hebel für die Erreichung der Ziele der Agenda 2030 wird, bietet es sich vielmehr an, Nachhaltigkeit als notwendigen Bestandteil einer modernen Verwaltungskultur zu verstehen und entsprechend zu fördern. Dazu können Verfahrensregeln, Leitfäden und Empfehlungen ebenso wie Fortbildungen einen Beitrag leisten. Mindestens genauso wichtig ist es aber, „hearts and minds" zu gewinnen und die beteiligten Mitarbeiterinnen und Mitarbeiter von der systemischen Denkweise der Agenda 2030 zu überzeugen.

V. Ausblick

Mit ihrem Koalitionsvertrag hat die Bundesregierung den Anspruch formuliert, ein „Bündnis für Freiheit, Gerechtigkeit und Nachhaltigkeit" zu sein.[23] Im Koalitionsvertrag werden die SDGs als „Richtschnur unserer Politik"

23 Mehr Fortschritt wagen: Bündnis für Freiheit, Gerechtigkeit und Nachhaltigkeit. Koalitionsvertrag 2021 – 2025 zwischen der Sozialdemokratischen Partei Deutschlands (SPD), BÜNDNIS 90/DIE GRÜNEN und den Freien Demokraten (FDP) (https://w

bezeichnet und das Ziel formuliert, die Verbindlichkeit von Nachhaltigkeitszielen im Regierungshandeln und bei der Erstellung von Gesetzen zu erhöhen.[24] Ähnliche Überlegungen hatte der Staatssekretärsausschuss für nachhaltige Entwicklung bereits in der vergangenen Wahlperiode angestoßen.[25]

Um dies zu erreichen und den Gesetzgebungsprozess stärker darauf auszurichten, einen Beitrag zur fristgemäßen Erreichung der Ziele der Agenda 2030 zu leisten, bietet es sich an, auch über die aktuelle Struktur der Nachhaltigkeitsprüfung gem. § 44 Absatz 1 Satz 4 GGO hinauszudenken. Aus Nachhaltigkeitssicht empfiehlt es sich, gegenüber der bisherigen Nachhaltigkeitsfolgenabschätzung den Gedanken der fristgemäßen Zielerreichung und die strategische Einbettung von Nachhaltigkeitszielen stärker in den Fokus zu rücken.

Eine solche strategische Ausrichtung an der Erreichung von Nachhaltigkeitszielen kann zugleich dazu dienen, die Qualität der Gesetzgebung zu erhöhen. Auch dieses Ziel hat sich die Koalition gesetzt und die Errichtung eines Zentrums für Legistik im Koalitionsvertrag verankert.[26] Nachhaltige Gesetzgebung und eine höhere Qualität der Gesetzgebung hängen gleichermaßen davon ab, inwiefern systemisches Denken und der methodische Umgang mit Komplexität in der legistischen Arbeit verankert werden kann.[27] Dazu ist eine gute legistische Ausbildung der Mitarbeiterinnen und Mitarbeiter in der Ministerialverwaltung ebenso erforderlich wie eine Verwaltungskultur, die das Denken in zuständigkeitsbezogenen Silos überwindet. Auf diesem Weg können sich die bessere Integration von Nachhaltigkeitszielen in den Gesetzgebungsprozess und die Bemühungen für eine gute Rechtssetzungspraxis gegenseitig unterstützen.

---

ww.bundesregierung.de/resource/blob/974430/1990812/04221173eef9a6720059cc353d759a2b/2021-12-10-koav2021-data.pdf?download=1).

24 Koalitionsvertrag 2021–2025 (Fn. 22), S. 36.

25 Staatssekretärsausschuss für nachhaltige Entwicklung, Transformation erreichen – Perspektiven für die Deutsche Nachhaltigkeitspolitik (https://www.bundesregierung.de/resource/blob/998006/1929114/ca92930c559b0c86789b8380bfad6bd4/2021-06-14-perspektivenbeschluss-data.pdf?download=1), S. 4.

26 Koalitionsvertrag 2021–2025 (Fn. 22), S. 9.

27 Vgl. im Zusammenhang mit der Qualität der Rechtssetzung etwa *M. Schmid*, Auf dem Weg zu verständlichem, vollziehbarem Recht. Hindernisse und Potentiale – Beobachtungen aus der Praxis der Normentwicklung, in: T. Brönneke/A. Willburger/S. Bietz (Hrsg.), Verbraucherrechtsvollzug, Baden-Baden 2020, S. 365 (367).

J. Greta BlackRock? Institutionelle Investoren als Klimaaktivisten

Markus Lieberknecht[*]

I. Einleitung

Der menschengemachte Klimawandel stellt eine Bedrohung von existentiellen Ausmaßen dar. Trotzdem gelingt es Regierungen bislang nicht, die globale Wirtschaftsordnung mit dem nötigen Nachdruck umzugestalten. Private Akteure[1] mit hinreichender Marktmacht und einem rationalen Interesse daran, langfristige und systemische Risiken für die Gesamtwirtschaft zu minimieren, könnten dieses Defizit in Teilen ausgleichen. Als vielversprechendste Kandidaten für eine solche treibende Rolle bei der Dekarbonisierung werden derzeit institutionelle Investoren[2] gehandelt, die sich mittlerweile zunehmend als Klimaaktivisten gerieren. Der vorliegende Beitrag untersucht die wirtschaftlichen und rechtlichen Rahmenbedingungen dieses Phänomens mit einem Fokus darauf, ob die gesellschaftsrechtlichen Pflichten auf Ebene verschiedener Akteure bei der effektiven Umsetzung derartiger Strategien eher als bremsende oder treibende Kräfte wirken.

---

* Der Verf. ist akademischer Mitarbeiter und Habilitand am Institut für ausländisches und internationales Privat- und Wirtschaftsrecht der Universität Heidelberg, Lehrstuhl Prof. Dr. *Marc-Philippe Weller*, Licencié en droit (Montpellier) sowie akademischer Mitarbeiter am European Legal Studies Institute (ELSI) der Universität Osnabrück. Der Beitrag beruht auf einer von Prof. *Jesse Fried* (Harvard Law School) betreuten Arbeit. Für hilfreiche Kommentare sei diversen Teilnehmenden am gemeinsamen Kolloquium der Universitäten Osnabrück und Heidelberg im Juli 2022 gedankt.

1 Aus Gründen der Lesbarkeit wird im Folgenden das generische Maskulinum verwendet, ohne damit nach sozialen oder biologischen Geschlechtern zu differenzieren.

2 Dieser Sammelbegriff umfasst diverse Arten von Investoren, von Pensions- und Staatsfonds über Versicherungskonzerne bis hin zu Vermögensverwaltern. Dieser Beitrag behandelt vornehmlich letztere. Instruktiv zur Begrifflichkeit einschließlich deren Konzeption im Aufsichtsrecht und DCGK *M. Brellochs*, Institutionelle Investoren (ETF-Fonds, Versicherungen, Pensionskassen) im Gesellschafts- und Kapitalmarktrecht, ZHR 185 (2021), 319 (321 ff.).

II. Klimaaktivismus durch institutionelle Investoren

Institutionelle Investoren mit breit gestreutem Anlagevermögen haben am Aktienmarkt eine derart dominante Stellung erreicht (1.), dass die Wertsteigerung breit diversifizierter Portfolios inzwischen als eigenständiges Leitmotiv neben die Wertsteigerung des Einzelunternehmens getreten ist (2.). Daraus erwächst ein Anreiz für Klimaaktivismus, der sich auch bereits vereinzelt in der Unternehmenspraxis manifestiert (3.), an dessen mittelfristigen Effekten aber durchaus Zweifel erlaubt sind (4.).

1. Konzentration des Aktienbesitzes bei institutionellen Investoren

Der Siegeszug von passiven und breit diversifizierten Anlagestrategien wie insbesondere Indexfonds in den vergangenen Jahren[3] hat institutionellen Investoren eine dominante Position[4] in der Aktionärsstruktur großer Unternehmen verschafft.[5] Allein die sogenannten *Big Three* unter den Vermögensverwaltern – BlackRock, Vanguard und State Street – vereinigen inzwischen ein Viertel der Stimmrechte in den S&P500-Unternehmen auf sich.[6] Auch die Anteile an DAX-Unternehmen werden inzwischen immerhin zu 13,3 % von den *Big Three* sowie dem deutschen Vermögensverwalter DWS Group gehalten.[7] Diese Konzentration des Aktienbesitzes sucht in der jüngeren Geschichte ihresgleichen.[8] Kritische Stimmen befürchten vor diesem Hintergrund bereits heute Wettbewerbsbeeinträchtigungen[9] und mittelfristig ein Oligopol weniger Vermögensverwalter, das praktisch alle börsenno-

3 Zu den Hintergründen siehe *C. Weber/B. Kebekus*, Diversifizierung und Corporate Governance, ZHR 184 (2020), 324 (326 ff.).

4 Detaillierte Zahlen bei *Brellochs*, Institutionelle Investoren (Fn. 2), 326 f.

5 Vgl. *L. Klöhn*, Passive Investoren, Aktivisten und die Reform des deutschen Hauptversammlungsrechts, ZHR 185 (2021), 182 (185 f.).

6 Vgl. *L. Bebchuk/S. Hirst*, The Specter of the Giant Three, 99 B. U. L. Rev. 721 (2019).

7 Siehe *Klöhn*, Passive Investoren (Fn. 5), 183, der allerdings (auf S. 185) richtigerweise auch darauf hinweist, dass in Deutschland im Vergleich mehr Gesellschaften einen strategisch beteiligten Aktionär haben, ohne dessen Partizipation andere Aktionäre kaum Initiativen durchsetzen können.

8 Manche Stimmen vergleichen die Konzentration von Kapital bereits mit der US-amerikanischen *gilded age*, dem Zeitalter der ersten Industriebarone, siehe *Weber/Kebekus*, Diversifizierung (Fn. 3), 330.

9 Siehe *E. Elhauge*, Horizontal Shareholding, 129 Harv. L. Rev. 1267, 1268 (2016); *E. Posner/F. Scott Morton/E. Weyl*, A Proposal to Limit the Anti-Competitive Power of Institutional Investors, 81 Antitrust L. J. 669 (2017); skeptisch *D. O'Brien/K. Waehrer*,

tierten Großunternehmen kontrolliert.[10] Das Phänomen zählt somit derzeit zu den größten Herausforderungen für die Corporate Governance.[11]

2. Portfolio Primacy als Triebfeder für Klimaaktivismus

Obwohl institutionelle Investoren zumindest besser als Kleinaktionäre in der Lage sind, Einfluss auf die Unternehmenspolitik zu nehmen,[12] haben sie angesichts der enormen Zahl von Beteiligungen[13] zumeist kein rationales Interesse und nicht die nötigen Ressourcen, in den einzelnen Portfoliounternehmen als aktive oder gar aktivistische Aktionäre in Erscheinung zu treten.[14] Weil dadurch ein wichtiges Element der Corporate Governance zu verkümmern droht, ist zwischenzeitlich der Ruf lauter geworden, dass institutionelle Investoren ihre Eigentumsrechte aktiver ausüben mögen.[15] Jene haben diese Forderung angenommen und mit dem Versprechen beantwortet, sich in Portfoliounternehmen verstärkt zu engagieren, was gemeinhin mit dem Schlagwort *stewardship* umrissen wird.[16] Insoweit lässt

---

The Competitive Effects of Common Ownership: We Know Less Than We Think, 81 Antitrust L. J. 729, 761 ff. (2017).

10 Siehe *J. Coates*, The Future of Corporate Governance Part I: The Problem of Twelve, Harvard Law School Program on Corporate Governance, Discussion Paper No. 2019–5 (2018) [https://perma.cc/A4XM-BGJC]. Teils wird ein Anstieg der Beteiligungen der *Big Three* an S&P 500-Unternehmen auf 40 % binnen zweier Jahrzehnte prognostiziert, vgl. *L. Bebchuk/S. Hirst*, Index Funds and the Future of Corporate Governance: Theory, Evidence, and Policy, 119 Colum. L. Rev. 2029, 2069 (2019).

11 Siehe *V. Battocletti/L. Enriques/A. Romano*, Dual Class Shares in the Age of Common Ownership, ECGI Law Working Paper No. 628/2022 (2022) [https://perma.cc/93XM-PGWM].

12 Vgl. *B. S. Black*, Agents Watching Agents: The Promise of Institutional Investor Voice, 39 UCLA L. Rev. 811, 813 (1992).

13 Die Portfolios der *Big Three* umfassen jeweils deutlich über 10.000 Unternehmen, vgl. *P. Hell*, Institutionelle Investoren, Stewardship und ESG, NZG 2019, 338 (341); *Klöhn*, Passive Investoren (Fn. 5), 192.

14 Dies gilt jedenfalls für Investmentfonds, Versicherungen und Unternehmen der betrieblichen Altersvorsorge, vgl. *Brellochs*, Institutionelle Investoren (Fn. 2), 326. Zu den dahinterstehenden Gründen siehe *L. Bebchuk/A. Cohen/S. Hirst*, The Agency Problems of Institutional Investors, 31 J. Econ. Persp. 89, 103 (2017).

15 Vgl. auch die Präambel des DCGK: „Institutionelle Anleger sind für die Unternehmen von besonderer Bedeutung. Von ihnen wird erwartet, dass sie ihre Eigentumsrechte aktiv und verantwortungsvoll auf der Grundlage von transparenten und die Nachhaltigkeit berücksichtigenden Grundsätzen ausüben."

16 Vgl. *Hell*, Stewardship (Fn. 13), 340.

sich eine wichtige Differenzierung treffen: Passive Investoren haben zwar kaum Anlass zu firmenspezifischer *stewardship*, aber gute Gründe, markt- bzw. portfolioweite *stewardship* zu betreiben.[17] Innerhalb dieses Trends zu einer aktiveren Haltung auf Makroebene nehmen ESG-Belange und insbesondere das Thema Nachhaltigkeit eine herausgehobene Stellung ein. Zuletzt haben auffällig viele Großinvestoren die Absicht bekundet, sich aktiv für klimafreundliche Unternehmenspolitik einzusetzen. Angesichts ihrer enormen Kapitalfülle haben sie damit die Hoffnung geweckt, dass Großinvestoren eine quasi-regulatorische Funktion einnehmen[18] und Portfoliounternehmen auf breiter Front zu konsequenteren Klimaschutzmaßnahmen bewegen könnten, als dies staatliche Maßnahmen oder freie Marktkräfte bisher vermocht haben.

Die entscheidende Motivation dahinter bildet ein Konzept, das unter dem Stichwort *portfolio primacy* diskutiert wird. In Bezug auf den Klimawandel versteht man darunter folgende Idee: Viele Großunternehmen mit bedenklicher CO_2-Bilanz sind zwar weiterhin hochprofitabel,[19] wälzen aber negative Externalitäten auf die Allgemeinheit ab und schädigen damit langfristig die Gesamtwirtschaft.[20] Diese Dynamik widerspricht den Interessen der breit diversifizierten *universal owners*.[21] Diese halten nämlich Anteile an praktisch allen börsennotierten Großunternehmen und sind damit nicht mehr für Risiken mit Bezug zu Einzelunternehmen, sondern nur für systemische Risiken anfällig,[22] wie der Klimawandel eines ist.[23] Kurzum: Die

17 Vgl. *Klöhn*, Passive Investoren (Fn. 5), 190 ff.

18 Siehe *D. Lund*, Asset Managers as Regulators, 171 U. Penn. L. Rev., 2 f., 22 ff. (im Erscheinen) [https://perma.cc/FHU7-M6RL].

19 Teils wird gar eine systematisch höhere Bewertung solcher Unternehmen (*carbon premium*) konstatiert, vgl. *P. Bolton/M. Kacperczyk*, Do Investors Care about Carbon Risk?, ECGI Finance Working Paper No. 711/2020 (2020) [https://perma.cc/Y4XX-XNN9].

20 Siehe *R. Bansal/M. Ochoa/D. Kiku*, Climate Change and Growth Risks, NBER Working Paper No. 23009 (2016), [https://perma.cc/TR26-CZSB]; *N. Pankratz/R. Bauer/J. Derwall*, Climate Change, Firm Performance, and Investor Surprises (2021) [https://perma.cc/DZ99-MXSP]; *J. Addoum/D. Ng/A. Ortiz-Bobea*, Temperature Shocks and Establishment Sales, 33 The Review of Financial Studies 1331 (2020); *M. Kruttli/B. Roth Tran/S. Watugala*, Pricing Poseidon: Extreme Weather Uncertainty and Firm Return Dynamics, Federal Reserve Bank of San Francisco Working Paper 2021–23 (2021) [https://perma.cc/5AGN-QGV6].

21 *J. Hawley/A. Williams*, The Rise of Fiduciary Capitalism, 2000, S. 3.

22 Siehe *Weber/Kebekus*, Diversifizierung (Fn. 3), 327.

23 Vgl. *H. Fleischer*, Klimaschutz im Gesellschafts-, Bilanz- und Kapitalmarktrecht, DB 2022, 37 (39).

Zerstörung des Planeten ist aus der Perspektive dieser Akteure schlecht für die langfristige Wertentwicklung[24] und klimaschädliche Unternehmen schädigen, selbst wenn sie isoliert betrachtet hochprofitable Investments darstellen, in der Gesamtschau den Rest des Portfolios.

Trotzdem halten institutionelle Investoren oftmals – bei Indexfonds sogar unausweichlich[25] – weiterhin umfangreiche Positionen in klimaschädlichen Industrien und besitzen somit nicht nur einen rationalen Anreiz, sondern auch eine potentiell überaus einflussreiche Position, um in Portfoliounternehmen ambitionierte Emissionsreduktionen durchzusetzen.[26] Weil diversifizierte Aktionäre damit sogar ein Interesse an selbstschädigendem Verhalten bestimmter Portfoliounternehmen haben, weicht die *portfolio primacy* vom klassischen Paradigma der *shareholder primacy*[27] ab, demzufolge die Aktionäre homogen die Steigerung des Unternehmenswerts

---

24 Empirische Daten hierzu bei *P. Krueger/Z. Sautner/L. Starks*, The Importance of Climate Risks for Institutional Investors, 33 The Review of Financial Studies 1067, 1069 f. (2020).

25 Vgl. nur *Klöhn*, Passive Investoren (Fn. 5), 188. Vielfach wird angenommen, dieser Umstand werte den Stimmrechtsgebrauch (‚voice') gegenüber dem Anteilsverkauf (‚exit') als Instrument der Managementkontrolle auf, vgl. *J. Ekkenga*, Investmentfonds als neue Kontrollagenten einer „nachhaltigen" Realwirtschaft: Sinnvolle Instrumentalisierung oder schrittweise Demontage der Kapitalmärkte in Europa?, WM 2020, 1664 (1665); *E. Broccardo/O. Hart/L. Zingales*, in: A. Engert, L. Enriques, W.-G. Ringe, U. Varottil, T. Wetzer (Hrsg.), Business Law and the Transition to a Net Zero Economy, München/Oxford/Baden-Baden/New York 2022, S. 27 ff.; insoweit skeptisch *Hell*, Stewardship (Fn. 13), 340 f. Anderen institutionellen Investoren steht ein Rückzug durchaus offen, vgl. exemplarisch zum Rückzug des norwegischen Staatsfonds aus Beteiligungen in der Ölindustrie *T. Kretschmar/M. Ringel/D. Schiereck*, Nachhaltige Entwicklung und Klimaschutz durch große Investoren? – Der Rückzug des norwegischen Staatsfonds aus Aktienanlagen in der Ölindustrie, ZfU 2020, 347.

26 *J. Coffee*, The Coming Shift in Shareholder Activism: From 'Firm-Specific' to 'Systematic Risk' Proxy Campaigns (and How to Enable Them), S. 1 ff. (2021) [https://perma.cc/Z2DM-G8FG]; *M. Condon*, Externalities and the Common Owner, 95 Wash. L. Rev. 1, 6 ff., 10 ff. (2020); *J. Gordon*, Systematic Stewardship, ECGI Law Working Paper No. 566/2021 (2021) [https://perma.cc/HM9M-U5L8]; *R. Hansen/J. Lott*, Externalities and Corporate Objectives in a World with Diversified Shareholders/Consumers, 31 J. Fin. & Quantitative Analysis 43, 47 ff. (1996); krit. *R. Tallarita*, The Limits of Portfolio Primacy, Working Draft, S. 17 ff. (2022) [https://perma.cc/4QYW-8MZ4].

27 Vgl. *H. Hansmann/R. Kraakman*, The End of History for Corporate Law, 89 Geo. L. J. 439, 440 f. (2001). Davon unabhängig ist die vieldiskutierte Frage, welchen Stellenwert man dem Interesse der (oder auch: bestimmter) Aktionäre im Gesellschaftsrecht einräumt.

anstreben.[28] Insoweit bestehen aus deutscher Sicht gewisse Parallelen zum Konzernkonflikt, in dem das herrschende Unternehmen ebenfalls geneigt sein kann, das Konzerninteresse über dasjenige einzelner beherrschter Gesellschaften zu stellen.[29] Anders als dort nähern sich allerdings bei der *portfolio primacy* die Prioritäten der Großinvestoren in Bezug auf Nachhaltigkeit den Interessen der Allgemeinheit an.[30] Mit den Worten von BlackRock-CEO *Larry Fink*: „We focus on sustainability not because we're environmentalists, but because we are capitalists and fiduciaries to our clients."[31]

3. Klimaaktivismus in der Unternehmenspraxis

Die Folgen dieser Dynamik lassen sich bereits in der Unternehmenspraxis beobachten. Neben Anpassungen ihrer Anlagestrategie,[32] Bemühungen um die Offenlegung von Klimarisiken[33] und ESG-Compliance[34] dringen

28 *Condon*, Externalities (Fn. 26), 3 ff. Allgemeiner bereits *I. Anabtawi*, Some Skepticism About Increasing Shareholder Power, 53 UCLA L. Rev. 561, 583 ff. (2006).

29 Vgl. *Weber/Kebekus*, Diversifizierung (Fn. 3), 350.

30 Vgl. *Gordon*, Stewardship (Fn. 26). Die Interessen sind allerdings nicht deckungsgleich, weil institutionelle Investoren nur in eine Teilmenge der Gesamtwirtschaft – vereinfacht gesagt: in Großunternehmen – investieren, vgl. *Tallarita*, Limits (Fn. 26), S. 25 ff.

31 *L. Fink*, The Power of Capitalism (2022) [https://perma.cc/WY4B-UTNB].

32 *A. Hoepner/I. Oikonomou/Z. Sautner/L. Starks/X. Zhou*, ESG Shareholder Engagement and Downside Risk, ECGI Finance Working Paper No. 671/2020 (2022) [https://perma.cc/UK2H-MBVU]; *R. Gibson/P. Krueger/S. Mitali*, The Sustainability Footprint of Institutional Investors: ESG Driven Price Pressure and Performance, ECGI Finance Working Paper No. 571/2018 (2018) [https://perma.cc/P99N-8M5Q]; *R. Jagannathan/A. Ravikumar/M. Sammon*, Environmental, Social, and Governance Criteria: Why Investors are Paying Attention, NBER Working Paper No. 24063 (2017) [https://perma.cc/92KB-9FG9].

33 Vgl. *Lund*, Regulators (Fn. 18), 2 f., 22 ff. Die SEC hat zuletzt kapitalmarktrechtliche Offenlegungspflichten zu Klimarisiken ins Spiel gebracht, vgl. SEC, The Enhancement and Standardization of Climate-Related Disclosures for Investors, 17 CFR 210, 229, 232, 239 und 249; krit. hierzu *P. Mahoney/J. Mahoney*, The New Separation of Ownership and Control: Institutional Investors and ESG, 2021 Colum. Bus. L. Rev. 840 (2021); aus deutscher Sicht *S. Bartz/J.-B. Schenkel/N. Reda*, Aktuelle Entwicklungen in den USA – Neue ESG-Task Force der SEC, CCZ 2021, 189. In der EU ergeben sich klimabezogene Berichtspflichten etwa aus der CSR-Richtline von 2014 (umgesetzt in den §§ 289b ff. HGB) und den Leitlinien der Kommission über die Berichterstattung über nichtfinanzielle Informationen: Nachtrag zur Klimabezogenen Berichterstattung, 2019/C 209/01. Noch weiter der Richtlinienvorschlag der Kom-

institutionelle Investoren in Portfoliounternehmen sowohl über informelle Konsultationen als auch über formelle Aktionärsrechte auf Dekarbonisierung.[35] Diese Einflussnahme erfolgt zunehmend über Zusammenschlüsse wie Climate Action 100+, die Portfolio Decarbonization Coalition oder die Global Investor Coalition on Climate Change.[36]

Der bislang lauteste Paukenschlag in diesem Zusammenhang ertönte Mitte 2021 auf der Hauptversammlung des Ölkonzerns ExxonMobil. Dort gelang es dem klimaaktivistischen Hedgefond Engine No. 1[37] gegen den Widerstand des Managements zwei unabhängige Kandidaten im Direktorium der Gesellschaft zu installieren.[38] Weil Engine No. 1 selbst lediglich 0,02 % der Stimmrechte kontrollierte, konnte es diesen spektakulären Putsch nur durchführen, indem es sich zunächst die Unterstützung zweier großer Pensionsfonds, einflussreicher Stimmrechtsberater und schließlich einer Mehrheit der Aktionäre, einschließlich der *Big Three*, sicherte.[39]

Der Umstand, dass die großen Vermögensverwalter bereit sind, unter dem Banner des Klimaaktivismus das Management eines Weltunternehmens auszutauschen, dürfte in Vorstandsetagen aufmerksam registriert worden sein und könnte ein Grund dafür sein, dass sich sogar viele Unternehmen, deren Geschäftsmodelle intrinsisch klimaschädlich sind, inzwi-

---

mission vom 21.4.2021 für eine überarbeitete Nachhaltigkeitsberichterstattung, siehe COM(2021) 189 final. Umfassend zu unionsrechtlichen Nachhaltigkeitsbestrebungen im Kapitalmarktrecht *L. Klöhn/J. Jochmann*, Nachhaltigkeit im Kapitalmarktrecht, KlimaRZ 2022, 12.

34 Spezifisch zu ESG-Rechtspflichten für institutionelle Investoren siehe *R. Eberius*, Verrechtlichung der ESG-Compliance: Pflichten für Fondsmanager und institutionelle Investoren, WM 2019, 2143.

35 Zur Relevanz einzelner Kanäle *Krueger/Sautner/Starks*, Importance (Fn. 24), 1071. Zu den aus Informationsasymmetrien resultierenden Problemen aus deutscher Sicht *J. Koch*, Informationsweitergabe und Informationsasymmetrien im Gesellschaftsrecht, ZGR 2020, 183.

36 Das Zusammenwirken verschiedener Aktionäre kann als sog. *acting in concert* kapitalmarkt- und wertpapierrechtlichen Pflichten auslösen, vgl. *M. Arnold*, Beteiligung von Investmentgesellschaften und Hedgefonds an börsennotierten Gesellschaften, ZHR 185 (2021), 281 (295).

37 Vgl. Engine No. 1, Reenergize ExxonMobil, S. 14 ff. (2021) [https://perma.cc/X52H-EMBN].

38 Siehe ExxonMobil loses a proxy fight with green investors, The Economist, 29.5.2021 [https://perma.cc/NY4P-VFRY].

39 Siehe BlackRock, Vote Bulletin: ExxonMobil Corporation, S. 1 (2021) [https://perma.cc/RU82-CMFZ]; *R. Kerber*, Top Exxon investors State Street, Vanguard backed activist nominees, in: Reuters vom 27.5.2021, [https://www.reuters.com/business/energy/state-street-backed-two-activist-hedge-fund-nominees-exxon-board-2021-05-27/].

schen ambitionierte Emissionsziele auf die Fahnen schreiben. So haben sich die Hälfte der 50 größten Öl- und Gasproduzenten signifikante Emissionsreduktionen verordnet[40] und in der Gruppe der größten westlichen Ölkonzerne hat sich inzwischen sogar jedes einzelne Unternehmen auf das langfristige Emissionsziel *net zero* festgelegt.[41] Neben dem steigenden Risiko von Klimaklagen in vielen Rechtsordnungen[42] und klimafreundlichen Anreizen bei der Managervergütung[43] ist es plausibel, dass die Interessen institutioneller Investoren eine gewichtige Rolle bei diesen Entscheidungen gespielt haben.

4. Praktische Konsequenzen

Die Emissionsziele CO_2-basierter Industrien müssen kritisch hinterfragt werden[44] und der Verdacht des *greenwashing* liegt nahe.[45] Nimmt man die *net zero*-Verpflichtungen der Produzenten ernst und geht zugleich davon aus, dass mittelfristig noch ein Markt für fossile Energieträger existiert, lohnt gleichwohl ein Nachdenken über die praktischen Konsequenzen. Ein emissionsreduzierendes Divestment ist schwerlich auf andere Weise denkbar als durch die Veräußerung CO_2-lastiger Geschäftszweige an weniger klimabewegte Akteure.[46] Ferner besteht die Option eines *delistings*

---

40 Siehe *S. Dietz/D. Gardiner/V. Jahn/J. Noels*, How ambitious are oil and gas companies' climate goals?, 374 Science 405 (2021).

41 Siehe *C. Matthews*, Exxon Pledges to Reduce Carbon Emissions From Operations to 'Net Zero', in: The Wall Street Journal vom 18.1.2022 [https://perma.cc/EE7L-DBGH].

42 Instruktive Überblicke bei W. Kahl/M.-P. Weller (Hrsg.), Climate Change Litigation, 2021; *M.-P. Weller/M.-L. Tran*, Klimawandelklagen im Rechtsvergleich – private enforcement als weltweiter Trend?, ZEuP 2021, 573. Das bislang spektakulärste Urteil erging in den Niederlanden gegen Shell, siehe Rechtbank Den Haag, Urt. v. 26.5.2021 – C/09/571932 / HA ZA 19-379.

43 Siehe hierzu *R. Ritz*, Climate targets, executive compensation, and corporate strategy, EPRG Working Paper No. 2029 (2020) [https://perma.cc/L7CX-5MHK]. Auch in Deutschland werden bereits routinemäßig ESG-Ziele berücksichtigt, vgl. *H. Fleischer*, Green Boardrooms: Klimaschutz und Corporate Governance, AR 2022, 26 (27).

44 Ausführlich *Dietz/Gardiner/Jahn/Noels*, Goals (Fn. 40), 406 f.

45 Zu dieser Problematik siehe etwa *R. Veil*, Europa auf dem Weg zu einem Green Bond Standard, WM 2020, 1093; *M. Condon*, in: A. Engert, L. Enriques, W.-G. Ringe, U. Varottil, T. Wetzer (Hrsg.), Business Law and the Transition to a Net Zero Economy, München/Oxford/Baden-Baden/New York 2022, S. 6.

46 So erreichte etwa BP seine Klimaziele durch die Veräußerung seiner Ölfelder in Alaska an das Unternehmen Hilcorp, vgl. *Lund*, Regulators (Fn. 18), 43.

klimaschädlicher Unternehmen, um aktivistische Aktionäre auf Abstand zu halten.[47] Selbst wenn die derzeitigen Emittenten ihre Klimaziele erreichen sollten, indem sie ihre Geschäftsmodelle neu erfinden[48] oder auslaufen lassen, könnten die effektiven Treibhausgas-Emissionen davon also unberührt bleiben. Zugleich ist es aber denkbar, dass machtvolle institutionelle Investoren auch auf die potentiellen Käufer CO_2-lastiger Geschäftszweige einwirken und klimaschädlichen Industrien ein empfindlicher Kapitalschwund droht.[49]

III. Rechtliche Pflichten als limitierender Faktor?

Institutionelle Investoren sind, wie oben gezeigt, grundsätzlich inzentiviert, Portfoliounternehmen auch gegen deren Interessen zur Verringerung von CO_2-Emissionen anzuhalten. Diese wirtschaftliche Dynamik existiert freilich nicht in einem rechtlichen Vakuum.[50] Vielmehr unterliegen die Entscheidungsträger sowohl auf Ebene der institutionellen Investoren (1.) als auch auf Ebene der Portfoliounternehmen (2.) gesellschaftsrechtlichen Treue- und Sorgfaltspflichten, die mit dem Leitbild der *portfolio primacy* konfligieren können.

1. Pflichten auf Ebene großer Vermögensverwalter

Aus der vielfältigen Gruppe institutioneller Investoren sollen hier exemplarisch die wirtschaftlich bedeutendsten Anteilseigner beleuchtet werden, nämlich die großen Vermögensverwalter. Diese trifft nach US-amerikani-

47 Vgl. *Tallarita*, Limits (Fn. 26), S. 48 ff. Viele der bedeutendsten Emittenten sind zudem staatliche Energieunternehmen, deren Anteile von Vornherein nicht an der Börse gehandelt werden, vgl. etwa *C. Krauss*, As Western Oil Giants Cut Production, State-Owned Companies Step Up, New York Times vom 14.10.2021 [https://perma.cc/GD5N-TH75].

48 Die völlige Transformation von Geschäftsmodellen kommt in der Realität zuweilen vor. So entstand der Ölkonzern Shell aus einem Kolonialwarenhandel für dekorative orientalische Muscheln, vgl. Shell plc, Company History, 1833–1892 [https://perma.cc/L3TX-X7ML].

49 Zu letzterem siehe *Mahoney/Mahoney*, Separation (Fn. 33), 850.

50 Hier nicht thematisiert werden aufsichtsrechtliche Anforderungen an institutionelle Investoren, siehe insoweit zum deutschen Recht den Überblick bei *Brellochs*, Institutionelle Investoren (Fn. 2), 321 ff.

schem Gesellschaftsrecht[51] keine generelle Pflicht zur Rücksichtnahme auf die Interessen der übrigen Aktionäre von Portfoliounternehmen, die der Verfolgung von Portfoliointeressen entgegenstünde. Nach deutschem Recht ist zwar eine Haftung gegenüber Mitaktionären gemäß § 117 Abs. 1 AktG für gesellschaftsschädigendes Verhalten grundsätzlich denkbar, in der Praxis aber wegen des Vorsatzerfordernisses schon aufgrund von Beweisschwierigkeiten überaus unwahrscheinlich.[52] Unabhängig davon unterliegen allerdings die in den USA inkorporierten *asset manager* im Hinblick auf ihre eigenen Anleger einer Treuepflicht (*duty of good faith*).[53] Weil diese Pflicht gegenüber sämtlichen Anlegern gleichermaßen gilt,[54] kann es zu Pflichtenkollisionen kommen, wenn eine bestimmte Strategie für manche Anlegerklassen günstige, für andere aber nachteilige Folgen zeitigt.[55] Es existiert nämlich strenggenommen nicht ‚das' Portfolio, sondern eine Vielzahl von Fonds mit unterschiedlichen geographischen und industriespezifischen Schwerpunkten unter dem Dach eines Vermögensverwalters.[56] In der Folge variiert der Anteil klimaschädlicher (wie auch infolge des Klimawandels besonders vulnerabler) Unternehmen von Fonds zu Fonds erheblich.[57] Eine

---

51 Siehe stellvertretend Zahn v. Transamerica Corp., 162 F.2d 36, 45 (3d Cir.1947). Denkbar wäre allerdings eine Anwendung der sog. *controlling shareholders doctrine*, die Treuepflichten gegenüber Minderheitsgesellschaftern statuiert, vgl. *Tallarita*, Limits (Fn. 26), S. 45 f. Allgemein zu dieser Doktrin *S. Bainbridge*, Corporate Law, 3. Aufl. 2015, S. 184 ff. Der Übersichtlichkeit halber bezieht sich der Beitrag allein auf das praktisch dominante Gesellschaftsrecht von Delaware.

52 Siehe *Weber/Kebekus*, Diversifizierung (Fn. 3), 351 f. Diskutieren lässt sich eine Treupflichtbindung bei Groß- und Ankeraktionären mit Stimmrechtsanteilen von regelmäßig 20–30 %, vgl. *C. Schäfer*, Rechte und Pflichten des privaten Großaktionärs, ZHR 185 (2021), 226 (242 ff.). Diese Beteiligungsschwelle erreichen institutionelle Investoren in aller Regel jedoch nicht, zumal insoweit sogar regulatorische Vorgaben den Stimmrechtsanteil begrenzen können; hierzu und auch zu konzernrechtlichen Überlegungen mit Blick auf § 17 AktG siehe wiederum *Weber/Kebekus*, Diversifizierung (Fn. 3), 350, 360.

53 Siehe SEC, Disclosure of Proxy Voting Policies and Proxy Voting Records by Registered Management Investment Companies, 17 CFR, 239, 249, 270 und 274.

54 Vgl. Investment Company Act § 1(b)(2), 15 U.S.C. 80a-1(b)(2); SEC, Investment Company Governance, Exchange Act Release No. IC-26520 vom 27.7.2004.

55 Dieses Problem tritt auch in anderen Kontexten auf, vgl. *S. Griffith/D. Lund*, Conflicted Mutual Fund Voting in Corporate Law, 99 B. U. L. Rev. 1151, 1168 ff. (2019).

56 Vgl. *A. Lipton*, Family Loyalty: Mutual Fund Voting and Fiduciary Obligation, 19 Transactions: Tenn. J. Bus. L. 175, 178 f. (2017).

57 Beispielswiese beträgt der Anteil von Exxon-Anteilen im Vanguard Energy ETF 20 %, derjenige in einem S&P500-Indexfods des gleichen Anbieters hingegen nur 1,4 %, vgl. *Condon*, Externalities (Fn. 26), 57. Eine konkrete Simulation findet sich bei *Tallarita*, Limits (Fn. 26), S. 32 ff.

klimaaktivistische Agenda droht somit die Pflichten gegenüber Anlegern zu verletzen, die sich für weniger nachhaltige Portfolios entschieden haben.

Weil eine einheitliche Strategie diese Friktionen nicht beheben kann, sind die Verwalter der Einzelfonds aufsichtsrechtlich dazu angehalten, die Vorgaben der Obergesellschaft im Interesse der Anleger ihres individuellen Fonds kritisch zu hinterfragen[58] und ihre Aktionärsrechte entsprechend auszuüben.[59] Obwohl sich die Partikularinteressen einzelner Fonds also im Abstimmungsverhalten durchaus abbilden lassen würden, dominieren in der Praxis bereits aus Gründen der ressourcenschonenden Synergie zentralisierte Strategien und uneinheitliches Stimmverhalten kommt praktisch niemals vor.[60] Obwohl es plausibel ist, dass dieser Ansatz in Pflichtverletzungen gegenüber einzelnen Anlegerklassen resultiert, ist das faktische Haftungsrisiko der Fondsmanager allerdings gering. Vor diesem Hintergrund dürfte es indes zumindest im wirtschaftlichen Interesse der großen Vermögensverwalter liegen, ihre klimafreundliche Agenda nicht übermäßig stark zu betonen, um Anleger, die kein gesteigertes Interesse an Nachhaltigkeit haben und sich des besagten Konfliktpotentials bewusst sind, nicht abzuschrecken.[61]

2. Pflichten auf Ebene von Portfoliounternehmen

Es lässt sich schwerlich verallgemeinern, inwieweit Emissionsreduktionen den wohlverstandenen Interessen von Portfoliounternehmen entsprechen. In Branchen wie der Automobilindustrie dürfte die Abkehr vom Verbrennungsmotor beispielsweise zwingend geboten sein, um langfristig konkurrenzfähig zu bleiben.[62] Es lässt sich aber nicht von der Hand weisen, dass viele Unternehmen davon profitieren oder sogar existentiell darauf angewiesen sind, im Rahmen des regulatorisch Zulässigen weiterhin möglichst hohe CO_2-Emissionen zu generieren, weil diese direkt mit dem Umsatz

---

58 Vgl. SEC, Investment Company Governance, Exchange Act Release No. IC-26520 vom 27.7.2004.

59 Vgl. SEC, Proxy Voting by Investment Advisors, 68 Fed. Reg. 6585.

60 Die großen Vermögensverwalter votieren in 99 % der Fälle fondsübergreifend einheitlich, vgl. *J. Fichtner/E. Heemskerk/J. Garcia Bernardo*, Hidden power of the Big Three? Passive index funds, re-concentration of corporate ownership, and new financial risk, 19 Business and Politics 298, 316 f. (2017).

61 *Tallarita*, Limits (Fn. 26), S. 44 f.

62 Siehe exemplarisch zu Klimazielen von Automobilkonzernen Climate Action 100+, 2019 Progress Report, S. 39 (2019) [https://perma.cc/AR2S-95UN].

bestimmter Produkte – wie etwa fossilen Energieträgern – korrelieren. Es sind also Zweifel angebracht, inwieweit es mit den Geschäftsleiterpflichten des Managements intrinsisch klimaschädlicher Unternehmen vereinbar ist, massive Emissionssenkungen zu propagieren, die von den *portfolio primacy*-Erwägungen institutioneller Investoren beeinflusst sind. Diese Frage lässt sich gesondert für US-amerikanische (a) und deutsche (b) Portfoliounternehmen stellen.

a) Geschäftsleiterpflichten in US-amerikanischen Portfoliounternehmen

Die Direktoren US-amerikanischer Unternehmen genießen im Rahmen der *business judgment rule* beträchtlichen Entscheidungsspielraum.[63] Eine Haftung für fahrlässige Entscheidungen zum Nachteil der Korporation ist hiernach ausgeschlossen, wenn der Direktor nicht befangen, im Eigeninteresse, treuwidrig, entgegen rationalen Geschäftsinteressen oder infolge eines grob fahrlässig konzipierten Entscheidungsprozesses handelt.[64] Dieser Maßstab ist überaus konziliant – im Falle von Produzenten fossiler Energieträger, die in der Sache beschließen, mittelfristig die Produktion fossiler Energieträger einzustellen, drängen sich die zugrundeliegenden rationalen Geschäftsinteressen aber zumindest nicht auf.[65]

Die herrschende Meinung in den USA spricht sich zwar dafür aus, im Zweifel die Interessen langfristiger Aktionäre – zu denen auch institutionelle Investoren zählen – gegenüber denjenigen kurzfristiger Anleger zu priorisieren.[66] Diese Ansicht nimmt aber nur isoliert die Position des Aktionärs im individuellen Unternehmen in den Blick und bedenkt nicht die Eigenart der *portfolio primacy*, dass Aktionäre an einem für das Unternehmen nachteilhaften Kurs interessiert sein können. Folglich kann sie auch nicht das Bestreben rechtfertigen, Vorteile für diversifizierte Aktionäre *außerhalb* des Unternehmens zu generieren, indem Nachteile *innerhalb* des Unternehmens internalisiert werden,[67] sodass klimafreundliche Strategien,

---

63 Zu den verschiedenen dogmatischen Ansätzen siehe *Bainbridge*, Corporate Law (Fn. 51), S. 107.

64 Siehe stellvertretend Brehm v. Eisner, 746 A.2d 244, 264 n.66 (Del.2000).

65 Ebenso *Condon*, Externalities (Fn. 26), 49.

66 Vgl. etwa *S. Bainbridge*, Director Primacy: The Means and Ends of Corporate Governance, 97 Nw. U. L. Rev. 547, 573 (2003); *Hansmann/Kraakman*, History (Fn. 27), 439; a.A. *J. Fried*, The Uneasy Case for Favoring Long-Term Shareholders, 124 Yale L. J. 1554, 1575 ff. (2015).

67 *Tallarita*, Limits (Fn. 26), S. 47.

die (allein) dieser Ratio folgen, die Geschäftsleiterpflichten verletzen.[68] Weil die *business judgment rule* in der Rechtsprechungspraxis äußerst wohlwollend gehandhabt wird,[69] dürfte das reale Haftungsrisiko von Direktoren gleichwohl überschaubar bleiben, sofern diese sich öffentlich auf die kaum justiziable Überzeugung berufen, die Energiewende mache bestimmte Industrien unweigerlich zu Auslaufmodellen.[70]

b) Geschäftsleiterpflichten in deutschen Portfoliounternehmen

Die gleiche Frage lässt sich in Bezug auf deutsche Portfoliounternehmen stellen.[71] Auch wenn die Tradition aktivistischer Investoren in Deutschland deutlich schwächer ausgeprägt ist als in den USA, verfügen institutionellen Aktionäre auch hierzulande über einige Hebel, ihre Interessen durchzusetzen. So können sie etwa über § 119 Abs. 1 AktG die Auswechselung von Aufsichtsratsmitgliedern und über § 119 Abs. 1 Nr. 3 AktG eine Umgestaltung der Organvergütung betreiben.[72] Über die §§ 134a ff. AktG unterliegen (bestimmte) institutionelle Investoren zugleich der Pflicht, ihre Mitwirkungspolitik formal offenzulegen,[73] sodass ihr Einfluss transparent zutage tritt.

Die Vorstände deutscher Aktiengesellschaften unterliegen gemäß § 93 Abs. 1 und 2 AktG einer haftungsbewehrten Sorgfalts- und Treuepflicht, wobei sie auch nach deutschem Recht bei unternehmerischen Entscheidungen in den Genuss des Haftungsprivilegs einer *business judgment rule* kommen.[74] In Deutschland ist zudem die Orientierung am *shareholder*

---

68 Die gleiche Schlussfolgerung ziehen in allgemeinerem Kontext als hier *Condon*, Externalities (Fn. 26), 56; *T. A. Lambert/M. Sykuta*, Calm Down About Common Ownership, 41 Regulation 28, 31 (2018); *O'Brien/Waehrer*, Ownership (Fn. 9), 765 f.

69 Siehe *Bainbridge*, Corporate Law (Fn. 51), S. 115 f.

70 Für eine solche Sprachregelung vgl. etwa die Rechtfertigung für die von Shell beschlossenen Emissionsziele in Joint statement between institutional investors on behalf of Climate Action 100+ and Royal Dutch Shell plc (Shell) vom 3.12.2018 [https://perma.cc/8B6Z-VPD5].

71 Zur Übertragbarkeit der US-amerikanischen Erkenntnisse zur *portfolio primacy* auf das deutsche Wirtschaftsumfeld siehe *Weber/Kebekus*, Diversifizierung (Fn. 3), 343 f.

72 Einen Überblick bietet *Arnold*, Beteiligung (Fn. 36), 293 f.

73 De facto entsprach dies schon zuvor der geübten Praxis. Instruktiv hierzu *Brellochs*, Institutionelle Investoren (Fn. 2), 328 ff.

74 Rechtsvergleichend hierzu *A. Hellgardt*, Wider die Legalitätspflicht im Kapitalgesellschaftsrecht, in: S. Grundmann, H. Merkt, P. Mülbert et al. (Hrsg.), Festschrift für Klaus J. Hopt, Berlin/Boston 2020, S. 403 (420).

value weniger orthodox als in den USA[75] und das Leitungsermessen des Vorstands gemäß § 76 Abs. 1 AktG erlaubt – ohne dies zu gebieten – die Verfolgung von ESG-Zielen[76] einschließlich überobligatorischer Klimaschutzanstrengungen[77] sowie den Verzicht auf kurzfristige Erträge im Interesse langfristiger Perspektiven.[78] Zudem trifft den Vorstand nach § 91 Abs. 2 und 3 AktG eine Risikosteuerungsverantwortung, die in zahlreichen Branchen auch die adäquate Reaktion auf Klimarisiken einschließt,[79] gleich ob diese in regulatorischem Transformationsdruck,[80] den direkten Konsequenzen von Umweltereignissen oder Reputationsverlust bestehen. Die Injektion dieser nachhaltigkeitsfördernden Elemente ins Aktienrecht bedingt nicht, dass *nur* noch langfristige und nachhaltige Strategien verfolgt werden dürfen.[81] Sie illustriert aber, dass das deutsche Gesellschaftsrecht bereits jetzt beträchtlichen Spielraum bietet, um klimafreundliche Entscheidungen zu rechtfertigen. *De lege ferenda* könnte dieser Spielraum sogar noch ausgebaut werden.[82]

---

75 Vgl. jeweils m.w.N. *M. Habersack*, Gemeinwohlbindung und Unternehmensrecht, AcP 220 (2020), 594 (635); *J. Vetter*, Geschäftsleiterpflichten zwischen Legalität und Legitimität, ZGR 2018, 338 (346 ff., 360 f.). Zu einer in den USA vieldiskutierten These, wonach der *shareholder value* auch immaterielle Aktionärsinteressen – wie das Interesse an einem lebenswerten Planeten – umfasst, siehe *O. Hart/L. Zingales*, Companies Should Maximize Shareholder Welfare Not Market Value, 2 J. L., Fin. & Accounting 247 (2017).

76 Siehe *Brellochs*, Institutionelle Investoren (Fn. 2), 364; *H. Fleischer* in: BeckOGK, AktG, Stand 1.2.2022, § 76 Rn. 38; *Habersack*, Gemeinwohlbindung (Fn. 75), 633 ff.; *M. Habersack/M. Ehrl*, Climate protection and compliance in German corporate law, in: Kahl/Weller (Hrsg.), Climate (Fn. 42), S. 447 (462 f.).

77 Siehe *M. Ehrl*, Klimaschutz und Compliance im deutschen Gesellschaftsrecht – der steinige Weg zu mehr Verbindlichkeit, NZG 2021, 1521 (1522); *Fleischer*, Klimaschutz (Fn. 23), 41.

78 Vgl. *S. Zeyher/F. Mader*, Organverantwortung und Zivilprozess, ZHR 185 (2021), 125 (128) m.w.N.

79 Vgl. *Fleischer*, Klimaschutz (Fn. 23), 41.

80 Vorstände haben gemäß § 93 Abs. 1 AktG im Rahmen ihrer Legalitätspflicht die Compliance mit öffentlich-rechtlichen Klimaschutzvorgaben sicherzustellen, vgl. nur *Fleischer*, Boardrooms (Fn. 43), 26.

81 Siehe *Brellochs*, Institutionelle Investoren (Fn. 2), 363 f.

82 Siehe zu § 76 Abs. 1 AktG Sustainable-Finance-Beirat der Bundesregierung, Shifting the Trillions: Ein nachhaltiges Finanzsystem für die Große Transformation, S. 96 (2021) [https://perma.cc/FG7V-YXZ7]; zu § 91 Abs. 2 AktG siehe *Habersack/Ehrl*, Climate protection (Fn. 76), S. 464 f.; zu ähnlich gelagerten Bestrebungen auf Unionsebene siehe auch *Brellochs*, Institutionelle Investoren (Fn. 2), 360 f.; zur stärkeren Betonung von Nachhaltigkeit als „integrale[m] Bestandteil der Geschäftsstrategie“ im überarbeiteten DCGK siehe Regierungskommission Deutscher Corporate

Trotz alledem ist die praktische Konkordanz zwischen finanziellen und gemeinwohlorientierten Zielrichtungen nicht grenzenlos, denn die aktienrechtlich fundierte Zielbestimmung des Unternehmensinteresses lässt sich nicht in beliebiger Weise an die Partikularinteressen bestimmter Aktionäre anpassen.[83] Diese Abschirmung des Unternehmensinteresses von den Aktionärsinteressen wird normalerweise relevant, weil sie es dem Vorstand gestattet, auch gemeinwohlorientierte Ziele zu verfolgen, deren wirtschaftlicher Ertrag nicht auf der Hand liegt.[84] Umgekehrt kann die Trennung zwischen Unternehmens- und Aktionärsinteresse aber prinzipiell auch begrenzend wirken, indem sie es dem Vorstand untersagt, Nachhaltigkeitsstrategien zu verfolgen, die mit dem wohlverstandenen Unternehmensinteresse nicht mehr vereinbar sind. Weil jedenfalls die Gefährdung des Bestands und der dauerhaften Rentabilität der Gesellschaft die äußerste Grenze des Zulässigen überschreitet,[85] würden zumindest Strategien, die im Dienste der *portfolio primacy* auf diesen Endzustand hinauslaufen, die Organpflichten verletzen. Solche flagranten Verstöße gegen das Unternehmenswohl dürften allerdings überaus selten sein. Für weniger drastische Maßnahmen, die in Einbußen der Gesellschaft resultieren, wird im Schrifttum bereits prominent argumentiert, dass sie als Ergebnis einer interessenpluralistischen Abwägung des Vorstands zulässig sein können, denn zumindest die Kombination von Portfoliointeressen und Gemeinwohlorientierung sei von klassischen Partikularinteressen abzugrenzen.[86]

Schlussendlich dürften diese Abstufungen weitgehend theoretischer Natur bleiben. Angesichts der Vielzahl der genannten „Weichmacher" zum Schutz der Entscheidungsfreiheit des Managements ist es *realiter* unwahrscheinlich, dass klimafreundliche Maßnahmen im Portfoliointeresse, sofern sie professionell kommuniziert werden, als Pflichtverstöße eingeordnet

---

Governance Kodex, Pressemitteilung vom 27.1.2022 [https://perma.cc/U4GE-UD3T]. Kritisch zu dieser rechtspolitischen Tendenz mit dem Argument, die Vielzahl akzeptabler Entscheidungsfaktoren weiche im Ergebnis die Verantwortlichkeit des Managements auf, *J. Ekkenga/C. Schirrmacher/B. Schneider*, Offene Fragen zur rechtlichen Steuerung nachhaltigen Unternehmertums, NJW 2021, 1509 (1512).

83 Siehe *Arnold*, Beteiligung (Fn. 36), 308 ff.; die Aufnahme einer spezifischen Klimaschutz-Klausel in die Satzung erfordert gemäß § 179 Abs. 2 AktG eine Dreiviertelmehrheit, vgl. *Fleischer*, Boardrooms (Fn. 43), 27.

84 Siehe *Habersack*, Gemeinwohlbindung (Fn. 75), 647.

85 Siehe stellvertretend *J. Koch* in: U. Hüffer/J. Koch (Hrsg.), AktG, 16. Aufl., München 2022, § 76 Rn. 34 m.w.N.

86 Siehe *Weber/Kebekus*, Diversifizierung (Fn. 3), 353 ff.; a.A. *T. Florstedt*, Aktionärsvoten zur Vergütung und Common Ownership, ZIP 2019, 1693, 1697.

werden. Rechtsrealistisch lässt sich noch dazu in Rechnung stellen, dass ein chronisches Durchsetzungsdefizit in Bezug auf die Geltendmachung von Organhaftungsansprüchen durch den Aufsichtsrat besteht und in Deutschland, anders als in den USA, auch die Aktionärsklage (§ 148 AktG) keine praktische Relevanz besitzt.[87] Insgesamt sind damit kaum praxisnahe Konstellationen denkbar, in denen die Organpflichten es rechtlich oder jedenfalls faktisch verhindern würden, auf Druck institutioneller Investoren im Geiste der *portfolio primacy* klimafreundliche Einschnitte in deutschen Portfoliounternehmen zu beschließen.

IV. Zusammenfassung in Thesen

1. Einige wenige institutionelle Investoren kontrollieren einen beträchtlichen und konstant steigenden Anteil der Stimmrechte in börsennotierten Großunternehmen. Darin liegt eine enorme Herausforderung für die Corporate Governance.
2. Systemische Risiken wie der Klimawandel bedrohen die Wertentwicklung von breit diversifizierten Portfolios. Nach dem Prinzip der *portfolio primacy* folgt daraus ein Interesse an der Reduzierung klimaschädlicher Aktivitäten von Portfoliounternehmen.
3. Institutionelle Investoren propagieren deshalb eine klimafreundliche Agenda und setzen sich im Rahmen ihrer Aktionärsrechte auch aktiv für Nachhaltigkeit ein. Beispiele wie die Kampfabstimmung bei ExxonMobil im Jahr 2021 zeigen, dass sie ihr Stimmgewicht bereits einsetzen, um Teile des Managements auszutauschen.
4. Klimaaktivismus von Vermögensverwaltern kann mit Treuepflichtverletzungen gegenüber dem weniger nachhaltig orientierten Teil der eigenen Anlegerschaft einhergehen. Dieses Problem ließe sich durch eine uneinheitliche Ausübung der Stimmrechte lösen, die in der Praxis aber nicht stattfindet.
5. Direktoren von US-Portfoliounternehmen, die einen klimafreundlichen, aber für das Unternehmen wirtschaftlich schädlichen Kurs einschlagen, verletzen ihre Treuepflicht. Aufgrund der *business judgment rule* ist das reale Haftungsrisiko allerdings gering.
6. In deutschen Portfoliounternehmen gewährt das Leitungsermessen dem Vorstand im Vergleich noch mehr Spielraum für die Berücksichtigung

87 Vgl. zu beiden Punkten *G. Wagner*, Organhaftung im Interesse der Verhaltenssteuerung – Skizze eines Haftungsregimes, ZHR 178 (2014), 227 (241 ff.).

von Nachhaltigkeitsbelangen und untersagt klimafreundliche Strategien *realiter* allenfalls dann, wenn sie flagrante und/oder existenzbedrohende Verstöße gegen das wirtschaftliche Unternehmenswohl darstellen.

7. In den USA und erst recht in Deutschland sind somit die Organpflichten in Bezug auf klimafreundliche Maßnahmen eher nachgiebig. Weil Verstöße damit schon rechtlich unwahrscheinlich, aber jedenfalls faktisch selten justiziabel sind, setzen die Organpflichten auch ambitionierten Klimaschutzmaßnahmen kaum strikte Grenzen.

K. Verantwortungseigentum, Nachhaltigkeit und Kapitalismus

Marvin Reiff[*]

I. Einführung

Die Menschheit befindet sich auf dem besten Weg, ihre natürlichen Lebensgrundlagen innerhalb kürzester Zeit irreversibel zu zerstören.[1] Der IPCC hat kürzlich noch einmal betont, dass jede weitere Verzögerung der Einleitung beispielloser Maßnahmen die Möglichkeit zur Sicherung eines „liveable and sustainable future for all" rapide schwinden lässt.[2] Diese Formulierung belässt es ganz bewusst nicht bei dem Begriff der «Nachhaltigkeit»,[3] der sich im allgemeinen Sprachgebrauch bereits zu sehr abgenutzt hat, um zu verdeutlichen, worum es in einer «Welt in Flammen»[4] tatsächlich geht – a *liveable* future.[5]

Hans Jonas hat bereits 1979 von der „Permanenz echten menschlichen Lebens auf Erden" gesprochen, die in der «technologischen Zivilisation» plötzlich zur Disposition stand und deren Schutz es daher zu verantworten galt.[6] 40 Jahre später müssen wir feststellen, dass dieser Appell so drängend ist wie nie zuvor. Wir scheitern nach wie vor eklatant daran, die Totalität des Untergangsszenarios, das sich in all den Daten und Prognosen abzeichnet, auch nur zu begreifen, geschweige denn produktiv zu verarbei-

---

* Der Autor ist Doktorand bei Prof. Dr. Petra Pohlmann an der Universität Münster.

1 Vgl. *W. Steffen* et al., Planetary boundaries, Science 2015 (347/6223), 1259855.

2 Vgl. IPCC (Hrsg.), Climate Change 2022, AR6 WGII, Summary for Policymakers, 2022, 35: „*Any* further delay in *concerted anticipatory global action* on adaptation *and* mitigation will miss a *brief* and *rapidly closing* window of opportunity to secure a *liveable* and *sustainable* future for all." (Hervorh. hier).

3 Instruktiv *F. Ekardt*, Theorie der Nachhaltigkeit, Baden-Baden, 3. Aufl. 2021, S. 65 ff.; *A. Grunwald/J. Kopfmüller*, Nachhaltigkeit, Frankfurt, 3. Aufl. 2022, S. 77 ff. Vgl. auch *A.-C. Mittwoch*, Nachhaltigkeit und Unternehmensrecht, Tübingen 2022, S. 11 ff.; *J.-E. Schirmer*, Nachhaltiges Privatrecht, Tübingen 2023, S. 13 ff.

4 Den Ton schon im Titel setzend bspw. *N. Klein*, On Fire, London 2019.

5 Eindrücklich *D. Wallace-Wells*, Die unbewohnbare Erde, München 2019, S. 1 ff., 53 ff., 237 ff., 367 ff.

6 Vgl. *H. Jonas*, Das Prinzip Verantwortung, Frankfurt 1984, *passim*, S. 36.

ten.[7] Dieser Vorwurf der Verantwortungslosigkeit trifft insbesondere die Hauptverursacher:innen der Katastrophe, die von deren Herbeiführung – zwischenzeitlich – massiv profitiert haben.[8] Er trifft aber auch all jene, die noch immer meinen, sich an der fehlenden produktiven Verarbeitung trotz bestehender Möglichkeiten nicht beteiligen zu müssen – sei es privat, zivilgesellschaftlich, politisch oder eben (rechts)wissenschaftlich.[9] Der Weg von der naturwissenschaftlichen Erkenntnis zur gesellschaftlichen Politikfähigkeit ist lang: Wer die nationale wie internationale Klimapolitik an ihren *Ergebnissen* misst, kommt nicht umhin festzustellen, dass die zur Erreichung der selbstgesetzten Ziele erforderlichen Maßnahmen einstweilen schlicht kein Teil der von den Verantwortlichen als verfügbar empfundenen Register zu sein scheinen.[10] Das berühmte, eigentlich emanzipatorisch gemeinte Diktum von *John Maynard Keynes,* dass wir uns alles, was wir tatsächlich *tun* können, auch *leisten* können,[11] enthält dadurch einen zunehmend „bitteren Beigeschmack".[12] Der Treibhauseffekt erscheint als „zentrale[r] Indikator menschlicher Unfähigkeit".[13]

Die Zerstörung unserer Lebensgrundlagen hat längst Ausmaße erreicht, die ihre Kategorisierung als eigenständiges erdgeschichtliches Zeitalter na-

7 Zur gesellschaftlichen Unfähigkeit, „Untergangsszenarien in ihrer Totalität ernst [zu] nehmen und nicht pragmatisch in Häppchen [zu] teilen" vgl. *Möllers*, Freiheitsgrade, Bonn 2021, S. 286 f., 287.

8 Instruktiv *S. Evans*, Which countries are historically responsible for climate change?, CarbonBrief v. 05.10.2021; *T. Gore*, Carbon Inequality in 2030, IEEP/OXFAM (Hrsg.), 2021, S. 2, 8 f.

9 Vgl. dazu pointiert den diesem Beitrag zugrundeliegenden «Call for Papers». Für die Ökonomie *L. Hochmann*, Wie wir wirtschaften, so leben wir auch, in: L. Hochmann (Hrsg.), economists4future, Hamburg 2020, S. 9 (9 ff.).

10 Vgl. *A. Tooze*, The COP26 message?, Guardian Online v. 16.11.2021: „The *drastic* measures that *might* – at a stroke – open a path to climate stability are *not viable in political or diplomatic terms.*" (Hervorh. hier). Instruktiv *S. Breidenbach*, Klimapolitik durch Recht, ZRP 2021, 244 (244 ff.).

11 Vgl. *J. M. Keynes*, How much does Finance matter?, in: D. E. Moggridge (Hrsg.), The Collected Writings, Vol. 27, Cambridge 2013 [1942], S. 264 (270): „Assuredly we can afford this and much more. Anything we can actually *do* we can afford. Once done, it is *there.* Nothing can take it from us." (Hervorh. Dort).

12 Vgl. *A. Tooze*, Welt im Lockdown, München 2021, S. 322; *A. Tooze*, Chartbook on Shutdown v. 01.09.2021.

13 Vgl. *L. Hochmann*, Das Imaginäre der Unternehmung, Frankfurt 2021, S. 75. Instruktiv *S. Rahmstorf/H. J. Schnellnhuber*, Der Klimawandel, München, 9. Aufl. 2019, insb. S. 29 ff., 53 ff.

mens «Anthropozän» rechtfertigen.[14] Dieses Erdzeitalter ist allerdings nicht etwa notwendige Konsequenz der *Natur* des Menschen,[15] sondern Ergebnis der spezifischen *gesellschaftlichen Praxis,* deren Produkt *und* Produzent der Mensch selbst ist[16] und die wir «Kapitalismus»[17] nennen.[18] Folgerichtig verbreitet sich zunehmend die Auffassung, dass punktuelle Reformen nicht ausreichen werden, um unsere eben nicht nur existentiellen, sondern auch *strukturellen* Probleme zu lösen.[19] Die Transformation der globalen Ökonomie mit dem Ziel, unter dauerhafter Einhaltung der planetaren Grenzen ein würdevolles Leben für alle zu ermöglichen,[20] erfordert stattdessen nicht weniger als «strukturelle Revolutionen»[21] in allen Bereichen unserer Gesellschaft. Die entscheidende Frage scheint nicht zu sein, *ob* der zerstörerische Kapitalismus heutiger Prägung enden wird, sondern *wie.*[22]

---

14 Vgl. dazu nur *E. Horn/H. Bergthaller*, Anthropozän zur Einführung, Hamburg, 2. Aufl. 2020.

15 Dazu *D. M. Feige*, Die Natur des Menschen, Berlin 2022, insb. S. 12: „Der Mensch ist dasjenige Lebewesen, das sich *zu dem macht,* als was es sich *verstanden hat* (...)" (Hervorh. geändert). Instruktiv *K. Raworth*, Die Donut-Ökonomie, München 2018, S. 40, 117 ff., 155 ff.

16 Vgl. dazu *L. Hochmann*, Unternehmung (Fn. 13), S. 77 ff., insb. S. 81, 92.

17 Zur «sozialen Marktwirtschaft» instruktiv *T. Biebricher/R. Ptak*, Soziale Marktwirtschaft und Ordoliberalismus zur Einführung, Bonn 2021, insb. S. 45 f.

18 Konsequent *E. Altvater*, Kapitalozän, LuXemburg 2017 (2/3), 108 (115: „Erdzeitalter des Kapitals").

19 Vgl. nur *K. Schwab*, Wir brauchen einen Kapitalismus 2.0, Handelsblatt v. 05./06./07.06.2020, S. 64.

20 Dazu *S. Dixson-Declève* et al., Earth for All, München 2022, S. 9 ff. Instruktiv *G. Feola*, Capitalism in sustainability transitions research, EnvInnovSocTrans 2020 (35), 241 (241 ff.).

21 So der Titel bei *J. Steffen*, Strukturelle Revolution, Hamburg 1976. Dazu *R. Ueberhorst*, Über die Aktualität von Jochen Steffen im 21. Jahrhundert, in: U. Danker/J.-P. Steffen (Hrsg.), Jochen Steffen, Malente 2018, S. 347 (347 ff.). Zum Verfassungsrecht *J. Kersten*, Das ökologische Grundgesetz, München 2022 (hier insb. S. 92 ff.).

22 Vgl. dazu *W. Streeck*, Wie wird der Kapitalismus enden?, Blätter 2015 (3), 99 (99 ff.), (4), 109 (109 ff.) sowie bspw. *C. Calhoun*, Was den Kapitalismus heute bedroht, in: I. Wallterstein et al. (Hrsg.), Stirbt der Kapitalismus?, Frankfurt 2019, S. 163 (163 ff.); *T. Piketty*, Kapital und Ideologie, München 2020, insb. S. 1185 ff., 1214 ff.; *P. Charbonnier*, Überfluss und Freiheit, Frankfurt 2022, S. 429 ff.

II. Purpose-Ökonomie:

1. Theorie…

Die in jüngerer Zeit erneut an Fahrt aufnehmende Debatte über «den» Kapitalismus und sein Ende ist freilich so alt wie «der» Kapitalismus selbst.[23] Umso wichtiger ist es, die strukturellen Revolutionen nicht an den Symptomen anzusetzen, sondern an den Fundamenten. Zu den dahingehenden Ansätzen ist auch das in den letzten Jahren prominent gewordene Konzept der sogenannten «Purpose-Ökonomie»[24] zu zählen, das ein alternatives Verständnis des gesellschaftlichen Zwecks privatwirtschaftlicher Unternehmen propagiert.[25] *Colin Mayer*, einer der prominentesten Vordenker:innen des Konzeptes, hat dazu pointiert formuliert: „[Corporate purpose should be] to *produce profitable solutions* to the problems of people and planet, and not to *profit from producing problems* for people or planet".[26] Es geht also um nicht weniger als die Umkehrung der hergebrachten Zweck-Mittel-Relation von Profit und Unternehmung.[27] Ziel und Existenzgrund privatwirtschaftlicher Unternehmen soll die unternehmerische, marktgängige Lösung gesellschaftlicher Probleme sein. Der Profit wird vom Selbstzweck zum bloßen Mittel degradiert.

Nimmt man diesen Gedanken ernst, beinhaltet er weit mehr als ein bloßes Management-Konzept im Stile des «Business Case for CSR».[28] Stattdessen handelt es sich um einen im besten Sinne radikalen Ansatz, der die «Inthronisation» privatnütziger Profitorientierung als ein Fundament

---

23 Vgl. nur *F. Boldizzoni*, Foretelling the End of Capitalism, Cambridge 2020, insb. S. 17 ff., 232 ff.

24 Vgl. mit Unterschieden im Detail insb. *C. Mayer*, Prosperity, Oxford 2018, insb. S. 31 ff., 40, 221 ff.; *A. Edmans*, Grow the Pie, Cambridge 2020, insb. S. 15 ff., 36 f., 187 ff., 223 f. Vgl. auch *A. Bruce/C. Jeromin*, Corporate Purpose, Wiesbaden 2020, S. 7 ff.

25 Einführend *M. Habersack*, „Corporate Purpose", in: G. Bachmann et al. (Hrsg.), Festschrift Windbichler 2020, Berlin 2020, 707 (707 ff.); *H. Fleischer*, Corporate Purpose, ZIP 2021, 5 (5 ff.).

26 *C. Mayer*, It's time to redefine the purpose of business, WEF (Hrsg.), 01.07.2020 (Hervorh. hier). Vgl. auch *C. Mayer*, Ownership, agency and trusteeship, OXREP 2020 (36/2), 223 (229 f.); *C. Mayer*, The Future of the Corporation and the Economics of Purpose, JManagStud 2021 (58/3), 887 (889 f.).

27 Vgl. schon *M. Reiff*, Entwurf eines Gesetzes für die VE-GmbH vorgelegt, ZIP 2020, 1750 (1753 f.).

28 So der Untertitel bei *D. J. Vogel*, Is There a Market for Virtue?, CalManagRev 2005 (47/4), 19 (19).

unserer zerstörerischen Ökonomie identifiziert und konsequent zu ersetzen versucht. Unternehmen sollen weder dem Profit ihrer Eigentümer:innen noch der Wohlfahrt bestimmter Stakeholder dienen, sondern primär ihrem selbstgewählten, unternehmerischen und problemorientierten «Purpose».[29] Die damit verbundene Hoffnung lautet, dass solche profit*basierten* «Purpose-Unternehmen» eine gänzlich andere «Binnenlogik»[30] entwickeln werden als gängige, profit*orientierte* Wirtschaftsunternehmen: Derselbe „Zauberlehrlings-Charakter moderner Organisationen"[31], der bislang tendenziell dafür sorgt, dass jede einzelne unternehmerische Entscheidung primär mit Blick auf die Erzielung oder gar Maximierung von Profiten getroffen wird, soll nun anderen, gemeinwohlkonformeren Zielen dienstbar gemacht werden.

Dieses Konzept steht im scharfen Kontrast zu der zwar oft kritisierten,[32] aber nach wie vor auch hierzulande[33] einflussreichen Doktrin *Milton Friedmans,* wonach die einzige soziale Verantwortung eines Unternehmens die Steigerung seiner Profite im Rahmen der demokratisch legitimierten Gesetze ist.[34] Die Befürworter:innen der Purpose-Ökonomie sind gegenüber der Leistungsfähigkeit gesetzlicher Regulierung hingegen deutlich skeptischer

---

29 Die Purpose-Ökonomie präsentiert sich damit als «dritte Alternative» zu den hergebrachten Ansätzen des *(enlightened) shareholder values* und des *(pluralistic) stakeholder values;* vgl. explizit *C. Mayer*, Shareholderism versus Stakeholderism, CornellLRev 2021 (106/7), 1859 (1877 f.).

30 Vgl. dazu bspw. *G. Ortmann*, Organisation und Moral, Göttingen 2010, insb. S. 72 ff.; *A. Kieser*, Organisationen regeln – wer aber steuert Organisationen?, in: S. Duschek et al. (Hrsg.), Organisationen regeln, Wiesbaden 2012, S. 227 (236 f.).

31 *G. Ortmann*, Organisation (Fn. 30), S. 76.

32 Kritisch bspw. *L. Stout*, The Shareholder Value Myth, San Francisco 2012, S. 18 ff.; *R. Köhne*, Ökonomische Verantwortung, in: L. Heidbrink et al. (Hrsg.), Handbuch Verantwortung, Wiesbaden 2017, S. 607 (608 ff.); *G. Pearson*, Destruction by Ideological Pretence, in: N. Boeger/C. Villiers (Hrsg.), Shaping the Corporate Landscape, Oxford 2018, S. 41 (41 ff., 47 ff.); *T. Clarke*, The Contest on Corporate Purpose, AccEconL 2020 (10/3), 20200145.

33 Affirmativ bspw. *H. Simon*, Am Gewinn ist noch keine Firma kaputtgegangen, Frankfurt 2020, S. 82 ff., 86; *S. Kaplan*, The Enduring Wisdom of Milton Friedman, HarvLCorpGov v. 30.09.2020.

34 Grundlegend *M. Friedman*, Kapitalismus und Freiheit, München 1976 [1962], S. 175 f. Ikonisch später *M. Friedman*, The Social Responsibility of Business is to Increase its Profits, The NYT Magazine v. 13.09.1970 (33), S. 122 (122 ff.); vgl. dazu *P. Brest*, Reconciling Corporate Social Responsibility and Profitability, in: B. Reich et al. (Hrsg.), Philanthropy in Democratic Societies, Chicago 2016, S. 123 (126 ff.). Instruktiv *J. F. Sneirson*, The History of Shareholder Primacy, in: B. Sjåfjell/C. M. Brunner, Cambridge Hdbk. of Corp. Law, Corp. Gov. and Sust., Cambridge 2019, S. 73 (73 ff.).

und beharren darauf, dass es entscheidend auf die Binnenlogiken und Anreizstrukturen der Unternehmen ankomme.[35] Geht es nach ihnen, sollen Unternehmen *auch* aus sich selbst heraus gemeinwohlorientiert handeln.

Indem die Purpose-Ökonomie privaten Wirtschaftsunternehmen damit die Aufgabe zuweist, *unmittelbar* gemeinwohlorientiert zu wirtschaften, bricht sie mit dem in der Ideengeschichte des Kapitalismus fundamentalen Axiom, dass das Gemeinwohl bloßes *Nebenprodukt* primär eigennützigen Verhaltens sein könne und sogar sein solle.[36] Dieses Axiom, das zumeist mit der berühmten «unsichtbaren Hand» von *Adam Smith* assoziiert wird,[37] findet sich schon in der 1705 erschienen «Bienenfabel» von *Bernard Mandeville,* die den für sich selbst sprechenden Untertitel «Private Vices, Publick Benefits» trägt.[38] Die Purpose-Ökonomie gibt diese für den bisherigen Kapitalismus konstitutive „*Mandevillesche* Verheißung der *Verwandlung* privater *Laster* in öffentliche *Güter*"[39] für unternehmerisches Handeln gezielt auf.[40] Dadurch stellt sie zugleich auch das hergebrachte Verständ-

35 Pointiert *C. Mayer*, Firm Commitment, Oxford 2013, S. 42: „Get incentives right and the rest will follow; get them wrong and nothing that lawyers, governments, or anyone else can do will fix the problem." Eing. bspw. *C. Mayer*, Reinventing the corporation, JBA 2016 (4), 53 (67 f.); *C. Mayer*, Who's responsible for irresponsible business?, OXREP 2017 (33/2), 157 (158 f.).

36 Vgl. bspw. *D. Schwab*, Eigentum, in: O. Brunner et al. (Hrsg.), Geschichtliche Grundbegriffe, Bd. 2, Stuttgart 2004 [1975], S. 65 (89); *T. Rommel*, Das Selbstinteresse von Mandeville bis Smith, Heidelberg 2006, S. 63 ff.; *J. L. Cardoso*, The political economy of rising capitalism, in: L. Neal/J. G. Williamson (Hrsg.), The Cambridge History of Capitalism, Vol. I, Cambridge 2014, S. 574 (585 ff.).

37 Vgl. *A. Smith*, An Inquiry into the Nature and Causes of the Wealth of Nations (I), in: R. H. Campbell/A. S. Skinner (Hrsg.), The Glasgow Edition, Oxford 1979 [1776], Kap. I.ii.2, S. 27 und Kap. IV.ii.9, S. 456. Im hiesigen Kontext explizit *K.-G. Loritz/S. Weinmann*, Die GmbH mit gebundenem Vermögen, DStR 2021, 2205 (2210); *J. Vetter/T. Lauterbach*, Bedarf es gesetzlicher Regelungen für Gesellschaften in Verantwortungseigentum?, in: B. Dauner-Lieb et al. (Hrsg.), Festschrift Grunewald 2021, Köln 2021, S. 1199 (1201). Instruktiv zu solchen verkürzenden Assoziationen *T. Wells*, Adam Smith on Morality and Self-Interests, in: C. Lütge (Hrsg.), Hdbk. Phil. Found. Bus. Ethics, Dordrecht 2013, S. 281 (283 f.); *J. F. Sneirson*, History (Fn. 34), S. 77 ff., 85.

38 Vgl. *B. Mandeville*, The Fable of the Bees, Oxford 1988 [1732]. Einführend *T. Jackson*, Wohlstand ohne Wachstum, München, 3. Aufl. 2017, S. 196 ff.

39 Vgl. die entsprechende (streitbare) Definition des Kapitalismus bei *W. Streeck*, Kapitalismus (Fn. 22), (3) 99 (109; Hervorh. hier). Eing. zur Definitionsfrage bspw. *G. M. Hodgson*, Conceptualizing Capitalism, Chicago 2015, S. 25 ff., 259 ff.

40 Dazu passt es, dass insb. *Mayer* immer wieder die «korporative Geschichtsvergessenheit» betont, vgl. bspw. *C. Mayer*, Prosperity (Fn. 24), S. 63 ff. sowie etwa *D. Ciepley*, How America's Corporations Lost their Public Purpose, AccEconL 2020 (10/3),

nis einer «Wertschöpfung»[41] bewusst in Frage, die sogenannte «Externalitäten»[42] strukturell nicht einpreist und natürliche Lebensgrundlagen erst dann umfasst, wenn sie kapitalistisch verwertet – und das heißt im Regelfall: zerstört – werden.[43] Dahinter steht wohl nicht zuletzt der Gedanke, dass der Zusammenhang von (kapitalistischer) Effizienz und (nachhaltigem) Gemeinwohl umso zufälliger wird,[44] je deutlicher die Einpreisung solcher «Externalitäten» scheitert.[45]

2. ...und Praxis

Soweit die Theorie. Wie aber steht es in der Praxis? Hier fällt zunächst auf, dass selbst *BlackRock* und der *Business Roundtable* die gesamtgesellschaftliche Verantwortung privatwirtschaftlicher Unternehmen seit einiger Zeit wortgewaltig betonen.[46] Darüber hinaus gibt es kaum noch ein größeres Unternehmen, das seinen Markenauftritt nicht bereits öffentlichkeitswirksam um einen wohlklingenden «Purpose» ergänzt hätte.[47] Empirische Untersuchungen haben allerdings gezeigt, dass all diese Verlautbarungen weitgehend folgenlos geblieben sind.[48] Kritiker:innen haben daraus die

---

20190088, S. 5 ff. Kritisch *H. Fleischer*, Purpose (Fn. 25), 7 sowie jüngst *T. Kuntz*, Corporate Purpose, ZHR 2022 (168), 652 (659 ff., 676 f.).

41 Instruktiv *M. Mazzucato*, Wie kommt der Wert in die Welt?, Frankfurt 2018, insb. S. 25 ff., 109 ff., 216 ff.

42 Kritisch *S. Lessenich*, Neben uns die Sintflut, München 2018, insb. S. 31 ff.; *A. Saave*, Einverleiben und Externalisieren, Bielefeld 2020, insb. S. 135 ff.

43 Vgl. *L. Hochmann*, Unternehmung (Fn. 13), S. 68.

44 Pointiert *K. Pistor*, Recht und Ökonomie im Spannungsfeld verschiedener Schulen, RabelsZ 2021 (85/4), 876 (insb. 886, 889); weiterführend *A. Singer*, The Form of the Firm, Oxford 2019, S. 73 f.

45 Bei „Gleichgewichtung der Wohlfahrt heutiger und zukünftiger Generationen" hat das Umweltbundesamt einen Kostensatz von 680 € (!) pro Tonne CO_2-Äquivalent empfohlen (vgl. UBA (Hrsg.), Methodenkonvention 3.1, Kostensätze, 2020, S. 8).

46 Vgl. *L. Fink*, A Sense of Purpose, BlackRock (Hrsg.), 16.01.2018 und Business Roundtable (Hrsg.), Statement on the Purpose of a Corporation, 19.08.2019 (instruktiv G. *Apfelbacher*, Das Business Roundtable Statement 2019 aus gesellschaftsrechtlicher Sicht, in: H. Fleischer/K. J. Hopt (Hrsg.), Festschrift Krieger 2020, München 2020, S. 27 (27 ff.)).

47 Vgl. nur *H. Fleischer*, Purpose (Fn. 25), 8; treffend zur „«Großwetterlage»" schon *M. Habersack*, Gemeinwohlbindung und Unternehmensrecht, AcP 2020 (220), 594 (631 f., 632).

48 Zum BRT vgl. *L. A. Bebchuk/R. Tallarita*, The Illusory Promise of Stakeholder Governance, CornellLRev 2020 (106/1), 91 (124 ff.); *L. A. Bebchuk/R. Tallarita*, Will Cor-

Schlussfolgerung gezogen, dass das Konzept der Purpose-Ökonomie nicht funktionieren könne.[49] Dass die bloße Verlautbarung eines Purpose für sich genommen folgenlos bleibt, ist indes nicht überraschend. Denn die Neujustierung des «Zauberlehrlings»[50] erfordert natürlich mehr als (behauptete) gute Vorsätze, nämlich strukturelle Änderungen der organisationalen Binnenlogik. Mit *Colin Mayer* gesprochen: „Different purposes require different corporate structures."[51]

Wie aber könnte eine für die Purpose-Ökonomie passendere «corporate structure» aussehen?[52] Der rechtsvergleichende Blick fällt hier unweigerlich auf die US-amerikanische *benefit corporation.*[53] Dabei handelt es sich um eine auf der Aktiengesellschaft basierende, eigenständige Rechtsform, die von Gesetzes wegen auf einen „purpose of creating general public benefit" verpflichtet ist.[54] Allerdings steht dieser «public benefit» *neben* dem Privatinteresse der Aktionär:innen, das grundsätzlich auf die Erzielung von Profiten gerichtet ist. Die Geschäftsleitung der *benefit corporation* ist folglich verpflichtet, alle einschlägigen Interessen zu berücksichtigen und gegeneinander abzuwägen. Dabei soll die angemessene Berücksichtigung des Gemeinwohls insbesondere durch einen sogenannten *benefit director*

---

porations Deliver Value to All Stakeholders?, VandLRev 2022 (75/4), 1031 (1034 ff.). Zum BR vgl. ShareAction (Hrsg.), Voting Matters, 2021, S. 21 ff.; *J. Baines/S. B. Hager*, From Passive Owners to Planet Savers?, CITYPERC WP 2022 (4), S. 9 ff. Zum «Asset Manager Capitalism» vgl. auch *M. Lieberknecht* (in diesem Band) sowie instruktiv *B. Braun*, Asset Manager Capitalism as a Corporate Governance Regime, in: J. Hacker et al. (Hrsg.), The American Political Economy, Cambridge 2021, S. 270 (270 ff.).

49 Kritisch zu dieser Schlussfolgerung von *Bebchuk/Tallarita* (eben Fn. 48) bspw. *W. Savitt/A. Kovvali*, On the Promise of Stakeholder Governance, CornellLRev 2021 (106/7), 1881 (1881 ff.); *C. Mayer*, Shareholderism (Fn. 29), 1860 ff.

50 Eben Fn. 31.

51 *C. Mayer*, Shareholderism (Fn. 29), 1876 (Hervorh. hier).

52 Die nachfolgenden Gedanken gehen zurück auf einen Vortrag, den ich am 15.02.2022 (digital) an der Standford Law School halten dufte.

53 Vgl. bspw. *D. B. Reiser/S. A. Dean*, Social Enterprise Law, Cambridge 2017, S. 52 ff.; *H. Fleischer*, Die US-amerikanische Benefit Corporation als Referenz- und Vorzeigemodell im Recht der Sozialunternehmen, AG 2023, 1 (1 f., 6 ff., 12 ff.).

54 Dieser wird als „material positive impact on society and the environment" definiert und kann durch „specific public interests" konkretisiert werden; vgl. dazu § 201 MBCL bei *W. H. Clark/L. Vranka* et al., in: White Paper, B Lab (Hrsg.), 2013, Anh. A, 10 f.

sowie spezifische Transparenzpflichten im Rahmen eines *benefit report* sichergestellt werden.[55]

Kritische Stimmen bemängeln allerdings, dass Theorie und Praxis auch bei der *benefit corporation* ungeachtet all dieser Vorkehrungen häufig (zu) weit auseinanderlägen und die Unternehmen stets Gefahr liefen, das Gemeinwohl zugunsten der Profitorientierung zu vernachlässigen.[56] Meines Erachtens ist dies darauf zurückzuführen, dass sich die genannten Vorkehrungen ausschließlich gegen die *Symptome* der *shareholder primacy* richten, nicht aber gegen deren ideologisches und strukturelles *Fundament*. Dieses Fundament ist das kapitalistische Privateigentum der Aktionär:innen an ihrem Unternehmen.[57] Die spezifisch kapitalistische «Codierung»[58] dieses Eigentums äußert sich nicht nur in *per se* uneingeschränkten Ansprüchen auf Gewinne und Erlöse aus Liquidation oder Veräußerung, sondern vor allem in der Möglichkeit, die *benefit corporation* jederzeit in eine gewöhnliche Aktiengesellschaft (rück)umzuwandeln und so alle gemeinwohlorientierten Fesseln auf einen Schlag zu sprengen.[59]

Die *benefit corporation* zeigt damit exemplarisch: Wenn das Fundament der *shareholder primacy* mitsamt dessen spezifischen Binnenlogiken und Anreizstrukturen in bestimmten Unternehmen nicht nur ergänzt, sondern *ersetzt* werden soll, sind alternative Eigentumsformen keine diskutable Ergänzung, sondern eine Notwendigkeit.[60] Wer von einer Purpose-Ökonomie spricht, darf deshalb vom Unternehmenseigentum nicht schweigen.

---

55 Instruktiv *F. Möslein/A.-C. Mittwoch*, Soziales Unternehmertum im US-amerikanischen Gesellschaftsrecht, RabelsZ 2016 (80), 399 (411 ff.); *A.-C. Mittwoch*, Nachhaltigkeit (Fn. 3), S. 249 ff.

56 Kritisch bspw. *O. Eldar*, Designing Business Forms to Pursue Social Goals, VaLRev 2020 (106/4), 937 (967 f.). Affirmativ bspw. *F. H. Alexander*, The benefit stance, OxREP 2020 (36/2), 341 (351 ff.).

57 Ähnlich *J. Velasco*, Shareholder Primacy in Benefit Corporations, in: A. B. Laby/J. H. Russell (Hrsg.), Fiduciary Obligations in Business, Cambridge 2021, 318 (319 f., 323 ff., 324: „*Nowhere* does BCL [benefit corporation legislation; MR] purport to *modify* the concept of *shareholder ownership* or *shareholder primacy*." (Hervorh. hier)). Vgl. genereller auch *P. Ireland*, Corporate Schizophrenia, in: N. Boeger/C. Villiers (Hrsg.), Shaping the Corporate Landscape, Oxford 2018, 13 (22 ff., 30 ff.).

58 Vgl. nur §§ 58. Abs. 4, 271 AktG sowie §§ 29 Abs. 1, 72 GmbHG. Zum Begriff der «Codierung» vgl. *K. Pistor*, Der Code des Kapitals, Berlin 2020, insb. S. 10, 17 f., 96 ff.

59 Vgl. § 105 MBCL (eben Fn. 54) und dazu bspw. *R. Robson*, A New Look at Benefit Corporations, AmBusLJ 2015 (52/3), 501 (524 f., 546).

60 Insofern ist klarzustellen, dass es sich bei der kürzlich von *Fleischer* geforderten „Suche nach der besten Rechtsform für *nachhaltiges* Unternehmertum", die u.a. auch die *benefit corporation* in Erwägung zieht, um eine *andere* Suche als die nach der

III. Verantwortungseigentum

An dieser Stelle setzt ein Vorschlag an, der hierzulande jüngst für einiges Aufsehen gesorgt hat: Das «Verantwortungseigentum». Dabei handelt es sich um ein alternatives Privateigentum an Unternehmen, das sich fundamental von allen bislang existierenden Formen solchen Eigentums unterscheidet. *De lege lata* kann Verantwortungseigentum deshalb nur näherungsweise und nur im Rahmen aufwendiger gesellschafts- und stiftungsrechtlicher Konstruktionen umgesetzt werden.[61] Die Ampelkoalition hat jedoch vereinbart, eine neue Rechtsform speziell für Unternehmen in Verantwortungseigentum einzuführen.[62] Vorangegangen waren eine bemerkenswerte rechtspolitische Kampagne der Unterstützer:innen des Konzeptes[63] und eine hitzige Debatte in den Medien[64] sowie vor allem im juristischen Schrifttum.[65] Letztere drehte sich insbesondere um den Entwurf ei-

---

besten Rechtsform für *Verantwortungseigentum* handeln würde (abw. *H. Fleischer*, Ein Schönheitswettbewerb für eine neue Gesellschaftsform mit Nachhaltigkeitsbezug, ZIP 2022, 345 (354 f.; Hervorh. hier)). Das wird auch bei der i.Ü. differenzierten Kritik von *A.-C. Mittwoch*, Nachhaltigkeit (Fn. 3), S. 254 ff., 260, 377, nicht deutlich genug.

61 Dazu früh *B. Weitemeyer*, Unternehmen in Verantwortungseigentum?, in: S. Grundmann et al. (Hrsg.), Festschrift Hopt 2020, Berlin 2020, S. 1419 (1422 ff., 1425 ff.); *O. v. Homeyer/M. Reiff*, Verantwortungseigentum ante portas?, npoR 2020, 224 (225 ff.). Kritisch insb. *Burgard*, Verantwortungseigentum in Stiftungsform, ZStV 2021, 1 (1 ff.); instruktiv *S. Kempny/A. Sanders*, Zum Entwurf einer GmbH mit gebundenem Vermögen, NWB 2021, 3117 (3119 f.).

62 Vgl. SPD/Die Grünen/FDP (Hrsg.), Koalitionsvertrag 2021–2025, 2021, S. 30.

63 Vgl. nur *C. Canon* et al., Verantwortungseigentum, SVE (Hrsg.), 2019; *C. Canon* et al., Verantwortungseigentum, Purpose (Hrsg.), 2020; *R. Köcher*, Verantwortungseigentum, IfD/SVE (Hrsg.), 2021.

64 Vgl. bspw. *P. Brors/L. Holzki*, Ruf nach neuer Rechtsform, Handelsblatt v. 02./03./04.10.2020, S. 5 ff.; *R. Hüttemann/P. Rawert/B. Weitemeyer*, Zauberwort „Verantwortungseigentum", FAZ v. 04.09.2020, S. 16; *T. Bruch/M. Fratzscher/L. Fuhrmann/A. Sanders*, Die großen Stärken des Verantwortungseigentums, FAZ v. 27.11.2020, S. 18; *L. Feld/B. Frey*, Diese Unternehmensidee ist besonders wertvoll für die soziale Marktwirtschaft, Welt v. 19.03.2021, S. 10.

65 Kritisch bspw. *M. Habersack*, „Gesellschaft mit beschränkter Haftung in Verantwortungseigentum", GmbHR 2020, 992 (997); *B. Grunewald/J. Hennrichs*, Die GmbH in Verantwortungseigentum, wäre das ein Fortschritt?, NZG 2020, 1201 (1206; vgl. noch Fn. 75 ff.). Vgl. auch MüKo-GmbHG/*H. Fleischer*, 4. Aufl. 2022, § 1 Rn. 35 f. Kritisch jüngst Wissenschaftlicher Beirat beim BMF (Hrsg.), Zum Vorschlag für eine GmbH mit gebundenem Vermögen, Gutachten 04/2022 v. 28.09.2022. Dagegen SVE (Hrsg.), Pressemitteilung v. 17.11.2022; *S. Kempny*, Zum Fortgang der steuerrechtspolitischen Debatte um die Gesellschaft mit gebundenem Vermögen, NWB 2023, 212 (212 ff.).

nes Gesetzes zur Einführung einer «GmbH in Verantwortungseigentum»,[66] den eine wissenschaftliche Arbeitsgruppe unter Federführung von *Anne Sanders* in Anlehnung an die Vorschläge der Unterstützer:innen im Juni 2020 vorgelegt hatte.[67]

Verantwortungseigentum zeichnet sich durch drei Strukturprinzipien aus. *Erstens* sind die Gesellschafter:innen der unternehmenstragenden Gesellschaft sogenannte «Treuhänder:innen» des Unternehmens, die ihr Unternehmenseigentum nicht als privates Kapital, sondern als Mittel zum Zweck der persönlichen Gestaltung des Unternehmens verstehen. Folgerichtig halten sie ihr Eigentum nur auf Zeit, um es mit Beendigung ihres unternehmerischen Engagements unentgeltlich an nachfolgende Gesellschafter:innen weiterzugeben.[68] *Zweitens* steht die gesamte unternehmerische Wertschöpfung des Unternehmens ausschließlich und unwiderruflich der unternehmenstragenden Gesellschaft zu. Der „privatkonsumtive"[69] Zugriff auf das Gesellschaftsvermögen – in welcher Form auch immer – ist den Gesellschafter:innen durch eine umfassende Vermögensbindung verwehrt. Ihre unternehmerische Gestaltungsfreiheit bleibt aber völlig unberührt.[70] *Drittens* wird die Zweck-Mittel-Relation von Profiterzielung und Unternehmung im Vergleich zu herkömmlichen Wirtschaftsunternehmen umgekehrt: Der Existenzgrund eines Unternehmens in Verantwortungseigentum ist sein selbstgewählter unternehmerischer Zweck, die Erzielung von Profiten ist dagegen bloßes Mittel zu diesem Zweck.[71]

Damit schließt sich der Kreis vom Verantwortungseigentum zur Purpose-Ökonomie: Beide Konzepte sind nicht identisch, hängen aber eng zusammen und beziehen sich aufeinander.[72] Während letztere ein alternatives Verständnis des *gesamtgesellschaftlichen Zwecks* von Unternehmen propa-

66 Vgl. *A. Sanders/B. Dauner-Lieb/S. Kempny/F. Möslein/R. Veil/A. v. Freeden*, GE1 VE-GmbH, 2020 (dazu *A. Sanders*, Eine Gesellschaft in Verantwortungseigentum im GmbHG, ZRP 2020, 140 (140 ff.)) sowie die Überarbeitung bei *A. Sanders* et al., GE2 GmbH-gebV, 2021 (dazu *A. Sanders* et al., Gesetzentwurf GmbH mit gebundenem Vermögen, GmbHR 2021, 285, (285 ff.)).

67 Im Überblick *M. Reiff*, Verantwortungseigentum (Fn. 27), 1750 ff.; *M. Reiff*, Verantwortungseigentum „mit gebundenem Vermögen", NJOZ 2021, 609 (609 ff.).

68 Vgl. nur *C. Canon* et al., VE SVE (Fn. 63), S. 3 f., 10 ff., 39, 41, 55.

69 So der präzise Begriff bei *A. Sanders* et al., Gesetzentwurf (Fn. 66), 285.

70 Vgl. nur *C. Canon* et al., VE SVE (Fn. 63), S. 2, 4, 7, 10, 12, 15, 64.

71 Vgl. bspw. *C. Canon* et al., VE SVE (Fn. 63), S. 7 ff., 24 f., 40 ff., 63, 70; *C. Canon* et al., VE Purpose (Fn. 63), S. 9, 92, 108, 111; *S. Kempny/A. Sanders*, Entwurf (Fn. 61), 3118.

72 Vgl. nur *C. Canon* et al., VE SVE (Fn. 63), S. 3, 24, 53, 63; Purpose (Hrsg.), Mustersatzung GmbH in VE, 2019, § 2 Abs. 3; *A. Hensen*, Wie Verantwortungseigentum

giert, bietet ersteres eine besondere Form des *individuellen Eigentums* an Unternehmen, das nicht zuletzt dafür «codiert» wurde, diesem alternativen Verständnis passgenau gerecht zu werden.[73]

In der Debatte um das Verantwortungseigentum ist allerdings vielfach kritisiert worden, dass sich das Konzept zu Unrecht damit brüste, zu einem nachhaltigeren Wirtschaften beitragen zu können. Nicht nur der gesellschaftsrechtlich schwer zu greifende Purpose,[74] sondern auch der Gesellschaftszweck sowie der Unternehmensgegenstand stünden nämlich uneingeschränkt zur Disposition der Gesellschafter:innen. Auch ein Unternehmen in Verantwortungseigentum könne deshalb eklatant gemeinwohlschädliche Geschäftsmodelle verfolgen, die auf Umweltzerstörung und Ausbeutung beruhen und gesellschaftliche Probleme verschärfen, anstatt sie zu lösen.[75] Hieraus wird gefolgert, dass das Verantwortungseigentum „hinsichtlich des Gemeinwohls (...) rechtlich *indifferent*"[76] sei und die ihm partiell entgegengebrachte Sympathie folglich auf einem „fundamentalen *Missverständnis*"[77] beruhe.

Die dieser konzeptionellen Kritik zugrundliegende Schilderung trifft zunächst zu. Die genuin unternehmerische Frage, worin die konkrete Unternehmung bestehen soll, wird auch und *gerade* im Verantwortungseigentum in der Tat gezielt den Unternehmer:innen überlassen. Allerdings – und das ist entscheidend – setzt das Verantwortungseigentum einen institutionellen Rahmen, der effektiv verhindert, dass diese Unternehmung

ein glaubhaftes Purpose Versprechen ermöglicht, in: A. Bruce/C. Jeromin (Hrsg.), Corporate Purpose, Wiesbaden 2020, S. 161 (161).

73 Partiell zurückhaltender *A. Sanders* et al., GE2 GmbH-gebV (Fn. 66), S. 5, 12 f., 19 f.; *A. Sanders*, Vermögensbindung und „Verantwortungseigentum" im Entwurf einer GmbH mit gebundenem Vermögen, NZG 2021, 1573 (1574). Deutlich aber bspw. *A. Steuernagel/T. Wagner/B. Böhm*, Unternehmenseigentum im 21. Jahrhundert, AG Unternehmen in VE (Hrsg.), 2018, S. 4, 16; SVE (Hrsg.), Presskit, 05.10.2020, S. 4.

74 Instruktiv *M. Habersack*, Purpose (Fn. 25), S. 707 ff.; *H. Fleischer*, Purpose (Fn. 25), 11.

75 Kritisch bspw. *A. Arnold/U. Burgard/G. Roth/B. Weitemeyer*, Zum Vorschlag einer GmbH „in Verantwortungseigentum", ifo SD 2020 (11), 67 (67); *J. Vetter/T. Lauterbach*, Regelungen (Fn. 37), S. 1203; *B. Weitemeyer/B. E. Weißenberger/G. T. Wiese*, Eine GmbH mit ewigem Gewinnausschüttungsverbot, GmbHR 2021, 1069 (1071 f.); *H. Fleischer*, Schönheitswettbewerb (Fn. 60), 352 f.

76 *H. Fleisch*, Verantwortungseigentum und die Kampagne für eine VE-GmbH, Stiftungsrecht Plus v. 15.10.2020 (Hervorh. hier). Differenzierend *J. Croon-Gestefeld*, Verantwortungseigentum als Instrument gegen soziale Ungleichheit?, KritV 2020, 351 (357 f.).

77 *A. Arnold/U. Burgard/G. Roth/B. Weitemeyer*, Die GmbH im Verantwortungseigentum – eine Kritik, NZG 2020, 1321 (1327 f.; Hervorh. hier).

profitorientiert zur Kapitalakkumulation der Eigentümer:innen betrieben wird. Damit entfällt ein wesentlicher Anreiz, Kosten zu «externalisieren». Um es konkret zu machen: Auch ein Unternehmen in Verantwortungseigentum *kann* seine Produkte besonders klimaschädlich herstellen, seine Mitarbeitenden ausbeuten und regulatorische Standards umgehen, um dadurch seine Profite zu steigern. Die Eigentümer:innen des Unternehmens haben dazu allerdings grundsätzlich keinen Anreiz,[78] weil sie diese Profite nicht privatkonsumtiv vereinnahmen können und die entsprechenden unternehmerischen Entscheidungen persönlich verantworten[79] müssen. Die veränderte Binnenlogik des Verantwortungseigentums kann gemeinwohlorientiertes Wirtschaften also in der Tat nicht *garantieren* – zumal die kapitalistischen Markt- und Finanzierungszwänge zunächst unberührt bleiben. Sie kann solches Wirtschaften aber immerhin *strukturell nahelegen:*[80] Indem der «Leitstern»[81] der privatnützigen Profitmaximierung beseitigt wird, entsteht gleichsam Raum für eine «Versinnlichung» der Unternehmung.[82]

Das transformative Potential des Verantwortungseigentums kann anhand von zwei neuralgischen Themenfeldern exemplarisch konkretisiert werden: Nachfolge und Demokratisierung. Viele kleine und mittelständische Unter-

---

78 Affirmativ zu Stiftungsunternehmen *S. Thomsen*, The Danish Industrial Foundations, Copenhagen 2017, S. 25 ff., 25: „The idea [in classical economic theory; MR] is that firms are driven by the *personal interests* of the *owners.* But foundations *have no owners,* and foundation board members do *not* have a personal profit motive. Apparently, the *key driving force of the capitalist engine* [!] has been *deliberately switched off.*" (Hervorh. hier; vgl. noch Fn. 84).

79 Verantwortung meint hier nicht persönliche Haftung (vgl. § 13 Abs. 2 GmbHG), sondern eine individuelle, faktisch-moralische Einstandspflicht. Instruktiv *J. Sombetzki*, Verantwortung als Begriff, Fähigkeit, Aufgabe, Wiesbaden 2014, S. 33 ff., 43 ff.

80 Vgl. schon *M. Reiff*, Vermögen (Fn. 67), 611. Vgl. auch *C. Teichmann*, Drum prüfe, wer sich ewig bindet!, HLK 2020, 38 (38 ff.); *B. Lomfeld/N. Neitzel*, Verantwortungseigentum!, Verfassungsblog v. 13.03.2021; *L. Strohn*, Schutz der Menschenrechte durch das Sorgfaltspflichtengesetz, ZHR 2021 (185), 629 (632 ff.); *S. Grenzdörffer/J. Kaiser/F. Mainz/M. Middendorf*, The diversity of property, GAIA 2022 (31/2), 77 (78).

81 *M. Reiff*, Verantwortungseigentum (Fn. 27), 1753 f., dort bei Fn. 68. Vgl. jüngst auch *N. Neitzel*, Vermögensbindung und Nachhaltigkeit, KJ 2022, 479 (488 ff.); *H.-J. Fischer*, Die Gesellschaft mit gebundenem Vermögen als Umsetzung der globalen Nachhaltigkeitskriterien im deutschen Gesellschaftsrecht, in: M. Amort/H.-J. Fischer (Hrsg.), Nachhaltigkeit und Recht, Frankfurt 2022, 25 (25 ff.).

82 Dazu jüngst *L. Hochmann*, Unternehmung (Fn. 13), insb. S. 62 f., 149 f., 185 f., 193 f., 209, 269 f. Vgl. auch bspw. *S. Helfrich/D. Bollier*, Frei, fair und lebendig, Bielefeld 2019, S. 260, 293; *R. Pfriem*, Die Neuerfindung des Unternehmertums, Marburg 2021, S. 289 f.; *G. Marken*, Mit Verantwortung durch die Krise, in: L. Hochmann (Hrsg.), Geschichten des Gelingens, Marburg 2021, S. 43 (49 ff.).

nehmen sind hierzulande mit Nachfolgesorgen konfrontiert.[83] Fehlt es an einem geeigneten und gewillten Familienmitglied, bleibt in der Regel nur die Unternehmensveräußerung.[84] Sie ist häufig aber gar nicht gewollt, weil befürchtet wird, dass die Refinanzierung und Besteuerung[85] des Kaufpreises zulasten des Unternehmens geht – und damit am Ende auf Kosten seiner Belegschaft, seiner Kund:innen, seiner Umwelt.[86] In solchen Fällen präsentiert sich die Überführung des Unternehmens in Verantwortungseigentum als ein weiterer Lösungsweg,[87] weil die Vermögensbindung die *unentgeltliche Weitergabe* des Unternehmens an geeignete Nachfolger:innen ermöglicht.[88] Dadurch, dass das Eigentum am Unternehmen seine Eignung als Investitionsgegenstand verliert,[89] entstehen zudem neue Möglichkeiten der Mitbestimmung und Demokratisierung: Theoretisch können alle Mitarbeitenden auch zu Verantwortungseigentümer:innen gemacht werden.

---

83 Vgl. bspw. *A. Leifels/M. Schwartz*, Nachfolge-Monitoring Mittelstand 2021, KfW (Hrsg.), 2022, insb. S. 2.

84 Daneben kommen stiftungsrechtliche Konstruktionen in Betracht; kritisch dazu *C. Canon* et al., VE SVE (Fn. 63), S. 47 ff.; *W. Servatius*, Verantwortungseigentum – in dubio Gesellschaftsrecht!, NZG 2021, 569 (569 f.); *G. Bachmann*, Pro GmbH-gebV – mit Notausgang!, NZG 2022, 1417 (1417). Vgl. auch Fn. 61 a.E.

85 Kritisch insb. *R. Hüttemann/W. Schön*, Die „GmbH mit gebundenem Vermögen" – ein Steuersparmodell?!, DB 2021, 1356 (1356 ff.); dagegen *S. Kempny*, Die „GmbH mit gebundenem Vermögen" ist kein „Steuersparmodell", DB 2021, 2248 (2248 ff.). Vgl. auch Fn. 65 a.E.

86 Eindrücklich *E. Colsman*, Zukunftssicherung durch treuhändische Verfassung, in: GTREU (Hrsg.), Telling the Trust, 2015, S. 5 (7). Vgl. auch *R. Köcher*, Verantwortungseigentum (Fn. 63), S. 27 ff.; *Teichmann*, Ewig (Fn. 80), 41; *J. Vetter/T. Lauterbach*, Regelungen (Fn. 37), S. 1205.

87 Dass hierdurch perspektivisch insb. die Rechtfertigung der §§ 13a ff., 28a ErbStG (weiter) unter Druck geraten könnte, dürfte eine Teilerklärung für die scharfe Kritik bestimmter Lobbyverbände sein (vgl. jüngst auch *A. Joeres/T. Röttger*, Die heimliche Rückschrittslobby, ZEIT Online v. 04.04.2023). Generell kritisch *G. Schick*, Erbschaftsteuer, Blätter 2021 (12), 17 (19 f.).

88 Vgl. *C. Canon* et al., VE SVE (Fn. 63), S. 3 f., 10 ff.

89 Dies gilt wohlgemerkt nicht auch für das Gesellschaftsvermögen, dahingehende rechtshistorische Schreckgespenster sind deshalb verfehlt (vgl. schon *M. Reiff*, Vermögen (Fn. 67), 609 f.). Allerdings scheiden hierdurch bestimmte Finanzierungsformen aus, vgl. dazu *J. El-Qalqili/M. Offinger*, Zebras, Einhörner und die rechtlichen Rahmenbedingungen für die Finanzierung nachhaltiger Start-ups, BKR 2021, 86 (87 ff.).

Dabei kann es allein auf ihre Eignung und ihren Willen ankommen; ihre individuelle Kaufkraft ist hingegen irrelevant.[90]

IV. Verantwortungs-Eigentum?

Soweit zu den *konzeptionellen* Kritiken und den von ihnen insinuierten Missverständnissen. Selbstverständlich ist das Verantwortungseigentum – namentlich in Gestalt des erwähnten Gesetzesentwurfs – aber auch *rechtsdogmatisch* vielfach kritisiert worden.[91] Das kann nicht verwundern, betrifft das Konzept doch die gesamte Palette der unternehmensrechtlichen «Klassiker». Im Folgenden möchte ich mich auf den fundamentalsten der erhobenen Einwände beschränken. Er lautet, dass das Verantwortungseigentum kein „Voll-Eigentum",[92] sondern bloße „Staffage"[93] sei, die „den Begriff des Eigentums (…) ins Gegenteil [verkehre]" und auf eine „*Auflösung [des] Personenbezugs* von Eigentum [ziele]".[94] Dies sei nicht nur politisch gefährlich,[95] sondern auch unvereinbar mit der verfassungsrechtlichen Eigentumsgarantie aus Art. 14 GG.[96]

---

90 Vgl. dazu *A. Steuernagel*, in: K. Gerlof/A. Steuernagel, „Ich bin gerne der Gute, aber ungern der Dumme", OXI 2022 (5), 18 (19). Kritisch *L. Scholle*, „Verantwortungseigentum" – eine ernstzunehmende Vergesellschaftung?, Jacobin Online v. 09.10.2020.

91 Vgl. eben Fn. 65, 75 ff., 85.

92 Vgl. *R. v. Eben-Worlée*, Pressemitteilung v. 05.05.2021, Die Familienunternehmer e.V. (Hrsg.), S. 1. Gleichlaufend Stiftung Marktwirtschaft (Hrsg.), Pressemitteilung v. 05.05.2021, S. 1 f. Vgl. auch bspw. *L. Strohn*, Menschenrechte (Fn. 80), 633; *K.-G. Loritz/S. Weinmann*, GmbH (Fn. 37), 2211; BeckOGK-BGB/*G. Roth*, 15.03.2021, § 80 Rn. 748.

93 Vgl. C. *Bochmann*, Verantwortung und Recht, in: F. Driftmann/C. Bochmann (Hrsg.), Generation Verantwortung, Freiburg 2021, S. 11 (19).

94 So *F. Wendenburg*, zitiert nach: *T. Hoppe/T. Sigmund*, Widerstand gegen die neue GmbH, Handelsblatt v. 05.10.2020, S. 10 (Hervorh. hier). Ähnlich *A. Ionis*, Verantwortungseigentum, Land 2020 (3), 69 (70); *R. Hüttemann/P. Rawert/B. Weitemeyer*, Zauberwort „Verantwortungseigentum", npoR 2020, 296 (297).

95 Vgl. bspw. *R. Kirchdörfer/R. Kögel*, Die „GmbH im Verantwortungseigentum (VE-GmbH)" bzw. die „GmbH mit gebundenem Vermögen (GmbH-gebV)", in: F. Bien et al. (Hrsg.), Maß- und Gradfragen im Wirtschaftsrecht, Baden-Baden 2021, S. 181 (197, 209).

96 Vgl. z.B. *A. Arnold/U. Burgard/G. Roth/B. Weitemeyer*, Stellungnahme zum Vorschlag einer GmbH „in Verantwortungseigentum", ZStV 2020, 201 (203); *U. Burgard*, Stiftungsform (Fn. 61), 3 sowie eing. jüngst *H. Herchen*, Zum Für und Wider einer GmbH mit gebundenem Vermögen, ZGR 2022, 664 (684 ff.).

Richtig ist, dass die konzeptionelle Ausarbeitung des Verantwortungseigentums von Beginn an ein alternatives Eigentum an Unternehmen im Blick gehabt hat. Letztlich geht es den Unterstützer:innen bis heute also in der Tat um ihr Eigentumsverständnis; von ihm leiten sich auch alle Bemühungen um passende gesellschaftsrechtliche Strukturen ab.[97] Ganz im Gegensatz zu den eben erwähnten Kritiken gehen sie allerdings dezidiert davon aus, einen verfassungskonformen Vorschlag zu unterbreiten, durch den „Eigentum unmittelbar *mit menschlicher Verantwortung [verbunden]*“ werde.[98]

Die Untersuchung dieser sich diametral widersprechenden Einschätzungen muss an der Schnittstelle von Gesellschafts- und Verfassungsrecht operieren.[99] Exemplarischer Untersuchungsgegenstand soll dabei der bereits erwähnte wissenschaftliche Gesetzesentwurf sein, in dem vorgeschlagen wird, die gewünschte Gesellschaft in Verantwortungseigentum als *Rechtsformvariante der GmbH* einzuführen.[100] Zivilrechtlich ist die Lage zunächst eindeutig: Die Gesellschafter:innen einer GmbH in Verantwortungseigentum sind alleinige Inhaber:innen ihrer Mitgliedschaften sowie der korporativen Mitverwaltungs- und Vermögensrechte, die ihnen gesetzlich oder statutarisch jeweils eingeräumt werden.[101] Inhaberin des Gesellschaftsvermögens ist dagegen allein die als juristische Person verselbstständigte Ge-

---

97 Vgl. bspw. *T. Wagner*, Zum grundlegenden Verständnis treuhändischer Unternehmensorganisation, in: SUF (Hrsg.), Unternehmerische Zukunftsfähigkeit durch treuhändische Unternehmensorganisation, 2015, S. 5 (14 f.); *C. Canon* et al., VE SVE (Fn. 63), S. 10; *Sanders* et al., GE1 VE-GmbH (Fn. 66), S. 8; SVE (Hrsg.), Stellungnahme zur Start-up-Strategie der Bundesregierung, 2022, S. 6; *A. Sanders/T. Bühring*, Die GmbH mit gebundenem Vermögen im Erb- und Familienrecht, GmbHR 2022, 889 (897).

98 So schon *A. Steuernagel/T. Wagner/B. Böhm*, Unternehmenseigentum (Fn. 73), S. 8 (Hervorh. hier). Wohlwollend jüngst auch *G. F. Schuppert*, Wandel des Eigentums, AöR 2022, 463 (481 ff., 483).

99 Vgl. dazu *T. Fest*, Zu den verfassungsrechtlichen Vorgaben der Eigentumsgarantie für die Ausgestaltung des Gesellschaftsrechts, in: T. Fest/C. Gomille, Festschrift Hager 2021, Berlin 2021, S. 355 (355 f.). Die nachfolgenden Gedanken gehen zurück auf einen Vortrag, den ich am 26.10.2021 am ZiF in Bielefeld halten durfte.

100 Vgl. eben Fn. 66. Zur (streitbaren) Umsetzung als Rechtsformvariante der GmbH schon *M. Reiff*, Verantwortungseigentum (Fn. 27), 1752.

101 Vgl. pointiert bspw. *C. Hofmann*, Gesellschaftsrecht und Art. 14 GG, in: S. Grundmann et al. (Hrsg.), Festschrift Hopt 2020, Berlin 2020, S. 833 (841). Eing. *H. Bergbach*, Anteilseigentum, Jena 2010, insb. S. 195 ff.; *B. Schoppe*, Aktieneigentum, Köln 2011, S. 68 ff., insb. 100 f.

sellschaft.[102] Auch die verfassungsrechtliche Beurteilung verläuft auf den ersten Blick in gewohnten Fahrwassern: Sowohl die Rechte der Gesellschafter:innen als auch die der Gesellschaft fallen unproblematisch in den Schutzbereich des Art. 14 Abs. 1 GG.[103]

Dieses vermeintlich klare Bild trübt sich allerdings bei einem genaueren Blick auf die das Verantwortungseigentum auszeichnende *Vermögensbindung*. Das Bundesverfassungsgericht ordnet das Gesellschaftsvermögen von Kapitalgesellschaften *de lege lata* nämlich in ständiger Rechtsprechung nicht nur wirtschaftlich, sondern auf dieser Grundlage sogar verfassungsrechtlich (auch) dem sogenannten «Anteilseigentum» der Gesellschafter:innen zu.[104] Eben diese Zuordnung wäre bei einer Rechtsform in Verantwortungseigentum *de lege ferenda* aber gerade *nicht* gewollt. Eine solche Rechtsform benötigte vielmehr ein sicheres verfassungsrechtliches Fundament ihrer Vermögensbindung, die das Gesellschaftsvermögen ungeachtet aller gegenläufigen Interpretationen[105] grundsätzlich *ausschließlich* der Gesellschaft zuordnen soll – und zwar nicht nur zivilrechtlich, sondern gerade auch wirtschaftlich und verfassungsrechtlich. Die Erstreckung der Judikatur des Bundesverfassungsgerichtes auf die geplante GmbH in Verantwortungseigentum wäre deshalb eine Sollbruchstelle des gesamten Konzeptes.

Damit ist die Frage aufgeworfen, ob das vom Bundesverfassungsgericht implizierte „quotal[e] Unternehmens(träger)eigentum"[106] der Gesellschafter:innen von Kapitalgesellschaften – wie von den Kritiker:innen insinuiert – Teil der verfassungsrechtlichen Gestaltungsvorgaben ist, an die

---

102 MüKo-GmbHG/*H. Merkt*, 4. Aufl. 2022, § 13 Rn. 340; BeckOGK-BGB/*D. Könen*, 01.06.2022, § 38 Rn. 134.

103 Vgl. H. Dreier/*J. Wieland*, GG, 3. Aufl. 2013, Art. 14 Rn. 41, 60; G. Dürig/R. Herzog/R. Scholz/*H.-J. Papier/F. Shirvani*, GG, 96. EL 2021, Art. 14 Rn. 219, 310.

104 Vgl. insb. BVerfGE 50, 290 (341 f.) sowie dazu bspw. *A. Rölike/M. Tonner*, Der Schutz des Minderheitsaktionärs durch Art. 14 GG, in: H. Rensen/S. Brink (Hrsg.), Linien der Rechtsprechung des Bundesverfassungsgerichts, Bd. 1, Berlin 2009, S. 199 (207); *A. Hellgardt/S. Unger*, Aufsichtsrat und Anteilseigentum, ZHR 2019, 406 (409 ff., 413).

105 Dass die durch die Vermögensbindung bezweckte *ausschließliche* Zuordnung nicht ernst genommen wird, zeigt sich sowohl bei Vergleichen mit dem Fideikommiss (z.B. *Grunewald/Hennrichs*, Fortschritt (Fn. 65), 1202), als auch bei gesellschafts- und steuerrechtlichen Kritiken an der fehlenden Berücksichtigung des (vermeintlich) *wahren* Vermögenswerts der Geschäftsanteile (bspw. *A. Arnold/U. Burgard/G. Roth/B. Weitemeyer*, Kritik (Fn. 77), 1325 bzw. *R. Hüttemann/W. Schön*, Steuersparmodell (Fn. 85), 1357 f.).

106 Formulierung bei *B. Schoppe*, Aktieneigentum (Fn. 101), S. 130.

sich der einfache Gesetzgeber im Rahmen der Ausgestaltung des Eigentums zu halten hat.[107] Bei Lichte betrachtet stellt sich dieser «umgekehrte Durchgriff»[108] der Gesellschafter:innen auf das Gesellschaftsvermögen allerdings ganz im Gegenteil als veritabler *Kunstgriff* dar, der angesichts des Trennungsprinzips mit erheblichen dogmatischen Ungereimtheiten[109] verbunden ist. Letztlich beruht *diese* Facette des Anteilseigentums nicht auf verfassungsrechtlichen Vorgaben,[110] sondern vielmehr auf Vorstellungen des «richtigen» Wirtschaftens, wie sie insbesondere in der Begründung des Aktiengesetzes von 1965 deutlichen Niederschlag gefunden haben.[111] Eben diese Vorstellungen sollen durch das Verantwortungseigentum aber gerade *herausgefordert* werden. Die Eigentumsgarantie stünde einem dahingehenden Willen des Gesetzgebers nicht im Wege; die diesbezüglichen Kritiken sind verfehlt.[112]

Diese Überlegungen sprechen allerdings sehr dafür, dass die gesetzliche Einführung von Verantwortungseigentum mittels einer Rechtsformvariante der GmbH nicht nur verfassungs- und gesellschaftsrechtsdogmatische[113] Hürden zu nehmen hätte, sondern auch *konzeptionell* höchst problema-

---

107 Zum scheinbaren Paradox der Eigentumsgarantie vgl. BVerfGE 58, 300 (334 ff.) sowie instruktiv *A. Peukert*, Güterzuordnung als Rechtsprinzip, Tübingen 2012, S. 692 ff.

108 Ähnlich bspw. K. Stern/M. Sachs/*J. Dietlein*, Staatsrecht, Bd. IV/1, München, 1. Aufl. 2006, § 113, S. 2193 f.; *J.-D. Geiger*, Mitgliedschaftseingriff und Normprägung, Baden-Baden 2020, S. 593.

109 Kritisch bspw. *P. O. Mülbert/L. Leuschner*, Die verfassungsrechtlichen Vorgaben der Art. 14 GG und Art. 2 Abs. 1 GG für die Gesellschafterstellung, ZHR 2006 (170), 615 (619 ff.); *H. Bergbach*, Anteilseigentum (Fn. 101), S. 223 ff., 704 ff.; BoKo-GG/*H.-G. Dederer*, 188. EG 2017, Art. 14 (Eigentum), Rn. 65 f.

110 Zur Gestaltungsvorgabe der «Privatnützigkeit» vgl. *M. Appel*, Entstehungsschwäche und Bestandsstärke des verfassungsrechtlichen Eigentums, Berlin 2011, S. 41 ff.; *A. Henning*, Der verfassungsrechtliche Eigentumsbegriff, Baden-Baden 2014, S. 306 f.; H. v. Mangoldt/F. Klein/C. Starck/*O. Depenheuer/J. Froese*, GG, 7. Aufl. 2018, Art. 14 Rn. 275.

111 Vgl. BT-Drs. IV/171 v. 03.02.1962, S. 92 f., 94, 146, 165. Kritisch bspw. *W. Flume*, Grundfragen der Aktienrechtsreform, Düsseldorf 1960, S. 9 f.; *F. Rittner*, Die Funktion des Eigentums im modernen Gesellschaftsrecht, in: Marburger Gespräch über Eigentum – Gesellschaftsrecht – Mitbestimmung, Marburg 1967, S. 50 (61 f., 68). Rückblickend etwa *H. Fleischer*, Das Aktiengesetz von 1965 und das neue Kapitalmarktrecht, ZIP 2006, 451 (452); *K. Langenbucher*, 50 Jahre Aktiengesetz, ZGR SH 2016 (19), 273 (279).

112 Eben Fn. 92 ff. Wie hier i.E. auch *C. Teichmann*, Die VE-GmbH, ACQ 2020 (IV), 77 (78); *R. Veil/M. J. Ehrl*, Initiative für neue Rechtsform, notar 2021, 370 (371).

113 Fraglich scheint nicht zuletzt die Einordnung als «Rechtsformvariante» der GmbH selbst (dazu *J. Lieder/M. Becker*, Das Sonderrecht der Rechtsformvarianten am Bei-

tisch wäre. Denn dieselbe wirtschaftliche Logik des kapitalistischen Unternehmenseigentums, auf der die Judikatur des Bundesverfassungsgerichts beruht, durchdringt auch das gesamte GmbHG.[114] Ob einige wenige, *ergänzende* Regelungen dem ausreichend Rechnung tragen können, erscheint daher zweifelhaft.[115] Rechtspolitisch vorzugswürdig wäre nicht zuletzt aus diesem Grund die Einführung einer neuen Rechtsform *sui generis*.[116]

V. Verantwortungs-Eigentum!

Schließlich lohnt der Hinweis darauf, dass die verfassungsrechtliche Eigentumsgarantie kein *einheitliches* Schutzniveau verbürgt. Vielmehr ist anerkannt, dass der Schutz eines konkreten Eigentumsrechts umso stärker ist, je eher dieses Recht als „individuell erworbene und individuell genutzte Grundlage persönlicher Freiheit"[117] eingestuft werden kann, je größer also sein sogenannter «personaler Bezug» ist.[118] Eigentum ist nämlich ein *Freiheitsrecht,* das als „reale Basis personaler Existenz und Entfaltung" die individuelle Freiheit sichert.[119] Insofern wäre es in der Logik der Kritiker:innen immerhin denkbar, dass das Verantwortungseigentum vergleichsweise *schwachen* Schutz genießt. Dagegen spricht allerdings, dass das Bundesver-

---

spiel der UG, NZG 2021, 357 (357 ff.)), deren Untersuchung hier aber dahinstehen muss.

114 Vgl. zur „kapitalistische[n] Prägung der Mitgliedschaft" pointiert *T. Raiser/R. Veil*, Kapitalgesellschaftsrecht, 6. Aufl., München 2015, § 1 Rn. 3; MüKo-GmbHG/*H. Fleischer*, 4. Aufl. 2022, Einl. Rn. 12. Weiterführend *E. Röder*, Die Personengesellschaft mit beschränkter Haftung, ZHR 2020 (184), 457 (467 f., 493 f.).

115 Verdeutlichen lässt sich das etwa an den Regelungen zur Liquidation der Gesellschaft (insb. §§ 60 Abs. 1 Nr. 2, 70 Satz 1 GmbHG). *A. Sanders* et al., GE2 GmbH-gebV (Fn. 66), S. 92 ff., sehen demgegenüber „nur in geringem Maße [Anpassungsbedarf]" (92): Nur § 72 GmbHG findet keine Anwendung, an seine Stelle tritt ein Anspruch der begünstigten Person (vgl. § 77l GE2).

116 Angedacht auch bei *A. Sanders* et al., GE2 GmbH-gebV (Fn. 66), S. 9, 21, 54, 88; gefordert schon bei *M. Reiff*, Vermögen (Fn. 67), 611. Gleichlaufend erst jüngst SVE (Hrsg.), Eckpunktepapier, 2023, 1.

117 Vgl. *C. Kreuter-Kirchhof*, Personales Eigentum im Wandel, Tübingen 2017, *passim*, S. 311 f., 312 (m.w.N.).

118 Vgl. I. v. Münch/P. Kunig/*B.-O. Bryde/A. Wallrabenstein*, GG, 7. Aufl. 2021, Art. 14 Rn. 4 f.; H. Dreier/*J. Wieland*, GG, 3. Aufl. 2013, Art. 14 Rn. 32; BVerfGE 24, 367 (389).

119 Vgl. *J. Meyer-Abich*, Der Schutzzweck der Eigentumsgarantie, Berlin 1980, S. 58. Ähnlich *P. Badura*, in: E. Benda et al. (Hrsg.), Handbuch des Verfassungsrechts, Berlin 1994, § 10 Rn. 34.

fassungsgericht den relativ geringen personalen Bezug des Anteilseigentums im *geltenden* Kapitalgesellschaftsrecht betont, weil und soweit solches Anteilseigentum „mehr Kapitalanlage als Grundlage unternehmerischer Betätigung“ ist.[120] Eben das ist aufgrund der in der Praxis verbreiteten Trennung von «Anteilseigentum» und Unternehmertum im engeren Sinne[121] aber häufig der Fall.

Dem Verantwortungseigentum ist es demgegenüber von Anfang an gerade um die *eigentumsrechtliche* Sicherung personaler und individuell verantworteter unternehmerischer Freiheit gegangen. In deutlichem Kontrast zu gängigen Strukturen verfolgen Verantwortungseigentümer:innen ihr *eigenes* unternehmerisches Interesse aus *eigenem* Recht. Der Vorwurf einer «Auflösung des Personenbezugs»[122] ist deshalb geradezu kurios. Das Verantwortungseigentum impliziert nämlich ganz im Gegenteil die strukturelle *Engführung* von Eigentum, Freiheit und personaler Verantwortung, die die „altliberal[e] Provenienz“[123] der Eigentumsgarantie ernstnimmt, anstatt sie unter Verweis auf vermeintliche Sachzwänge heutigen Wirtschaftens als anachronistisch abzustempeln. So gesehen präsentiert sich das Verantwortungseigentum sogar als Möglichkeit einer gesetzgeberischen „*Repersonalisierung* des Eigentums“, die *Charlotte Kreuter-Kirchhof* als Ergebnis ihrer Studie zu den „sich wandelnden Formen des Eigentums“ nachdrücklich eingefordert hat.[124]

Folgt man dem, kann das Verantwortungseigentum darüber hinaus als Beitrag zum «privatrechtlichen Diskurs der Moderne» gedeutet werden, den *Marietta Auer* skizziert hat:[125] Alternativ zu dem zur Selbstaufhe-

120 BVerfGE 50, 290 (348). Vgl. auch *C. Kreuter-Kirchhof*, Wandel (Fn. 117), insb. S. 315 f., 318 f., 340, 345 f., 540, 555 f.

121 Klassisch *A. A. Berle/G. C. Means*, The Modern Corporation and Private Property, New Brunswick 1999 [1932], S. 5, 7; *J. A. Schumpeter*, Capitalism, Socialism, and Democracy, London 1994 [1944], S. 140 ff. Vgl. auch schon *K. Marx*, Das Kapital III = MEW 25, Berlin 1973 [1894], S. 451 ff. Aus der Rechtswissenschaft bspw. *P. Badura*, Eigentum im Verfassungsrecht der Gegenwart, in: Verhandlungen des 49. DJT, Bd. II, München 1972, insb. S. T7 ff., T20 ff.

122 Oben Fn. 94.

123 *H.-J. Papier*, 2. Mitbericht, in: P. Saladin et al. (Hrsg.), Unternehmen und Unternehmer in der verfassungsrechtlichen Ordnung der Wirtschaft, Berlin 1977, S. 56 ff. (65). Vgl. auch *D. Schwab*, Eigentum (Fn. 36), S. 104.

124 Vgl. *C. Kreuter-Kirchhof*, Wandel (Fn. 117), hier S. 561, 4 (Hervorh. hier).

125 *M. Auer*, Der privatrechtliche Diskurs der Moderne, Tübingen 2014. Knapper *M. Auer*, Privatrechtsentwicklung in der Moderne, in: D. Grimm et al. (Hrsg.), Rechtswege, Baden-Baden 2015, S. 13 (13 ff.).

bung tendierenden «Freiheits-Eigentum» an Unternehmen[126] wird ein gewissermaßen „weniger kapitalistisches“[127] «Verantwortungs-Eigentum» vorgeschlagen, und zwar *ohne* dabei auch nur zu versuchen,[128] den einstweilen unausweichlichen „Boden des absolut-ungeteilten Privateigentumsbegriffs“[129] zu verlassen. Das Verantwortungseigentum ist damit Teil der „Selbstvergewisserung der Moderne“ in Form einer weiteren, punktuellen Durchbrechung des „Autonomieprinzips“ mit dem Ziel seines Erhalts.[130]

VI. Schluss

Das Verantwortungseigentum ist ganz sicher kein Allheilmittel[131] und es wäre ein Fehler, das Konzept mit Erwartungen zu konfrontieren, die es für sich genommen nicht erfüllen kann.[132] Genauso falsch wäre es aber, sein gesellschaftliches Potenzial unbesehen zu ignorieren. Uns Rechtswissenschaftler:innen kommt in einer «Welt in Flammen»[133] die Verantwortung zu, bedenkenswerte Antwortvorschläge auf richtige Fragen als solche zu behandeln, und dabei so konsequent und transparent wie möglich zwischen rechtsdogmatischen, empirischen und ideologischen Argumenten zu unterscheiden. Wenn beispielsweise kritisiert wird, dass es sich bei einer GmbH in Verantwortungseigentum um einen „Fremdkörper“[134] im geltenden Gesellschaftsrecht handeln würde, dann ist das nicht mehr als eine

126 Vgl. *M. Auer*, Diskurs (Fn. 125), S. 74 ff., insb. 78 ff.

127 Vgl. *W. Streeck*, Zwischen Globalismus und Demokratie, Berlin 2021, S. 462 ff., hier 471. Vgl. auch *M. Auer*, Aus dem Leben des Überbaus, KJ 2020, 71 (71 ff., insb. 72).

128 Kritisch dazu anscheinend *J. Croon-Gestefeld*, Ungleichheit (Fn. 76), 371, die bedauert, dass das Verantwortungseigentum in Ermangelung einer „Verantwortung gegenüber (...) der Gesellschaft als Ganze[r]“ [!] letztlich „auf halber Strecke halt“ mache.

129 Vgl. *M. Auer*, Diskurs (Fn. 125), S. 136 ff., hier 137.

130 Vgl. dazu das Ende bei *M. Auer*, Diskurs (Fn. 125), S. 167.

131 Insb. lassen sich nicht alle gesellschaftlichen Probleme unternehmerisch lösen; vielmehr wird das Gelingen der sozial-ökologischen Transformation entscheidend von staatlichem Handeln abhängen. Vgl. weiterführend bspw. *M. Mazzucato*, Mission, Frankfurt 2021, S. 201 ff.; *A. Sahr*, Die monetäre Maschine, München 2021, S. 319 ff.; *D. Gabor*, Der kleine grüne Staat, Jacobin 2022 (8/9), S. 94 (96 ff.).

132 Vgl. für eine ähnlich gelagerte Sorge pointiert *E. B. Rock*, For Whom is the Corporation Managed in 2020?, BusLawyer 2021 (76/2), 363 (395).

133 Vgl. oben bei Fn. 4.

134 So explizit bspw. *M. Habersack*, Verantwortungseigentum (Fn. 65), 997; *K.-G. Loritz/S. Weinmann*, GmbH (Fn. 37), 2211.

(streitbare)[135] *rechtsdogmatische* These. Ein transformatorisches *gesellschaftliches* Potenzial des Verantwortungseigentums wird durch diese These aber nicht ausgeschlossen, sondern sogar *nahegelegt*.[136]

Meines Erachtens handelte es sich bei einer Rechtsform für Verantwortungseigentum um nicht weniger als eine soziale Innovation.[137] *Solche* Innovationen sind es, die strukturelle «Revolutionen für das Leben»[138] überhaupt erst vorstellbar machen. Verantwortungseigentum könnte sich damit als notwendiges Fundament einer Versinnlichung des Unternehmerischen erweisen.[139] Eine solche Versinnlichung wiederum wäre ein wesentliches Puzzlestück einer Ökonomie, die endlich damit beginnt, zu regenerieren, anstatt zu erschöpfen. *Das* wäre ein Ende des Kapitalismus, mit dem sich im wahrsten Sinne der Worte *nachhaltig leben* ließe.

---

135 Für diese Frage kommt es entscheidend auf die Rechtsnatur der VE-GmbH (gebV) und insb. ihrer Vermögensbindung an, deren Untersuchung hier nicht geleistet werden kann.

136 Generell zum transformativen Potenzial weniger kapitalistischer Wirtschaftsunternehmen bspw. *G. M. Hodgson*, Capitalism (Fn. 39), S. 259 ff., 366 ff., 367; *B. Sommer*, Postkapitalistische Organisationen als Keimzellen einer Postwachstumsgesellschaft?, WP 5/2018, DFG-Kolleg PWG (Hrsg.), 2018, S. 30 ff.

137 Instruktiv *W. Zapf*, Über soziale Innovationen, Soziale Welt 1989 (4/1–2), 170 (177).

138 Vgl. den Titel bei *E. v. Redecker*, Revolution für das Leben, Frankfurt 2020, sowie insb. S. 287.

139 Dazu oben Fn. 82.

Autor*innenverzeichnis

Ulrike Jürschik, wissenschaftliche Mitarbeiterin am Institut für Energie-, Umwelt- und Seerecht an der Universität Greifswald und Doktorandin an der Universität Münster

Isa Bilgen, Doktorand bei Prof. Dr. Hans Michael Heinig an der Georg-August-Universität Göttingen und wissenschaftlicher Mitarbeiter bei Prof. Dr. Thorsten Ingo Schmidt an der Universität Potsdam

Anne-Christin Mittwoch, Inhaberin des Lehrstuhls für Bürgerliches Recht, Europäisches und Internationales Wirtschaftsrecht und geschäftsführende Direktorin des Instituts für Wirtschaftsrecht an der Martin-Luther-Universität Halle-Wittenberg

Aziz Epik, Juniorprofessor für Strafrecht und Kriminologie an der Universität Hamburg

Nella Sayatz, wissenschaftliche Mitarbeiterin an der Humboldt-Universität zu Berlin

Stefanie Hug, wissenschaftliche Assistentin am Lehrstuhl für Öffentliches Recht und Recht des ländlichen Raums an der Universität Luzern

Alexander Stark, Akademischer Rat a.Z. an der Universität Hamburg

Romy Klimke, wissenschaftliche Mitarbeiterin und Habilitandin am Lehrstuhl für Öffentliches Recht, Europarecht und Internationales Wirtschaftsrecht von Prof. Dr. Christian Tietje an der Martin-Luther-Universität Halle-Wittenberg

Katia Hamann, Doktorandin und Wissenschaftliche Mitarbeiterin bei Prof. Dr. Mehrdad Payandeh, LL.M. (Yale) an der Bucerius Law School

Timo Vogler, Referent im Bundesministerium der Justiz

Markus Lieberknecht, akademischer Mitarbeiter und Habilitand am Institut für ausländisches und internationales Privat- und Wirtschaftsrecht der Ruprecht-Karls-Universität Heidelberg, Lehrstuhl Prof. Dr. Marc-Philippe Weller, Licencié en droit (Montpellier) sowie akademischer Mitarbeiter am European Legal Studies Institute (ELSI) der Universität Osnabrück

Marvin Reiff, Doktorand bei Prof. Dr. Petra Pohlmann an der Universität Münster und Rechtsreferendar am Kammergericht Berlin

FSC
www.fsc.org
MIX
Papier | Fördert
gute Waldnutzung
FSC® C083411

Kolibri 360 GmbH
Ferdinand-Jühlke-Straße 7
99095 Erfurt, Deutschland
produktsicherheit@kolibri360.de